PERVERSÃO
A FORMA ERÓTICA DO ÓDIO

SÉRIE SEXO

copyright Sybil Stoller
edição brasileira© Hedra 2017
tradução© Maria Lúcia Lopes da Silva

título original *Perversion — The Erotic Form of Hatred*
primeira edição 1975
agradecimentos Alessandra Triaca, Sybil Stoller e Nicolas Martin Ferreira
edição Luis Dolhnikoff
coedição Jorge Sallum e Bruno Costa
assistência editorial Luan Maitan e Bruno Oliveira
revisão Denise Pessoa e Flávio C. Ferraz (técnica)
capa Julio Dui

Grafia atualizada segundo o Acordo Ortográfico da Língua Portuguesa de 1990, em vigor no Brasil desde 2009.

EDITORA HEDRA LTDA.
R. Fradique Coutinho, 1.139 (subsolo)
05416-011, São Paulo-SP, Brasil
Telefone/Fax +55 11 3097 8304

editora@hedra.com.br
www.hedra.com.br

Foi feito o depósito legal.

PERVERSÃO

A forma erótica do ódio

Robert J. Stoller

Maria Lúcia Lopes da Silva (*tradução*)

2ª edição

hedra

São Paulo_2018

Sumário

Apresentação

Flávio Carvalho Ferraz

Robert J. Stoller, psiquiatra, psicanalista, professor e autor profícuo, dedicou a maior parte de sua pesquisa, na Faculdade de Medicina da Universidade da Califórnia, ao tema da sexualidade, especialmente às perversões e à chamada problemática do *gênero*, concernente à formação da identidade sexual. Ainda que morto precocemente em um acidente, deixou uma obra extensa, publicada, na maior parte, nos anos 1970. Seu trabalho representou indubitavelmente um avanço significativo no estado em que se encontrava a teoria da sexualidade na psicanálise, tendo influenciado autores de destaque, como Joyce Mc-Dougall, na França. Além disso, ele manteve uma fértil interlocução com autores que com ele compartilhavam de duas qualidades raras e louváveis: a criatividade e a liberdade de pensamento. Entre estes, inclui-se Masud Khan, na Inglaterra, e Otto Kernberg, nos Estados Unidos.

A palavra *perversão*, contida já no próprio título deste livro, merece algumas considerações. Foi utilizada por Freud e se manteve no vocabulário da maior parte dos psicanalistas das gerações subsequentes, inclusive Lacan. Mas num certo momento, passou a ser contestada e evitada por alguns autores de diferentes origens, não só da psicanálise, mas também da psiquiatria e das ciências humanas em geral. Usando uma linguagem clara e sem volteios e evitando até mesmo o emprego de termos próprios ao vocabulário psicanalítico, Stoller discordava dos que propunham o abandono do termo. Como, para ele, a presença da *hostilidade* em relação ao objeto era a característica central do ato perverso, o uso dessa palavra nada tinha de impróprio. As tentativas de abolição do termo *perversão*, para Stoller, derivaram de um certo tipo de postura intelectual – que hoje poderíamos chamar de "politicamente correta" – preocupada com as conotações morais que ele pode carregar. O argumento empregado correntemente era o de que essa palavra era usada com intuito repressivo e moralizante. Uma outra tendência, favorável à manutenção do termo *perversão*, teria como motivação exatamente a conservação de uma palavra que carrega o sentido de *pecado*, a fim de preservar a antiga moralidade.

Stoller discordava de ambas as tendências. Sua investigação tem como escopo privilegiado a definição *clínica* do termo. Todas as suas formulações decorrem desta disposição. Para ele, o fator-chave na definição da perversão é a *hostilidade*. Assim, ao insistir no emprego do termo, ele mantinha uma honestidade intelectual que resultava numa liberdade de expressão.[1] Vejamos três pontos essenciais de sua concepção de *perversão* – que o leitor encontrará desenvolvidos em detalhes neste livro – a partir dos quais pretendo destacar outros desdobramentos:

---

1. O leitor perceberá, na leitura deste livro, que Stoller não se rendia aos imperativos do "politicamente correto" professado por um certo tipo de "esquerda". O que não significa, evidentemente, que ele seja complacente com os esforços moralizadores da "direita". Aliás, muitíssimo ao contrário! Na parte final do livro, o leitor testemunhará a forma contundente com que nosso autor se opõe ao conservadorismo repressor na esfera do comportamento sexual.

1. Perversão é o resultado de um interjogo essencial entre hostilidade e desejo sexual. Ora, tal definição, *grosso modo*, afirma uma certa proximidade entre a noção psicanalítica e a noção corrente de perversão. Sem fazê-las necessariamente coincidentes, Stoller, no entanto, demonstra que a perversão, na acepção psicanalítica, comporta elementos hostis, tal como o uso comum do termo tem por suposto.

2. O perverso é acometido por uma infindável sensação de que é sujo, pecaminoso e anormal.

3. O uso da palavra *perversão* serve para que os indivíduos "normais" projetem sobre outros suas próprias tendências perversas, elegendo bodes expiatórios. A propósito desta ideia, Stoller vai desenvolver uma hipótese – bastante particular e controvertida – sobre a necessidade social da perversão. Para ele, a fim de se manter a moral sexual social, é preciso que se crie uma categoria na qual se enquadrem os desviantes. Tal separação estaria a serviço da própria "normalidade" heterossexual e do imperativo da procriação.

Para Stoller, a perversão é um produto da ansiedade, sendo que o comportamento perverso molda-se a partir de remanescentes e de ruínas da história do desenvolvimento libidinal, particularmente da dinâmica familiar. Ele acredita que, se pudéssemos, de modo utópico, saber *tudo* o que aconteceu na história do sujeito que investigamos, então encontraríamos certamente os eventos históricos que se fazem representar em detalhes no ato sexual manifesto do perverso. Poderíamos, assim, saber como e por que uma determinada pessoa elevou suas experiências sexuais precoces – aquilo que mais prazer lhe causou – à condição de parte do cenário perverso.

A hipótese de Stoller é a de que a perversão é uma fantasia posta em ato por meio de uma estrutura defensiva construída gradualmente através dos anos, com a finalidade de preservar o prazer erótico. O desejo de preservar tal gratificação seria proveniente de duas fontes: um extremo prazer físico que, pela sua própria natureza, demanda uma repetição, e a necessidade de manutenção da identidade.

Aproximamo-nos, assim, de mais um ponto fundamental da teoria de Stoller sobre a perversão, que é também uma de suas contribuições mais originais: a ideia de que a montagem da cena perversa não visa somente à negação da castração, mas visa, sobretudo à manutenção da identidade sexual ameaçada.[2]

Pesquisador e teórico freudiano *sui generis*, Stoller levou às últimas consequências aquele Freud que postulava a realidade do trauma na determinação da psicopatologia e, por conseguinte, nas peculiaridades da formação do sintoma, coisa que o próprio criador da psicanálise descartou precocemente. É assim que, para Stoller, a perversão é o resultado de uma determinada dinâmica familiar que, induzindo medo, força a criança imersa na situação edípica a evitá-la. O desfecho do conflito edípico não seria, portanto, a dissolução do mesmo pela via do recalcamento, mas sim a sua evitação, o que adiaria *ad infinitum* seu desfecho, mantendo-o suspenso. É verdade que tal

---

2. Tal ideia de Stoller foi definitiva para a teorização que Joyce McDougall viria a fazer acerca da perversão. Ver MCDOUGALL, J. (1978) *Em defesa de uma certa anormalidade: teoria e clínica psicanalítica*. Porto Alegre: Artes Médicas, 1989.

ideia, ainda que não coincida exatamente com o conceito freudiano de *recusa* (*Verleugnung*), guarda certa familiaridade com o mesmo.

Stoller, neste sentido, leva extremamente a sério as ideias do Freud não organicista, que debitava na conta da *experiência* a formação de toda e qualquer identidade sexual. Assim, não haveria uma sexualidade *natural*, dada pelos imperativos biológicos, mas toda forma assumida pela sexualidade seria uma *construção* baseada na história das relações objetais, ou seja, seria *contingente*. A heterossexualidade também seria uma aquisição. De acordo com Stoller, jamais chegaríamos a compreender a perversão se a tomássemos como um desvio patológico, acreditando ser a heterossexualidade algo dado e natural.

Tal ponto de vista, entretanto, não impede que nosso autor encare a perversão como uma *aberração* na qual o ódio está presente na qualidade de elemento estruturante primordial. Este seria um outro ponto-chave de sua teoria da perversão: como já diz o próprio título desta obra, ela é a *forma erótica do ódio*, pois aquilo que preside o ato perverso é o desejo de ferir ou danificar o outro: na prática, trata-se de uma fantasia posta em ato.

Coincidindo com aquilo que Freud afirmava nos *Três ensaios sobre a teoria da sexualidade*,[3] Stoller observa que o modo de obtenção de prazer do perverso é rígido e invariável; mas acrescenta que tal prática é necessária e primariamente motivada pela *hostilidade*. É sobre este ponto que ele vai insistir, recuperando, sem contudo dizê-lo, a afirmação de Freud – feita nos mesmos *Três ensaios* – de que, na sexualidade perversa, os componentes pré-

---

3. FREUD, S. (1905) "Três ensaios sobre a teoria da sexualidade". E.S.B. Rio de Janeiro, Imago, 1980, v. 7.

genitais (orais e sádico-anais) constituíam o eixo central, enquanto que, na sexualidade dita "normal", era a genitalidade que tinha a primazia.

Mas aqui cabe fazer uma distinção importante no vocabulário de Stoller: *hostilidade* não coincide com *agressividade*. Enquanto a primeira é um estado no qual se deseja ferir e causar dano e dor a um objeto, a segunda não estaria impregnada de um sentido como tal, ou seja, implicaria apenas a presença de uma força ou potência que precisa ser escoada.

A hostilidade, na perversão, assume a forma de uma fantasia de *vingança* – escondida em ações que a dissimulam – que tem a função precípua de converter um *trauma infantil* em um *triunfo adulto*. Por ora, cabe acrescentar que esta operação de conversão da cena traumática infantil (portanto, vivida passivamente) em triunfo vingativo adulto (imaginado ativamente) é responsável pela produção da excitação sexual. E, para incrementá-la, maximizando-a, há também que se montar uma cena sexual que assuma o caráter de um *ato arriscado*.

Assim caracterizando a formação perversa, Stoller dispensa a necessidade de defini-la de acordo com a anatomia usada pelo sujeito em seu ato sexual, do objeto escolhido, dos parâmetros da moralidade social estabelecida ou do número de pessoas que fazem uso dela: o que importa verdadeiramente, na definição do que é uma montagem perversa, *é o significado que ela assume para a pessoa que a pratica*.

Tal montagem perversa reproduz a situação traumática efetivamente vivenciada na infância, que deve ser revivida e "corrigida" em ato nos detalhes da cena perversa. A perversão, assim, é a revivescência de um trauma *sexual* – e não de um outro tipo qualquer – ocorrido quer sobre a *área sexual* (anatômica), quer sobre a *identidade de gênero* (como, por exemplo, no caso da criança que é tratada como se pertencesse ao outro sexo biológico). No ato perverso, o passado é evocado inconscientemente: neste momento, o trauma é transformado em prazer, vitória e orgasmo. É como se a história fosse relembrada em ato, mas contada com um desfecho oposto ao que teve na cena traumática real, agora de modo favorável à vítima.[4] A passividade transforma-se em atividade e a vingança se efetua sobre um objeto escolhido para representar a criança vitimada. Mas a necessidade que o perverso tem de repetir sempre (compulsivamente) e da mesma forma (repetitivamente) sua cena sexual atesta a impossibilidade de tal ato pôr o sujeito, efetivamente, a salvo do perigo. A memória do trauma é inconsciente e não cessa de manifestar-se e de exigir uma defesa.

Para Freud, a excitação sexual vivida precocemente por uma criança, pelas mãos de um adulto, representava um trauma e contribuía para a consolidação de uma perversão. Stoller concorda com este ponto de vista, mas apenas nos casos em que tenha havido *muita estimulação* e *pouca descarga* ou então *um severo sentimento de culpa* como decorrência. Este tipo de experiência, sentida como traumática, é que deve ser transformada imaginariamente, por meio do *ritual perverso*, em uma aventura bem-sucedida.

O ritual perverso adequado à conjuração do trauma é construído, através de ensaio e erro, na história de vida

4. Woody Allen, no filme *Desconstruindo Harry* (1997), propõe algo semelhante: um escritor, ao escrever suas memórias, "corrige" a realidade passada dando um desfecho diferente do que realmente ocorrera, narrando, portanto, uma história distorcida e favorável a si próprio.

do sujeito. Se porventura ocorrer uma falha na construção deste ritual, então a vida sexual será marcada pela falta de interesse sexual e pela ansiedade, manifestas sob a forma de um distúrbio de potência. A partir desta constatação, Stoller vai concluir que uma das finalidades da estruturação de uma perversão é a manutenção da possibilidade de se obter prazer sexual.

A introdução do sentido de *risco* no ritual visa ao propósito do sujeito de lutar contra o desinteresse sexual que poderia resultar de sua história traumática. A função do risco é exatamente incrementar a excitação e manter a gratificação sexual. Mas o risco não pode ser extremo: a situação deve estar, em alguma medida, sob controle. O risco é baixo, ou, melhor dizendo, o que efetivamente importa é a impressão de que se está correndo risco.

A função do risco como fator de excitação e de prazer sexuais é inerente à dinâmica da vingança. A falta de interesse sexual seria o resultado de uma ausência de risco. A excitação é o produto de uma oscilação entre a possibilidade de falhar (que é pequena) e a antecipação do triunfo (que é grande). Assim, a perversão poderia ser também descrita, em uma de suas facetas, como um complicado atalho que passa pelo perigo em direção à gratificação sexual triunfante. Lembremos que, na perversão, o prazer sexual é salvo pela erotização do risco, quando há uma revivescência inconsciente do trauma mas seu desfecho é alterado em fantasia.

Stoller supõe que, quando o trauma é completo, talvez não resulte dele uma perversão, e sim que a função sexual seja simplesmente apagada, isto é, dela resulte a abolição da função sexual ou a impossibilidade de exercê-la. Assim, a perversão resulta do *estrago* da função, mas não de sua *destruição*. Alguma esperança subsiste.

Outro ponto relevante da obra de Stoller concerne ao estatuto do objeto na perversão. Todo o trabalho de construção da fantasia a ser encenada pelo perverso tem por corolário a *desumanização* do objeto sexual.[5] Este não é e nem pode ser – sob pena de colocar em risco a montagem perversa – encarado como pessoa ou alteridade. Muito embora, na prática, o objeto seja uma pessoa real com sua personalidade, o perverso nele procura vislumbrar uma criatura sem humanidade ou simplesmente um fragmento anatômico ou de personalidade. Isto explica porque o objeto é sempre descartável (um "palito de fósforo que se queima", como costumava dizer um paciente meu)[6] e também nos mostra a razão pela qual a promiscuidade faz parte quase necessária da vida sexual do perverso. Em relação ao fragmento anatômico, Stoller parece referir-se ao que Freud chamava de *objeto parcial*: um órgão sexual ou qualquer outra parte do corpo do parceiro.

Poderíamos nos perguntar agora, caracterizada a necessidade que o perverso tem de montar sua cena sexual, como é que o prazer é aí introduzido. De acordo com Stoller, ele se consuma por obra e graça da *fantasia*: é por meio desta que o trauma pode ser desfeito ou anulado.

---

5. Joyce McDougall, Janine Chasseguet-Smirgel e Masud Khan fazem, cada um à sua moda, formulações semelhantes a esta quando tratam do estatuto do objeto na perversão. Para Masud Khan, por exemplo, o objeto não chega a ser inteiramente o outro – diferente, separado e independente –, mas algo intermediário entre o próprio eu e o mundo externo, ou seja, aquilo que Winnicott denominou *objeto transicional*.

6. Este caso clínico se encontra relatado no capítulo 3 de FERRAZ, F. C., *Perversão* (São Paulo, Casa do Psicólogo, 2000), e também no capítulo "A possível clínica da perversão" de FERRAZ, F. C. & FUKS, L. B. (orgs.), *A clínica conta histórias* (São Paulo, Escuta, 2000).

Na reconstrução modificada de sua história, que se processa na montagem da cena sexual, os devaneios (sonhos diurnos) têm o papel de contribuir para a consecução do prazer por meio de uma série de características que assumem a fim de "corrigir" o passado que é "rememorado inconscientemente". Vejamos o que rege a formação de tais devaneios:

- o perigo de o trauma repetir-se é retirado;
- elementos que estimulam o risco são neles incluídos, introduzindo uma excitação pela tensão;
- um "final feliz" é garantido, provando ao sujeito que ele evitou o trauma, ou até mesmo que foi ele quem traumatizou os que originalmente o atacaram;
- por fim, quando tais devaneios ligam-se à excitação sexual e ao orgasmo, instala-se um círculo vicioso que motiva o perverso a repetir seu ato indefinidamente.

Outra questão que vale a pena examinar, se quisermos ter uma visão mais ampla da teoria geral da perversão de Stoller, é a maneira particular como ele compreende o complexo de Édipo freudiano, produzindo uma verdadeira inversão das afirmações de Freud sobre os avatares da constituição da identidade sexual do menino quando comparados aos da menina.

Enfatizando a qualidade da presença dos pais como modelo identificatório para os filhos, Stoller subverte a tese freudiana de que a feminilidade da menina é um destino identificatório cujo caminho é mais longo e tortuoso do que aquele verificado no caso da masculinidade do menino.[7] Para Freud, a primeira relação do menino, por ter a mãe como objeto, teria um caráter heterossexual, enquanto que, para a menina, a primeira relação seria homossexual. *Stoller não privilegia, como Freud, o investimento sexual primário como determinante da posição sexual primária. Para ele, o que importa é a posição identificatória inicial.* Segundo este ponto de vista, então, tanto o menino quanto a menina estariam originariamente identificados com a mãe. Assim, para o menino, atingir a masculinidade implica separar-se dela, rompendo a unidade mãe-filho. As condições para que tal processo ocorra de maneira equilibrada são dadas pela atitude materna: se a mãe força uma intimidade exagerada com seu filho, ela estará colocando um obstáculo à formação de sua identidade masculina.

Como fica patente, este modo particular de compreender a formação da identidade sexual contrasta com postulações centrais da teoria sexual de Freud. Em Stoller, não há primazia do pênis, mas do seio e da capacidade procriativa da mulher. Ele discorda textualmente da importância que Freud atribuía ao pênis, entrevendo nos caracteres femininos os verdadeiros atributos que uma criança deseja possuir. Uma consequência deste modo de conceber a identificação sexual é a conclusão de que os

---

7. Apenas para relembrar, Freud, nos textos dos anos 1920 sobre o complexo de Édipo, afirma que o menino se encontra, de partida, na posição heterossexual, visto ser a mãe o primeiro objeto investido; já a menina, partindo de uma posição homossexual, teria, para atingir a feminilidade, de levar a cabo uma dupla mudança: a primeira seria a *objetal* (abandonando o investimento libidinal sobre a mãe para dirigi-lo a uma figura masculina) e a segunda seria a da *zona erógena*, quando o clitóris (visto como órgão correlato ao pênis e, portanto, pertencente à sexualidade masculina original da menina) deve ceder lugar à vagina como órgão proeminente na obtenção do prazer.

homens, quando em fantasia atribuem um falo à mulher, não o fazem para negar a inferioridade feminina, mas sim a superioridade da mulher! Portanto, a descrição freudiana da formação do fetiche e de sua função precisaria ser reescrita se quiséssemos reformulá-la nos termos da teoria de Stoller.

Para a menina, originalmente identificada à mãe, não haveria necessidade de mudanças tão intensas para a aquisição da feminilidade. Já para o menino, existe a necessidade de uma desidentificação que é altamente ansiógena. Se ele permanece unido à mãe, sua masculinidade não é atingida. E como este destino identificatório é intensamente cobrado pela sociedade, ele se vê na obrigação de obtê-lo e, consequentemente, na angústia diante da possibilidade de fracassar em tal empreitada.

É na atitude da mãe frente à necessidade de separação que tem o seu filho que vamos localizar, segundo Stoller, os fatores etiológicos da perversão. O trauma sexual necessário à consolidação de uma perversão, repito, deve ocorrer sobre a anatomia sexual propriamente dita ou sobre a identidade sexual. Portanto, uma atitude da mãe contrária à separação do filho (desidentificação) constituiria um trauma da segunda espécie. No extremo de tal atitude encontraríamos uma mãe que nem sequer permite a seu filho a entrada no conflito edípico, quando então ambos protagonizam uma relação idílica da qual o pai se exclui completamente. Stoller vê aí a gênese do transexualismo,[8] que estaria localizada, assim, em um es-

---

8. Não entrarei aqui nos detalhes da teoria de Stoller sobre o transexualismo, tema que o ocupou em muitos de seus trabalhos e sobre o qual ele deixou uma contribuição original. Sobre isto, ver GARCIA, J. C., *Problemáticas da identidade sexual* (São Paulo, Casa do Psicólogo, 2001), obra que se ocupa de tal assunto e que inclui o ponto

tágio praticamente pré-sexual. Não se trataria de um fracasso na elaboração do conflito edípico, mas de algo mais regredido, que seria a "não entrada" no mesmo.

Neste ponto, o trabalho de Stoller coloca uma franca objeção ao pensamento freudiano, que pode ser assim resumida: se a formação da masculinidade, como quer Freud, é mais simples e linear do que a formação da feminilidade, por que a perversão incide com maior frequência nos homens?

Para Stoller, a perversão masculina é, no fundo, um *transtorno de gênero* construído sobre uma tríade da hostilidade: *raiva*, *medo* e *vingança*. O menino tem raiva da identificação inicial com a mãe, tem medo de não conseguir escapar de sua órbita e almeja vingar-se dela porque ela o colocou nesta condição.

Na perversão, se examinarmos detalhadamente a fantasia que a subjaz, encontraremos em seu âmago os elementos remanescentes das experiências individuais infantis, no contato com pessoas do mundo real, que provocaram tal configuração psíquica. E, no centro de tal formação, encontra-se a *hostilidade*. Este é o ponto fundante da concepção stolleriana da perversão.

A hostilidade tem o propósito de fazer com que o sujeito se sinta superior e triunfante sobre o outro. Se nas práticas sexuais sádicas isto é evidente por si só, em outras variantes da perversão, no entanto, tal asserção não é facilmente visível. Stoller explica sob este prisma, por exemplo, a promiscuidade comum na dinâmica da perversão: ela seria uma resultante da hostilidade, pois o interesse do perverso encontra-se na sedução e não no amor.

---

de vista de Stoller, trazendo, inclusive, um apanhado das críticas que ele recebeu de Moustapha Safouan.

É assim que, em Don Juan, a gratificação não provém do prazer do ato sexual ou da intimidade estabelecida com outra pessoa, mas exclusivamente do ato de sedução.

No caso do masoquista – que nos desafia na manutenção dessa mesma lógica –, temos que ele nunca é uma verdadeira vítima, pois sabemos que o perverso não perde o controle na cena sexual que monta. O cenário é, assim, montado com o propósito de forjar um *sofrimento fraudulento.* Ademais, não podemos esquecer que nas cenas sadomasoquistas há uma situação identificatória complexa que não nos permite tomar ingenuamente cada participante como jogando com a própria identidade. *Os lugares identificatórios são flexíveis e intercambiáveis, permitindo que se goze o gozo atribuído em fantasia ao outro.* Portanto, é perfeitamente possível pensarmos em uma identificação com o agressor ou, ainda, em um sentimento de superioridade da vítima sobre o algoz, quando a hostilidade é mantida secreta na fantasia.

No fetichismo, a hostilidade pode parecer ausente. Mas ela também existe e está dirigida ao adulto responsável pelo trauma, isto é, àquele que foi percebido como o veiculador da ameaça de castração ou que atacou a identidade sexual da criança (que Stoller exemplifica através da mulher que veste o menino com trajes femininos). O fetiche, salvando a potência sexual, faz com que o fetichista se sinta triunfante em sua potência masculina *exatamente no ponto em que percebeu que queriam que ele falhasse.*

O ápice do prazer, na perversão, coincide com o momento em que a parte central do trauma está sendo encenada no ato sexual. Este é um momento de grande suspense, pois é quando o máximo risco parece estar presente e, portanto, antecede o triunfo colossal que está por vir. Stoller lembra que este mesmo tipo de sensação ocorre em outras atividades que não as estritamente sexuais, como no caso dos triunfos contrafóbicos verificados na prática de esportes perigosos. O perverso, no entanto, mantém a noção de que seu triunfo acontece na fantasia e, neste sentido, ele difere do psicótico. Assim, a realidade do trauma não é efetivamente removida e, por isso, ele deve recomeçar tudo novamente. Daí o caráter compulsivo da prática perversa. O orgasmo é vivido como excepcional porque é revestido deste caráter de triunfo, isto é, da sensação de estar a salvo da situação traumática e do risco corrido.

Além da hostilidade, Stoller aponta um outro componente que toma parte na montagem da cena perversa: trata-se do *mistério*, que remonta, em última instância, ao mistério que reveste a sexualidade, especialmente para uma criança. Afinal, se pensarmos sob o ponto de vista cultural, é inegável que existe uma mistificação social e cultural da anatomia, das funções e dos prazeres sexuais que aguça a curiosidade infantil e atira a criança ao afã de produzir fantasias e teorias sexuais, como demonstrou Freud no artigo "Sobre as teorias sexuais das crianças".[9]

Na perversão, o papel do mistério e do perigo é aumentado porque a criança foi traumatizada ou superestimulada explicitamente no exato ponto misterioso: os genitais ou o seu desejo de investigá-los. Se o trauma incide sobre outras partes do corpo ou sobre outras funções, então o seu resultado é uma neurose. Para demonstrá-lo, Stoller recorre a Fenichel,[10] para quem os indivíduos nos

---

9. FREUD, S. (1908) "Sobre as teorias sexuais das crianças". E.S.B. Rio de Janeiro, Imago, 1980, v. 9.

10. FENICHEL, O. (1945) *Teoria psicanalítica das neuroses*. Rio de Janeiro, Atheneu, 1981.

quais a ansiedade de castração foi provocada de forma abrupta e intensa são candidatos potenciais à perversão.

Ao procurar estabelecer uma "genealogia" teórica do pensamento de Stoller, deparamo-nos com uma primeira dificuldade, decorrente de seu estilo peculiar: esta genealogia deve ser primordialmente inferida, à medida que ele não a explicita expressamente de modo constante. Além do mais, Stoller é um autor que emite conceitos genuinamente próprios, entremeados aos de outros autores ou afirmados por meio da oposição a formulações clássicas.

Stoller recusa o uso excessivo de termos próprios do vocabulário psicanalítico, preferindo colocar suas ideias sobre o funcionamento mental em uma linguagem ordinária e não-hermética ou, segundo ele mesmo, de modo a que todos possam compreender o que se quer dizer (em outros trabalhos, ele chega a ser irônico em relação ao modo empolado como os psicanalistas usam um vocabulário "técnico" para dizer coisas que poderiam perfeitamente ser ditas com palavras comuns).[11] Considerando-se a força que tem a tradição vocabular de uma disciplina ou de uma ciência, trata-se de um empreendimento difícil, mas que o autor consegue levar a cabo de maneira exemplar.

A obra de Freud é a referência maior de Stoller: é em torno dela, e não da de algum outro autor da segunda geração dos grandes teóricos da psicanálise, que ele organiza seu pensamento. É neste sentido que seu trabalho aparenta não possuir muitos intermediários entre si e o texto freudiano, muito embora sejam visíveis alguns pontos de apoio laterais para suas ideias sobre

---

11. Ver, por exemplo, seu livro *Excitação sexual: dinâmica da vida erótica* (São Paulo: Ibrasa, 1981) ou o prefácio ao livro *The new ego*, de Nathan Leites (New York: Science House, 1971).

a perversão, particularmente em Masud Khan[12] (ambos, Stoller e Khan, utilizam em comum três autores que os precedem na investigação da perversão: W. H. Gillespie, E. Glover e P. Greenacre). É possível perceber também que, em alguns pontos em que se afasta de Freud, Stoller busca mostrar-se coincidente com Winnicott, o que não significa que sua teoria seja *baseada* na obra deste autor. Do mesmo modo, é visível que algumas de suas contestações de conceitos-chave de Freud, especialmente no que concerne ao complexo de Édipo e à primazia do falo, assemelham-se a postulações kleinianas; contudo, não são referências explícitas a elas.

De qualquer maneira, ao afirmar que a referência a Freud é constante em Stoller, tomei a precaução de dizer que é "em torno" da obra freudiana que este autor se organiza. Usei propositalmente a expressão "em torno" porque tal referência não vai significar uma filiação direta e total. Em sua obra, a referência pode ter por objetivo a afirmação do oposto, como nos casos já citados do trauma e da primazia do falo.

A abordagem que Stoller faz da perversão tem aspectos realmente originais, quando vistas dentro de um quadro comparativo dos principais ramos de desenvolvimento da psicanálise a partir de Freud. Stoller é um freudiano à própria moda, que valoriza determinados pontos da teoria de Freud (como a do trauma) e contesta frontalmente outras noções muito caras ao fundador da psicanálise. A compreensão da perversão através do eixo da hostilidade é a marca maior de sua teoria e também seu aspecto mais original. Não que a ligação entre perversão

12. KHAN, M. M. R. *Alienation in perversions.* London, The Hogarth Press, 1979.

e hostilidade seja necessariamente uma novidade em psicanálise, mas a extensão explicativa que isto toma em sua obra é que delineia o caráter original de sua contribuição.

Partindo do pressuposto de que é o ódio que sustenta a formação perversa, Stoller coloca-se uma pergunta de profunda implicação epistemológica para a metapsicologia: *como o ódio é erotizado?* Ou, de outra forma: como a vida erótica é investida pelo ódio e pela angústia? Esta é uma pergunta que incide sobre a lógica do funcionamento psíquico. Trata-se de um tipo de problema que se coloca para a psicologia, sobre o qual a psicanálise teve de debruçar-se inúmeras vezes a fim de conferir uma consistência epistemológica a seus postulados. É o que Freud fez, por exemplo, no artigo "Uma criança é espancada",[13] quando se pôs a enfrentar o enigma do masoquismo, que desafiava uma lógica mais superficial – a da consciência – ao ligar o prazer à dor.

Para chegar a uma explicação suficiente sobre a ligação do ódio e da hostilidade com a formação perversa em Stoller, é necessário passar, então, pela noção de *trauma.* O ódio, para ele, não é um sentimento "dado" ou primário que vem influenciar a vida psíquica e determinar o aparecimento de mecanismos defensivos. Não se trata, em absoluto, deste ódio quase metafísico, mas sim de um ódio reativo e *causado*, com raízes na experiência real. Ora, aqui fica evidente que Stoller dialoga com Winnicott, cuja obra tem como marca central a valorização do ambiente na constituição da subjetividade.

A cena sexual perversa para Stoller é, em essência, uma *fantasia atuada.* Cada uma de suas partes e cada

---

13. FREUD, S. (1919) "'Uma criança é espancada': uma contribuição ao estudo da origem das perversões sexuais". E.S.B. Rio de Janeiro, Imago, 1980, v. 17.

um de seus detalhes guardam relações com a cena infantil traumática da qual o sujeito deseja livrar-se. Tal ideia, que norteia toda a teorização que uma autora como Joyce McDougall[14] fará da perversão, encontra um correlato na postulação de Masud Khan de que o ato sexual perverso é um sonho que, não podendo ser sonhado, é colocado em ato. A fórmula matricial desta construção, evidentemente, é clássica: encontra-se em Freud, para quem o sintoma, como qualquer outra formação do inconsciente, reconta uma história e tem uma função defensiva.

Se Freud abandonou a teoria da sedução – do trauma sexual real – para justificar a gênese da neurose, dando ênfase ao papel da fantasia, Stoller, ao contrário, vai afirmar que, se fosse possível investigar toda a vida pregressa do paciente perverso, certamente localizaríamos o trauma, que incidiu sobre o sexo anatômico ou sobre a identidade de gênero. Freud pensou inicialmente em uma cena de sedução, da responsabilidade de um dos pais, na etiologia da histeria. Mais tarde, ele compreendeu esta "cena" como fantasia decorrente da chegada disruptiva da sexualidade biológica. A origem da neurose, entretanto, permanece atrelada a este momento, ainda que mítico. Mas o que Stoller postula, no caso da perversão, é diferente: haveria, aí, um trauma real, que poderia ser encarado como o próprio fator diferencial entre perversão e neurose.

A partir da realidade do trauma, quando o sexo anatômico ou a identidade de gênero foram atingidos, o sujeito vai organizar, defensivamente, uma vida sexual sintomática, cujo escopo é negar ilusoriamente o resultado

---

14. MCDOUGALL, J. (1978) "A cena sexual e o espectador anônimo". In: *Em defesa de uma certa anormalidade: teoria e clínica psicanalítica.* Porto Alegre, Artes Médicas, 1989.

do trauma infantil, anulando seus resultados e "recontando", por meio da montagem de uma cena sexual perversa, a história da experiência traumática. Tal cena deve ter um "argumento", à moda da cena teatral, que, invariavelmente, é o de afirmar a vitória sobre o agressor e a reversão de papéis. Em uma palavra, o argumento deve ser o da *vingança*, como define Stoller.

Assim, a vingança contida na cena perversa, além de ser em si mesma uma descarga do ódio – é uma espécie de tentativa de elaboração em que a passividade é trocada pela atividade, exatamente como se dá no modelo que Freud enuncia em *Além do princípio do prazer*[15] ainda que, em momento algum, Stoller se refira a esta ligação. O triunfo na perversão obedeceria, assim, ao mesmo princípio que rege o aparecimento do brincar, ou seja, ao imperativo da elaboração de uma experiência traumática através da transformação da passividade em atividade. Mas ocorre que, na perversão, esta operação não pode ser contida nos limites do plano psíquico, necessitando de um objeto do mundo externo para ser atuada, isto é, encenada e transformada em um ritual (tal como o "sonho atuado" de Masud Khan).[16]

Este objeto do mundo externo que se utiliza será alguém que, embora tenha uma personalidade, é desinvestido de tal qualidade e reduzido a coisa (objeto parcial). Stoller já vê, nesta operação, um indicador da atuação do ódio, manifesto na *desumanização* do objeto. Este ponto de visa guarda alguma semelhança com a ideia de Masud Khan[17] de que o objeto do perverso é um *objeto tran-*

---

15. FREUD, S. (1920) "Além do princípio do prazer". E.S.B. Rio de Janeiro, Imago, 1980, v. 18.
16. KHAN, M. M. R. Op. cit.
17. Idem.

sicional, intermediário entre o eu o objeto externo, alvo da destruição e, ao mesmo tempo, fruto de uma construção. Mas Stoller parece ter uma visão mais pessimista, pois afirma a *coisificação* do objeto e a atuação da hostilidade sobre o mesmo, não fazendo menção aos aspectos "construtivos" supostamente contidos nesta modalidade perversa de relação objetal, como faz Masud Khan.

Neste ponto talvez seja bom lembrar que a noção de *dissociação* em Stoller, no caso da perversão, aplica-se particularmente ao objeto, ainda que seja, é certo, correlata à dissociação do ego. No caso do fetichismo ou da escolha de uma parte do corpo do parceiro como objeto sexual, a dissociação incidirá, sobretudo, entre a parte e a totalidade, sendo, evidentemente, correlata à negação da plenitude da alteridade. Assim, o "uso" que se faz do objeto só se torna possível em virtude desta dissociação.

De todo modo, o fato de a cena perversa ser encarada por Stoller como uma retrospectiva corrigida de uma cena traumática, não deixa de atestar o fundo freudiano que preside sua teorização sobre a gênese e o sentido do sintoma, pois o sintoma neurótico em Freud também obedecia à mesma lógica interna. Senão, lembremos da cena montada pela mulher obsessiva,[18] que chamava a criada ao quarto nupcial após ter derramado tinta vermelha no lençol: assim procedendo, ela recontava a cena de fracasso do marido na noite de núpcias, de modo a mudar os resultados reais, isto é, de modo a provar que houvera, de fato, a defloração. Mas há uma diferença da maior importância entre o sintoma neurótico e o sintoma perverso: como já afirmava Freud, enquanto que o retorno do sexual recalcado na neurose provoca desprazer ao ego, na

---

18. FREUD, S. (1913) "A disposição à neurose obsessiva". E.S.B. Rio de Janeiro, Imago, 1980, v. 12.

perversão a fantasia sexual consciente provoca prazer (e aqui reside o sentido do postulado freudiano da perversão como *negativo da neurose*).

Outra diferença entre as modalidades de sintoma, que merece a nossa atenção, é a necessidade de atuação (*acting-out*) que se verifica no sintoma perverso; ou, melhor dizendo, o sintoma é, ele próprio, uma atuação, visto que não se limita ao domínio do psíquico, mas envolve um outro em sua consecução. Esta constatação nos alerta para a situação intermediária da perversão entre a neurose e psicose.

Este fato não escapou a Christopher Bollas, que, concordando com o postulado central de Stoller de que a perversão é uma *forma erótica do ódio*, lembra que a prática perversa consiste em uma

> externalização por parte do perverso do processo instintivo, por meio do qual sua compulsão interna deve estar vinculada a um outro real em uma atuação em grande escala da preocupação social.[19]

Ou seja: as bordas do ego são tênues, e a experiência conflitiva não pode ser contida dentro dos seus limites.

Finalmente, para concluir este voo panorâmico sobre o trabalho de Stoller a respeito da perversão, cabe um comentário a respeito de sua visão do complexo de Édipo, ponto sobre o qual emite opiniões arrojadas, se comparadas às de Freud e, principalmente, se comparadas ao modo cauteloso como os principais discípulos do fundador da psicanálise manifestavam suas discordâncias em relação a ele. Stoller, como vimos, simplesmente inverte

19. BOLLAS, C. *Hysteria*. São Paulo, Escuta, 2000, pp. 256–257.

o primado do falo, sem fazer disso bandeira de luta e sem tampouco atacar Freud.[20]

Stoller enfatiza a relação primária com a mãe e não a escolha objetal primária. Assim, a feminilidade seria uma condição inicial, e a masculinidade implicaria os esforços de separação e de desidentificação em relação à mãe. Diz ele:

> É, então, possível, que o menino não comece heterossexual, como Freud presumiu, e sim que ele precise se separar do corpo de mulher e da feminilidade da mãe, vivenciando um processo de individuação em direção à masculinidade. A heterossexualidade, nos homens, é uma conquista e, portanto, não, como disse Freud, um pressuposto; se esta hipótese puder ser confirmada, então a masculinidade não é a condição de ocorrência natural que Freud dizia ser. Existe uma forma embrionária de feminilidade.

Kernberg, tecendo comentários sobre a obra de Stoller, faz uma interessante observação: iniciando seu raciocínio, lembra que Janine Chasseguet-Smirgel[21] é uma autora que se preocupou com

> as consequências patológicas de grave agressão precoce, no processo de separação-individuação da mãe, particularmente nas vicissitudes da identificação da menina com funções femi-

---

20. É necessário lembrar, todavia, que Freud, depois de ter circunscrito o conflito edípico em torno do medo da castração fálica, viu-se na necessidade de estender seu olhar para as relações mais precoces entre a criança sua mãe, relações que ele chamou de pré-edípicas; ele passa a suspeitar que elas tinham influência decisiva na determinação da forma assumida pelo complexo de Édipo e, portanto, na formação da identidade sexual, especialmente para a menina.

21. CHASSEGUET-SMIRGEL, J. (1984) *Éthique et estéthique de la perversion.* Paris, Éditions du Champ Vallon, 1984.

ninas e a tolerância do menino pela rivalidade edípica com o pai.[22]

Prosseguindo, Kernberg vai render tributo à originalidade de Stoller que, como representante de uma certa tendência psicanalítica norte-americana, foi quem enfatizou a importância do processo de separação-individuação na gênese da perversão, ao descrever

> o medo da feminilidade, nos homens, como sendo uma expressão de suas ansiedades no que diz respeito à perda da identidade sexual, derivada da identificação primária com a mãe, a qual necessita ser desfeita, a fim de uma identidade masculina poder ser desenvolvida.[23]

Estamos, como o leitor pode pressentir, diante de um autor que investigou como poucos os mistérios da dinâmica da perversão e da sexualidade em geral, tendo sido referência para autores tão diversos como Otto Kernberg,[24] Lionel Ovesey & Ethel Person,[25] Masud Khan,[26] Christopher Bollas,[27] Joyce McDougall,[28] Janine Chasseguet-Smirgel[29] e Jacques André,[30] entre outros. Sua obra veio para ficar ao lado dos clássicos sobre a se-

---

22. KERNBERG, O. F. *Agressão nos transtornos de personalidade e nas perversões.* Porto Alegre, Artes Médicas, 1995, pp. 272–273.

23. Idem.

24. KERNBERG, O. F. Op. cit.

25. OVESEY, L. & PERSON, E. "Gender identity and sexual psychopatology in men: a psychoanalytic analysis of homosexuality, transsexualism and transvestism". *J. Am. Acad. Psychoanal.*, 1:53–72, 1973.

26. KHAN, M. M. R. Op. cit.

27. BOLLAS, C. Op. cit.

28. MCDOUGALL, J. *The many faces of Eros.* London, Free Association Books, 1995.

29. CHASSEGUET-SMIRGEL, J. Op. cit.

30. ANDRÉ, J. "Introduction: le masochisme immanent". In: ANDRÉ, J. (org.) *L'énigme du masochisme.* Paris, PUF, 2000.

xualidade humana. Sua ausência precoce privou a psicanálise do muito que ele ainda traria e que já se anunciava em sua obra. Já era mais do que hora deste livro capital ser publicado em português.

Flávio Carvalho Ferraz é psicanalista, membro do Departamento de Psicanálise do Instituto Sedes Sapientiae (São Paulo) e livre-docente pelo Instituto de Psicologia da Universidade de São Paulo.

AGRADECIMENTOS

Gostaria de agradecer a Nathan Leites, Ph.D., cujos esforços em prol de uma linguagem clara e precisa desempenharam, mais uma vez, a função de um crítico, de quem só eventualmente consegui fugir; e à minha secretária, Thelma Guffan, pela paciência e competência com que há anos vem tornando minha tarefa mais fácil.

Perversão

Prefácio

Por que, em tempos esclarecidos como os nossos, alguém escolheria dar a uma obra o título de "Perversão", termo que vem caindo em desuso? A grande pesquisa publicada nas últimas duas décadas vem nos ensinando que o comportamento sexual aberrante é encontrado também em outras espécies — e que é onipresente entre os homens; que ele é produto de componentes cerebrais e hormonais, cujo funcionamento independe de algum tipo de instância a que pudéssemos chamar de psique. Tais descobertas, além disso, fazem com que os pesquisadores lastimem não só a postura moral da sociedade, que encara a aberração sexual como algo fora do natural e pecaminoso, assim como a ação social repressiva que essa perspectiva desencadeia. É desse modo que, ao se livrar do conceito de perversão, uma combinação tentadora é obtida: a de uma boa pesquisa posta a serviço de uma causa humanitária. Entretanto, eu sustento que a perversão existe — e esta será a tese a ser explorada no decorrer deste livro.

As conotações da palavra são desagradáveis e contêm uma aura de moralismo, de livre escolha — coisas consideradas antiquadas em nossos dias de ciência e determinismo. Foi justamente para evitar tais conotações que termos mais brandos foram introduzidos, como "variações", "desvios" ou "aberrações". Atualmente, as pessoas decentes — dentre as quais muitas são cientistas — estão cada vez mais preocupadas com o preço pago por seus semelhantes — e, mais ainda, por sociedades inteiras — ao não poupar esforços para reprimir comportamentos sexuais aberrantes sem vítimas. E assim, em nome da decência, hoje em dia é considerado de bom tom fazer uso de todas as armadilhas da Ciência para tentar nos livrar do conceito de perversão. Isto é feito não somente alterando o termo para outros, cujas implicações são menos graves, mas também tentando demonstrar a inexistência total (ou quase total) de estados que verdadeiramente se encaixem nas torpes conotações do termo "perversão". Esses pesquisadores tiram suas conclusões lançando mão de meios objetivos que, segundo eles, evitam os embaraços do material introspectivo. Entre esses meios, está o estudo dos mecanismos cerebrais em animais e humanos, que revelam um potencial herdado para comportamentos aberrantes, presumivelmente inserido nas estruturas hormonais do sistema nervoso central; outro meio utilizado são as estatísticas, que revelam quão generalizados são esses atos supostamente odiosos; temos, ainda, os estudos antropológicos, que demonstram que o comportamento sexual aberrante tem sido o comum — e não o excepcional — através da história e das culturas; e, finalmente, a observação e a experimentação, usando animais íntegros. Em todos esses casos, os dados reunidos revelaram que práticas sexuais aberrantes se encontram em todas as espécies animais, e que elas são onipresentes no comportamento humano. É fácil, então, concluir que a aberração, disseminada entre os homens, não deve ser considerada um comportamento que a pessoa desejou — ou seja, um ato livremente escolhido, envolto em pecaminosidade, uma atitude de desobediência em relação à moral aceita — mas, antes, uma tendência natural do impulso da sexualidade no reino animal.

E existem os que se opõem à extinção do termo — filósofos e ensaístas, mais do que pesquisadores formais — porque se colocam a serviço de um outro tipo de decência, também admirável: este tenta nos desviar do abismo da licenciosidade, dando destaque aos aspectos desumanizados, não amorosos, do comportamento sexual, dando mais ênfase à gratificação anatômica do que à afetiva. Precisar reduzir uma pessoa a um seio, ou a um pênis ou a um pedaço de pano para ser capaz de conseguir concentrar seu desejo é algo muito triste — e perigoso; estas graves falhas da potência, este aviltamento da condição amorosa, só fazem fomentar os outros processos que, hoje em dia, degradam nossa humanidade.

O primeiro grupo quer se ver livre do conceito de perversão por ele ter conotações morais, inadmissíveis no estudo científico do comportamento, e porque ele pode ser usado pelas forças repressivas da sociedade. O outro grupo quer preservar o termo "perversão" porque precisa de uma palavra totalmente carregada da ideia de pecado, para assim preservar a velha moralidade que, após ter sido por tanto tempo posta à prova, continua a constituir o pilar da sociedade.

Existe alguma verdade em cada uma dessas posições — mas ambas estão equivocadas.

A proposta deste livro não é descrever ou discutir as perversões, nem oferecer uma teoria compreensiva de suas origens e de sua dinâmica; é, antes, encontrar o seu significado, definir, clinicamente, o termo, de modo a podermos reconhecer o fator comum, se ele aparecer, independentemente dos comportamentos específicos que fazem com que um tipo de perversão seja diferente do outro. Para tanto eu examinarei, primeiramente, a hostilidade — que acredito ser o fator capaz de dar definição ao termo.

O primeiro ponto é que a perversão resulta de uma interação primordial entre hostilidade e desejo sexual, hostilidade que se evidencia nas conotações do termo (o dicionário, ao lidar com "perverso", "perversão" e "perverter" se utiliza de palavras como "que tem péssimas qualidades morais: traiçoeiro, malvado"; "mudança do bem em mal; corrupção; desmoralização, depravação"; "mudar para mal, tornar maù: depravar, corromper, desmoralizar; transtornar, desnaturar, desvirtuar". Em segundo lugar, as pessoas que têm perversões sentem (são obrigadas a sentir) uma perpétua sensação de serem sujas, pecadoras, dissimuladas, anormais, e de constituírem uma ameaça àqueles cidadãos melhores, os não perversos, que supostamente constituem a maioria da sociedade. Em terceiro lugar, a própria palavra reflete a necessidade de que os indivíduos, na sociedade, continuem impossibilitados de reconhecerem suas próprias tendências perversas, providenciando bodes expiatórios que isentam todos os outros humanos, na medida em que servem como objetos de nossas próprias tendências, inaceitáveis e projetadas. Todo esse sentido repugnante, de pecado, se perde na brandura de um termo como "variação" com seu conspícuo anseio por respeitabilidade e candidez estatística (por mais que eu possa digerir o termo "perversão", as implicações deploráveis de se chamar alguém de "pervertido" chegam a quase me impedir de usar a palavra.)

Este livro é o quarto de uma série sobre o desenvolvimento da masculinidade e da feminilidade. Quando meu trabalho começou, em 1958, eu não esperava que ele me conduzisse a um estudo do significado das aberrações sexuais. Porém, recentemente, eu me percebi acreditando que a perversão surge como uma maneira de lidar com ameaças à identidade de gênero da pessoa, ou seja, com a própria noção de masculinidade e feminilidade; tenho constatado isto nos pacientes de que trato. Agora, e nos próximos anos, a tarefa será verificar se é verdadeira a hipótese de que as perversões, via de regra, são transtornos da masculinidade e da feminilidade, e não somente uma coincidência que encontrei nos poucos pacientes estudados. Nestas observações introdutórias, é meu desejo sublinhar também que, pensar em termos de masculinidade e feminilidade, nos dá uma perspectiva diferente (embora não contraditória) daquela da metapsicologia psicanalítica clássica, com sua coloração neutra — ego, id, superego, neutralização, catexia, e assim por diante.

É conveniente que eu diga algumas palavras sobre meu estilo de escrita, já de início. O leitor logo perceberá que, embora as hipóteses sejam extraídas de material clínico, as generalizações são frequentemente afirmadas como se não tivessem que ser ainda comprovadas e como se eu tivesse estudado casos suficientes, que me permitissem declarações taxativas. Mas, à medida que a leitura progredir, se puderem conservar em mente que essas ideias são provisórias, vamos nos poupar do uso excessivo dos termos "parece" e "talvez". Tratem o livro como uma argumentação a ser ponderada, refutada, posta à prova.

Além disso, e de modo geral, não acredito que a linguagem técnica da psicanálise seja necessária; isto fará, talvez, com que o leitor sinta falta de uma qualidade mais pesada, costumeiramente presente nas discussões analíticas sobre sexualidade. Não creio, contudo, que qualquer autor diga algo a mais por fazer uso habitual de palavras tais como "catexia", "narcisismo" ou "neutralização". Temas psicológicos importantes podem, na maioria das vezes, ser expressos com precisão na linguagem comum, com a vantagem adicional de que qualquer fragilidade, em termos de argumento ou de dados, ficará mais visível para ambos, autor e leitor, se o tom for informal.

Por acreditar nisso, acredito também que os psicanalistas, ao lidar com assuntos clínicos, deveriam escrever — simultaneamente — para analistas *e* leitores comuns (Freud é o modelo). Isso força a pessoa a ser mais clara. Problemas da teoria analítica que as pessoas mais competentes e motivadas não compreendem, provavelmente também não devem estar claras para o nosso colega analista. (A desvantagem deste método é que, por vezes, eu precisei repisar, para os leigos, assuntos que todo analista conhece bem; em alguns poucos lugares, fiz referência a trabalhos de analistas com os quais os leigos não têm familiaridade. Tentei conservar esses parágrafos pouco numerosos, e curtos.)

Outro motivo para escrever sobre perversão, e não sobre *as* perversões, é a minha crença de que seria prematuro aventurar-me no segundo tema. Embora existam compêndios de casos bizarros, a ênfase, nesses trabalhos, tem sido o relato clínico superficial, revestido das teorias etiológicas que a pseudociência tanto venera. As discussões teóricas dão respostas em que há um excesso de verbosidade; e até mesmo o material clínico, à primeira vista tão detalhado, é superficial, incompleto, impreciso. Conservando isto em mente, eu não abrangerei todas as aberrações; considerarei em detalhe somente uma condição específica, apenas para ilustrar algumas hipóteses.

Espero, portanto, que este livro induza alguns leitores a verificar se não existe, de fato, uma tal lacuna na informação — esperando que, aqueles que a reconhecerem, se encorajem e deem prosseguimento a este estudo. Pois parece haver uma situação estranha, no que concerne à pesquisa do comportamento sexual aberrante: a relativa ausência de discussão, nos anos recentes, a nos dar a impressão de que não existe muito mais a ser feito. Raramente se publica material clínico abrangente na literatura psiquiátrica ou psicanalítica, como se os critérios para diagnósticos estivessem muito nítidos, e a natureza das síndromes de tal modo evidente que dispensasse descrições detalhadas — consideradas exóticas, desnecessárias. (Talvez haja um número excessivo de profissionais que consideram que os estudos do início do século, levados a cabo por nomes como Kraft-Ebing e Havelock Ellis, acabaram por nos causar uma certa indigestão descritiva.) A literatura analítica raramente relata outros tipos de síndrome, além da homossexualidade e do fetichismo. Os dois ou três trabalhos que aparecem a cada ano, com demasiada frequência (embora com algumas honrosas exceções) apenas dão nova roupagem a alguma posição teórica anterior. Não seria melhor tornarmos pública nossa ignorância, de modo a podermos avançar em nossa compreensão sobre o comportamento sexual?

Começaremos a remediar esta situação: vamos separar as aberrações sexuais que são produzidas essencialmente como tentativa perene de "curar" uma certa tensão psíquica, daquelas em que essa dinâmica não está na raiz do comportamento. Acredito que a perversão, diferentemente da aberração, seja produto da angústia, e que o comportamento sexual perverso esteja permeado de reminiscências, de destroços e de outros indicadores da história pregressa do desenvolvimento sexual do indivíduo — especialmente no âmbito de suas dinâmicas familiares. Caso o observador soubesse *tudo* o que aconteceu na vida da pessoa que está estudando, ele encontraria esses eventos históricos representados nos detalhes do ato sexual manifesto. O observador saberia, então, quando e por que essa pessoa desistiu daquilo que mais poderia apreciar, em termos de erotismo, para escolher as alternativas que constituem o cenário da perversão. Esta hipótese, então, é que a perversão é uma *fantasia* posta em ação — uma estrutura de defesa gradualmente erguida com o passar dos anos, com a finalidade de preservar o prazer erótico. O desejo de preservar aquela gratificação advém de duas fontes principais: (1) um extremo prazer físico que, por sua própria natureza, exige repetição; (2) da necessidade de conservar sua identidade.

Eu não vejo como a fantasia possa ser excluída de nossas especulações sobre o comportamento sexual humano; não é segredo que a fantasia, sob a forma de devaneios, está conscientemente presente em grande parte da atividade sexual. De fato, quando ouvimos falar de uma pessoa que não tem fantasia sexual, suspeitamos da existência de uma inibição agindo ali. Porém, vasculhem através dos nomes dos grandes pesquisadores da sexualidade, da geração passada ou da anterior. Notarão que, não importando sua área de estudo, as técnicas utilizadas ou o tipo de descoberta que relatem, os dados obtidos eram referentes a aberrações sexuais não motivadas por fantasias — ou seja, não envolviam relatos que moldassem uma "realidade" nova, melhor. Esses pesquisadores enfatizam as origens não inventadas, não conflitantes, extrapsíquicas da excitação sexual, perversa ou não. Eles tratam as manifestações intrapsíquicas como se não existissem. Por exemplo: um punhado de casos foi descoberto, na imensidão do universo humano, em que um comportamento sexual aberrante foi deflagrado por um problema do sistema nervoso central; conclusão: a perversão resulta da epilepsia. Exemplo: animais em liberdade que algumas vezes adotam alguma característica do comportamento reprodutivo do sexo oposto (como quando uma vaca, por alguns momentos, monta em outra vaca); conclusão: a homossexualidade faz parte da atividade animal e o ser humano, sendo parte do mundo animal, está simplesmente expressando sua herança natural, ao abraçar a homossexualidade. Exemplo: um chimpanzé macho, em Nova Orleans, se masturbava enquanto acariciava uma bota; conclusão: o fetichismo é resultado de simples condicionamento. Certas sociedades não consideram como perversão algumas atividades que definimos como perversas; conclusão: o ato, praticado em nossa sociedade, com a mesma anatomia, tem o mesmo significado para o indivíduo, e brota das mesmas fontes psíquicas, como nas culturas de outros povos.

E assim por diante. Tais estudos se unem, num esforço de contestar a motivação psíquica e substituí-la por forças primitivas, tais como evolução, herança cromossômica e genética, neurofisiologia, condicionamento e impregnação — forças que agem sobre uma psicobiologia desprotegida; ou proclamando que o que é a norma é o normal. Eu discordo; porém, acredito que esses fatores são (ou, em alguns casos ainda sem comprovação, possam ser) contribuições essenciais à sexualidade humana. Tudo quanto peço, é que consideremos também os efeitos intrapsíquicos do passado das pessoas, especialmente quando expressos nas sutilezas dos relacionamentos interpessoais. Aqueles que consideram a si próprios cientistas, podem estar cometendo um erro histórico ao desprezar esse fator. Eles não sabem que aquilo que rotulam como sendo apenas o comportamento de alguém, pode ser também uma explicação do homem. Por sua complexidade, hoje em dia o espírito humano escapa às técnicas experimentais; os métodos de pesquisa do atual estágio do desenvolvimento científico ainda não têm competência para revelar ou explorar a fantasia. Mas, se a fantasia existe, ela pode ser estudada. E, enquanto aguardamos pela evolução da ciência, talvez devamos nos voltar para aquela técnica, de descoberta incerta, porém competente, que é o método psicanalítico, com seu confuso rebento, a teoria analítica.

O objetivo de minha pesquisa é encontrar as origens psicológicas daquilo que rotulamos como sendo a "identidade de gênero" ou seja, a masculinidade e a feminilidade. Para tanto, parece haver três métodos nos quais os analistas são especialmente habilidosos: (1) a análise de adultos e crianças, para entrever as raízes de seus comportamentos. Este procedimento tem sido a fonte dos grandes *insights* dos psicanalistas, ao longo de gerações; a perspectiva é essencialmente intrapsíquica (ego, superego, id; consciente, pré-consciente, inconsciente; fixação e regressão; mecanismos de defesa; fantasia; e por aí vai). Esperemos, contudo, que a analogia feita por Freud, do analista a vasculhar o passado como um arqueólogo, não encoraje ninguém a querer descobrir tudo sobre seu passado baseando-se apenas nas descobertas feitas pela psicanálise. Se você fosse um historiador, e se existisse essa possibilidade, preferiria ficar coletando restos de ruínas ou ir visitar as cidades quando elas ainda estavam vivas? Por isso, é muito aconselhável também: (2) observar as mães com suas crianças, assim como os pais entre si, o modo como a família interage; tais estudos, na geração passada, puseram à prova e expandiram as descobertas do item (1). (3) Analisar os pais — especialmente as mães — das pessoas cujo comportamento é objeto de nossa pesquisa; nos últimos doze anos, depois de algum tempo contando somente com os dois primeiros, eu me concentrei neste último método, pelo *insight* que ele propicia sobre as pressões que a criança precisou suportar, e em virtude das quais acabou por adotar um comportamento aberrante (meus colegas tratam a criança e um dos progenitores, enquanto eu analiso o outro progenitor.)

Trabalhar desse terceiro modo, entretanto, não significa acreditar que as aberrações sexuais possam ser adequadamente compreendidas por esse tipo de estudo; o meu trabalho é, no melhor dos casos, complementar ao corpo principal das descobertas da psicanálise. Precisamos considerar todos os fatos, reunidos através dos três métodos.

A perversão é, portanto, o resultado de dinâmicas familiares que, ao provocarem medo, forçam a criança, que anseia por uma completa imersão na situação edípica (desejo de possuir o progenitor de sexo oposto ao seu, e de se identificar com o progenitor do mesmo sexo) a evitá-la. A heterossexualidade é um estado complexo porque, embora ela precise de frustração e de dor para se produzir, ainda assim, um outro tipo de frustração e de dor podem vir a alterá-la. Se quisermos compreender os indivíduos que estudamos, precisamos apreender a natureza exata de suas frustrações e de suas dores, para que isto nos ajude a compreender por que os diferentes resultados se produzem. Compreenderemos melhor as origens da perversão se a encararmos como uma heterossexualidade corroída; como veremos, isto não é verdadeiro para todas as aberrações.

Naturalmente, agora eu me encontro em maus lençóis porque, como os demais analistas, eu também acredito que a maioria dos comportamentos sexuais — e não apenas aqueles rotulados como perversos — resulta de experiências da vida, ou de conflitos a que se sobreviveu, e de coisas das quais se foi obrigado a abrir mão; de tal maneira que, se pudermos olhar bem de perto, fazendo uso do nosso microscópio, a ideia de normalidade (e não a de normatividade) se esfacela. Nós precisamos, por exemplo, admitir quão comum é a patologia sexual nos heterossexuais, que pretensamente constituiriam o padrão da normalidade, e que usamos como referência para designar os anormais. Até que possamos compreender a heterossexualidade — e não considerá-la como um pressuposto, como algo que dispensa explicações — também não compreenderemos a perversão. E, para diminuir esse estado de ignorância, precisamos começar por nos lembrar que a heterossexualidade é uma aquisição; não podemos varrer o assunto para o lado, alegando que a heterossexualidade é uma predisposição, por ser necessária à sobrevivência das espécies; e que, portanto, ela está biologicamente garantida. Nós simplesmente não temos o direito de aceitar este postulado biológico — que, embora sensato, não está comprovado — e tomá-lo como verdadeiro — seja nos humanos, nas abelhas ou nos ratos.

Por outro lado, existe uma quantidade de aberrações que não se originam de concessões feitas pelo indivíduo, e que lhe foram impostas pela angústia. De acordo com minha terminologia, nem todos os atos sexuais aberrantes são perversões.

Agora, nós precisamos de definições.

Parte I:
Definição

Capítulo 1

Definições

Descreverei, primeiramente, a maneira como eu concebo uma aberração, uma variação e uma perversão; nos capítulos subsequentes, revisarei os dados e os conceitos que me conduziram às definições. Acredito que a perversão existe; que suas conotações ultrajantes refletem uma consciência turva de que, no cerne do ato perverso, existe o desejo de fazer mal a alguém; e que o conceito deveria ser preservado — não por ser uma arma de propaganda, útil à preservação da sociedade, mas pelo fato de a condição poder ser demonstrada.

Por *aberração*, aqui, eu me refiro a uma técnica, ou a uma constelação de técnicas, eróticas, que alguém usa como seu ato sexual completo, e que difere da definição de normalidade tradicional, admitida por sua cultura. As aberrações sexuais podem ser divididas em duas classes: variações (desvios) e perversões.

Por *variação* refiro-me a uma aberração que não é, em essência, a encenação de fantasias proibidas — especialmente fantasias que envolvam causar dano a alguém. Exemplos disto seriam comportamentos que só se desencadeariam sob a influência de alguma atividade anormal do cérebro, como, por exemplo, quando se constata a presença de um tumor e se faz uso de alguma droga experimental, ou de impulsos elétricos emitidos por eletrodos implantados; ou um ato aberrante a que se é conduzido por *faute de mieux*; ou tentativas sexuais que a pessoa faça por curiosidade, e acabe não as considerando suficientemente excitantes para que as repita.

Perversão, a forma erótica do ódio, é uma fantasia, em geral atuada, mas que ocasionalmente fica restrita ao devaneio (elaborado pela própria pessoa ou produzido por terceiros, ou seja, material pornográfico). É um tipo de aberração habitual, preferencial, necessária à satisfação plena e, principalmente, motivada pela hostilidade. Por "hostilidade" eu me refiro a um estado em que alguém deseja danificar um objeto — o que a torna diferente da agressividade que, em geral, implica apenas o uso da força. A hostilidade, na perversão, toma a forma de uma fantasia de vingança que se oculta nas ações que a consumam, e que serve para transformar um trauma de infância em um triunfo de adulto. Para que se produza o máximo de excitação, a perversão também precisa ser representada como um ato que envolve algum tipo de perigo.

À medida que essas definições removem incongruências anteriores, elas nos impõem um novo ônus: que a pessoa nos revele o que é que a motiva. Mas, ao agir assim, livramo-nos de um processo de caracterização que negligenciou a personalidade e a motivação do sujeito. Não precisamos mais definir uma perversão em termos da anatomia utilizada, do objeto escolhido, da moralidade professada pela sociedade ou do número de pessoas que a praticam. Tudo quanto precisamos saber é o que ela significa para a pessoa que dela se utiliza; embora, possivelmente, nos seja difícil o deslindar deste significado, continua não existindo qualquer razão apriorística para que rejeitemos esta técnica de caracterização.

Alguns analistas (e outros profissionais também) usaram os termos "aberração", "desvio" ou "perversão" como sinônimos, classificando determinado ato como aberrante não necessariamente com base nos critérios de quem os pratica, e sim nos de quem o observa. Então, quando uma teoria sobre a perversão tiver sido estabelecida — conflito pré-edípico e edípico; fixação e regressão oral, anal ou fálica; fantasias com objetos ameaçadores introjetados, tais como o mau pênis do pai ou o ainda pior seio da mãe; a clivagem do ego; a condenação, ou a permissividade, por parte de um superego falho; ou o que quer que seja — a explicação estará completa antes mesmo de se ter visto o paciente. Para evitar tamanha eficiência, estou tentando nos obrigar a um regresso, em busca de informações sobre a própria pessoa que pratica o ato. Hoje é notório que os sistemas que acabamos de citar foram oferecidos como explicação para todos os tipos de comportamento, o que, naturalmente, significa que eles explicam pouco; com toda sua força colocada na descrição das dinâmicas, tais conceitos são incapazes de responder de que forma a perversão difere, digamos, de um tique, de uma alucinação, da mania, ou de um forte desejo por picles.

Aliás, é sugerido que o ato perverso proporciona gratificação porque, entre outros "indicadores específicos de perversão" listados, através dele (do ato) ele (o paciente-prototípico) atuou uma confrontação entre imagens idealizadas e degradadas de sua mãe... ele (o ato) gratificou desejos sádicos e masoquistas que, de outra maneira, seriam inaceitáveis... a angústia da castração e a culpa — que ele normalmente experimentaria na relação sexual — foram eficientemente evitadas pelo sistema defensivo perverso... a perversão levou ao ato um desejo proibido, de maneira disfarçada — especificamente, tanto o desejo edípico quanto a transferência homossexual...

ela reencenou a cena primal... ela reencenou também a sedução infantil e a gratificação por parte dos pais... e permitiu uma verdadeira gratificação através de um verdadeiro objeto substituto, de tal modo que a angústia pela perda do objeto foi dissipada... (114, p. 47)[1]

Podemos nos permitir uma sensação de *déjà vu.*

Dentro dos parâmetros comuns da psicanálise, presumimos que todas as aberrações sexuais são energizadas por dinâmicas patológicas; assim, tratamos nossos pacientes — e vamos criando nossas teorias — em correspondência a isto. Então, em virtude de utilizarmos estes conceitos psicanalíticos, para deixar implícita e existência de um distúrbio, percebemo-nos usando aquele protótipo "o heterossexual" ou, ainda mais vago, "o normal" como linha de base para mensuração da patologia daqueles menos favorecidos. Isto feito, entretanto, caímos na armadilha de ignorar nosso conhecimento do contumaz mau funcionamento do "heterossexual" ou de fracassar ao tentar encontrar ou descrever "o normal".

Eu prefiro definições que se ancorem em dados clínicos, não em teorias; portanto, a partir de agora, apresentarei várias sugestões e hipóteses baseadas na observação, e que ajudarão a elaborar essas definições.

Em primeiro lugar, quando usamos o termo "sexual" em "aberração sexual" deveríamos restringi-lo à excitação erótica consciente, evitando seus significados psicanalíticos mais amplos, que consideram como "sexuais" todos os prazeres; esta conotação tem seu valor em determinados contextos, mas, aqui, só iria nos atrapalhar. Por

---

1. As citações completas das publicações mencionadas ou a que se faz referência neste livro poderão ser encontradas na lista de Referências. Os números entre parênteses referem-se aos itens enumerados nessa lista.

exemplo, um transtorno de identidade de gênero, como a efeminação, está presente, na maioria das vezes, sem implicar excitação sexual; tanto pode ser encontrado em homens perversos quanto em homens não perversos.

Em segundo lugar, saber se uma aberração é uma variação ou uma perversão, isto se determina pela atitude da pessoa em relação ao objeto que causa a excitação. Se a pessoa escolheu esse objeto — homem, mulher, cão, parte do corpo, objeto inanimado, seja o que for — motivada pelo desejo de danificá-lo, e se o ato tem para ela o significado de uma vingança, então ele é perverso.

Em terceiro lugar: toda vez que o ato perverso for realizado, quer ele envolva outras pessoas ou seja solitário, como na masturbação, seu autor se sente como que celebrando um triunfo.

Quarto, o trauma de infância, que mencionamos na definição, ocorreu efetivamente, e é rememorado nos detalhes da perversão. Minha hipótese é que uma perversão é uma revivescência de um trauma sexual verdadeiro, que visa precipuamente o sexo (em termos anatômicos) ou a identidade de gênero (masculinidade ou feminilidade),[2] e que, no ato perverso, o passado se dissipa. Desta vez, o trauma é transformado em prazer, em orgasmo, em vitória. Mas a necessidade de repeti-lo — *ad infinitum*, sempre da mesma maneira — resulta da incapacidade de a pessoa se sentir completamente livre do perigo, do trauma. Ele aconteceu; e, exceto por aquele momento em que o ato de perversão é repetido, e se processa sem problemas, o indivíduo não pode fingir para si mesmo que o trauma não aconteceu — embora sua lembrança seja in-

2. Valenstein diz que o trauma pode não ter sido verdadeiramente vivenciado, que pode ter sido a "concepção vivencial falsa" de um acontecimento real.

consciente. Não precisamos de uma construção nebulosa, como a "compulsão por repetição" para explicar por que o ato se repete: na perversão, a repetição acontece porque a pessoa quer escapar ao velho trauma, e porque a vingança e o orgasmo são suficientes como recompensa. Estes motivos bastam.

A partir de Freud, tem se afirmado que a excitação precoce contribui para a perversão. Eu concordaria, mas apenas — o que geralmente é o caso — quando tiver havido um excesso de estimulação e uma escassez de descarga, ou grave culpa. Estas estimulações serão, então, percebidas como traumáticas, e precisarão ser transformadas, através do ritual perverso, em um acontecimento vitorioso. Por outro lado, quando há muita gratificação e pouca culpa, em idade precoce, acredito que o resultado será não a perversão, mas a aberração; um apegar-se, já na idade adulta, àquela forma desviante de obter prazer, que não é impelida, como o é na perversão, pela necessidade de danificar um objeto.

Em quinto lugar, é preciso assegurar, no decurso de anos de tentativa e erro na construção de fantasias, que finalmente se encontrou uma fórmula — a perversão adulta — que funciona com regularidade. O fracasso desta construção está marcado, por um lado, pela falta de interesse sexual — pelo enfado — e, por outro, pela angústia. Ambos se manifestam por perturbações da potência. Caso o devaneio funcione, é preciso que o enredo da história não suscite demasiada angústia, pois esta é, em sua forma não adulterada, inimiga do prazer. Mas é necessário, também, reduzir a angústia sem aniquilar a excitação. O que se consegue ao se introduzir uma sensação de perigo na história. Uma *sensação* de perigo; em realidade, o perigo não pode ser grande, ou a angústia virá à tona. Portanto, o que deverá existir aí é tão somente uma impressão de perigo.

Alguns comentários são bem-vindos aqui, e eu os tecerei desde já, embora vá retomá-los, em relação ao material clínico. Existem atos sexuais em que é essencial o enfrentamento de perigos reais: por exemplo, enforcar-se para conseguir um orgasmo. O que precisamos distinguir, entretanto, é que o perigo que se imiscui entre as fantasias do ato sexual não é o mesmo que o que ameaça o mundo real; o perigo do enforcamento — a morte — não é o perigo — angústia ou culpa — que a fantasia deve evitar.

Em sexto lugar, o resultado de todo este trabalho de construção da fantasia, que conhecemos como perversão, é que nossos objetos sexuais são desumanizados. Isto é óbvio, por exemplo, no fetichismo e na necrofilia. Mas, ao olhar mais de perto para as perversões crípticas, tais como o estupro, ou uma preferência por prostitutas, ou a promiscuidade compulsiva (síndrome de Don Juan, ou ninfomania), e que o observador ingênuo poderá encarar simplesmente como entusiasmos heterossexuais, percebemos que o objeto é uma pessoa, dotada de uma personalidade, ao passo que o indivíduo perverso enxerga a criatura como desprovida de humanidade — apenas como uma anatomia, ou fragmentos estereotipados da personalidade (o que se percebe em expressões como "que bela bunda" ou "todos os homens são brutos"). E isto dificilmente é uma ideia nova. Em 1930, E. Straus observou: "O prazer nas perversões é causado pela... destruição, pela humilhação, pela profanação, pela *deformação* do próprio indivíduo perverso e de seu parceiro" (os itálicos são de Straus).[3]

Mas essas proposições não nos dizem como o prazer é introduzido. Se a perversão é o resultado da ameaça, e do ódio que ela provoca, de onde vem o prazer? Um trauma ou uma frustração, quando não são mitigados, não contêm em si desejo — como também acontece em relação à raiva. O prazer é liberado somente quando a fantasia — o que torna a perversão exclusivamente humana — tiver operado. Com a fantasia, o trauma se desfaz e, no devaneio — o conteúdo manifesto, o fio condutor da história consciente, construída, da fantasia — ele pode ser desfeito *ad infinitum*, de acordo com a necessidade.

Ao refazer o mundo, os devaneios contribuem para o prazer, primeiramente livrando a pessoa do medo de que o trauma se repita. Em segundo lugar, o devaneio traz em si elementos que simulam o perigo, de tal modo que a excitação — a tensão — se introduz por aí. Em terceiro lugar, o devaneio garante um final feliz — o que quer dizer que, desta vez, a pessoa não apenas superou o trauma, mas até mesmo ludibriou, se é que não traumatizou, aqueles que, originariamente, eram os ofensores. Finalmente, quando o devaneio se vincula à excitação genital e, especialmente, ao orgasmo, a "justificação" do devaneio é reforçada, e a pessoa se sente motivada a repetir a experiência, sob circunstâncias semelhantes.

Outra questão: se a perversão é o ódio erotizado, por que (exceto na homossexualidade) ela é mais encontrada entre os homens? Se ela é a erotização do ódio, então teremos que encontrar mais ódio — ou uma forma dife-

---

3. E. Straus, *Geschehnis und Erlebnis* (Berlim, 1930), p. 113. Citado em 7, p. 20

rente de ódio — nos homens do que nas mulheres. Pode ser que seja assim. Daremos prosseguimento a este estudo adiante (Capítulo 8).

A fim de começar a avaliar estas ideias, analise sua própria experiência. Pense nas perversões com as quais você está familiarizado: necrofilia, fetichismo, estupro, assassinato sexual, sadismo, masoquismo, voyeurismo, pedofilia — e muitas mais. Em cada uma delas encontramos — de forma explícita ou oculta, mas desempenhando papel essencial na fantasia — hostilidade, vingança, triunfo, e um objeto desumanizado. Antes mesmo de arranhar a superfície, podemos ver que a característica de causar dano a alguém é essencial, na maioria dessas condições. Mais tarde, testaremos essas ideias com maior rigor, considerando as condições sob as quais este mecanismo fica menos manifesto; descobriremos que se precisa de pouco aparato clínico — ou produção teórica — para descobrir o mecanismo hostil. Descobriremos, também, que o ato perverso tece seu caminho entre a angústia e o enfado, em busca do tipo certo de perigo, para criar a excitação.

Que pena que minha tentativa de definição fracasse em nos livrar de um velho problema: não posso afirmar a quantidade de perversão que é necessária para poder diagnosticar a condição como perversa (assim como não existe uma forma exata de medir, digamos, a neurose de angústia pela quantidade de angústia que tem que estar presente nela; ou um ponto definido em que a estrutura de caráter se transforma em desvio de caráter). A exigência, entretanto, é artificial; o diagnóstico, em medicina, não passa de uma conveniência, de um esforço de transmitir o maior número de informação possível, com o menor número de palavras, sobre as condições clínicas, sublinhando as dinâmicas patológicas e sua etiologia.

Aqueles, entre nós, que são psiquiatras, todos frequentamos a faculdade de medicina, de tal modo que ansiamos por um sistema de diagnóstico que seja tão eficaz quanto os que abrangem a maioria das patologias das outras especialidades. E se o psiquiatra for como os que pesquisam a sexualidade, ou seja, se não acreditarem que existam estados psíquicos que tenham sido originados por um conflito, e depois mantidos por mecanismos mentais, tais como a fantasia, a repressão, a anulação e a clivagem, ele continuará pressionando, exigindo diagnósticos psiquiátricos que sejam tão detalhados como, digamos, o de uma "fratura exposta cominutiva do fêmur" de uma "apendicite" ou uma "hidrofobia".

Não funciona. Nossa classificação se utiliza de uma multiplicidade de métodos diferentes para chegar a um diagnóstico. Em outras palavras, os princípios para fazer um diagnóstico escorregam, deslizam de categoria para categoria, revelando que uma conveniência improvisada, mais do que a lógica ou os fatos, controla a disposição dos fatores. Sem esforço, posso pensar numa quantidade de maneiras que não têm qualquer afinidade entre si e que, hoje em dia, são usadas para fazer diagnósticos — e você, com certeza, será capaz de adicionar outras.

1. *O diagnóstico tal como é empregado nas demais áreas da medicina*; são exemplos: "trissomia autossômica do grupo G" ou "psicose com trauma cerebral".

2. *Uma síndrome*; um exemplo é o rótulo "esquizofrenia", que a maioria de nós considera ser, em ver-

dade, um grupo de condições com diferentes etiologias, evoluções e prognósticos.

3. *Um sintoma proeminente* (sem levar em consideração a estrutura de caráter subjacente e outros sintomas neuróticos também presentes); alguns exemplos são "neurose de angústia" ou "neurose fóbica".

4. *Um sinal proeminente* (idem 3); são exemplos: "homossexualidade" ou "fetichismo".

5. *Um único sintoma*; são exemplos: "tique" ou "distúrbios da fala".

6. *Um único sinal*; são exemplos "enurese" ou "encoprese".

7. *Uma maneira crônica de vida*; são exemplos: "personalidade paranoide" ou "personalidade inadequada".

8. *Patologia de um órgão do corpo devida, em parte, a estados mentais*; um exemplo seria "dermatite psicossomática".

9. *Toxicomania*; seriam exemplos "alcoolismo" ou "toxicomania por heroína".

10. *Miscelânea*: são exemplos: "desajuste social" ou "desajuste conjugal".

Isso é um sistema?

Se o diagnóstico, na maioria dos casos, fornece apenas a ilusão de exatidão, será mais garantido, para nós, se nos servirmos de simples descrições que resumam o que nos foi possível observar; podemos adotar este modo de agir de imediato, e assim não seremos forçados a fazer o impossível — tentar medir se alguém é suficientemente perverso para que possamos afirmar a presença de uma perversão. Nosso trabalho, portanto, não ficará prejudicado; ainda seremos capazes de tomar nossas decisões, sábias ou tolas, a respeito de, digamos, julgar se um caso é para tratamento ou para punição penal.

As definições aqui delineadas precisam ser discutidas em profundidade; porém, antes de considerar mais de perto as diferenças entre "variação" e "perversão" eu gostaria de comentar uma recente pesquisa sexual contra o pano de fundo da teoria e das descobertas psicanalíticas, que têm dominado as ideias a respeito do comportamento sexual por várias gerações.

Capítulo 2

O impacto dos novos avanços da pesquisa sexual na teoria psicanalítica

A teoria psicanalítica é uma criação de Freud; a maioria das modificações que lhe foram acrescentadas não apenas são secundárias, como também são elaborações de posições teóricas que ele já havia introduzido, de forma explícita. É por esta razão que o presente capítulo examinará exclusivamente as teorias sexuais freudianas. Embora, em termos gerais, não se possa discutir qualquer segmento de sua obra sem conservar em mente o quanto ela se alterou com o passar dos anos, isto é menos verdadeiro no que concerne às suas teorias sexuais.

Ao examinar essas teorias, reconhecemos que Freud não esclareceu o que ele queria dizer com "sexualidade"; assim, algumas vezes, ele a discutiu de maneira obscura. Se procuramos por explicações universais, então a precisão sistemática poderá ser um estorvo; porém, para nossas necessidades imediatas, será de ajuda observar as diferentes áreas de observação ou de raciocínio abrangidas pelos termos "sexo", "sexual" e "sexualidade." É verdade que pesquisas recentes reconheceram que são diversos seus significados.

Em primeiro lugar, para Freud "sexual" significava toda e qualquer característica dos tecidos vivos que expresse uma entropia negativa; a isto ele chamou de *libido*: uma tendência mística cuja direção é o estar vivo, permanecer vivo e reproduzir a vida.

Depois, existem características biológicas que definem um organismo como masculino ou feminino; elas podem ser genéticas, anatômicas ou fisiológicas. Em geral, em si mesmas elas não têm conotações psicológicas — apesar de a predileção de Freud por biologizar o tenha levado a investigar motivações psicológicas ancestrais (por exemplo, instintos de vida *versus* instintos de morte) em processos tão mecânicos quanto funções celulares, e até mesmo na química molecular.

Além do que, "sexual" descrevia as mesmas experiências que outros definiam como "sensual"; se uma atividade trouxesse prazer corporal, aquele prazer deveria ser rotulado de "sexual" pois Freud descobriu, nas primeiras experiências de prazer que os bebês sentem, desde o nascimento, as origens das atividades que, posteriormente, todos reconhecem como eróticas.

E mais: "sexual" se relaciona ao masculino e ao feminino — além de se referir ao comportamento reprodutivo.

E, finalmente, "sexual" remete ao erótico, ou seja: a sensações intensas em várias partes do corpo, especialmente nos genitais; e que são acompanhadas por fantasias (conscientes ou inconscientes) de intimidade com outros objetos, criando um desejo por satisfação genital.

Em vista de conotações tão amplas, que cobrem todas as atividades e tendências dos tecidos vivos, vamos nos complicar caso nossa discussão não fique confinada aos significados habitualmente mais aceitos de "sexual". Isto tem valor prático, mantendo minha apresentação dentro de seus limites; e somos forçados a esta estratégia também porque, quanto mais grandiosa e mística for uma parte da obra de Freud, menos é provável que algum procedimento de pesquisa possa ser desenvolvido para testá-la.

Sendo assim, focaremos esta discussão quase que completamente nas duas áreas de comportamento em que o termo "sexual" é comumente usado: a busca por prazer erótico que se origina no impulso reprodutivo, e o desenvolvimento e a manutenção da masculinidade e da feminilidade.

Algumas outras observações, à guisa de orientação. Criado numa tradição altamente neurofisiológica, embora por natureza especulativa, Freud sempre se sentiu atraído pelo dilema corpo–mente. Um excelente observador, quiçá o maior naturalista do comportamento humano de todos os tempos, ele se deixava enfeitiçar também, pelo menos em igual proporção, pela especulação biológica. Ele queria construir a ponte sobre o abismo entre as descobertas da biologia, tanto a experimental quanto a natural, e aquele misterioso produto da neurofisiologia, a mente. Suas intermináveis ruminações acerca da pulsão — um termo que ele usava para preencher aquela lacuna — são evidência disso. Portanto, se fosse para solucionar este problema, sua busca bem poderia colocá-lo cara a cara com as questões da sexualidade, em que corpo e mente parecem interagir de modo tão flagrante ("O conceito de pulsão é, portanto, um dos que traça os limites entre o anímico e o físico" [24, p. 168]. Essa mesma busca fez com que ele fosse estendendo mais e mais o significado de "sexualidade" à medida que os anos foram passando, até que ele tornou o termo sinônimo de "vida". Ele deixou que uma palavra — "pulsão" — fizesse o trabalho que a metodologia científica deveria ter tentado fazer melhor, através da observação, seguida por tentativas controladas para confirmá-la. (Se o dilema mente-corpo poderá ou não ser resolvido um dia, ou até se essa questão de fato existe, é ainda duvidoso.) Certamente, ele cedo percebeu que os conhecimentos neurofisiológicos eram ainda muito rudimentares, e remeteu para o futuro suas esperanças de um dia poder obter os dados que faltavam. Em nossa fantasia, podemos nos comprazer imaginando o quanto os avanços na pesquisa sexual teriam agradado a Freud; ele nunca demorava a recuar diante de novas descobertas, ou a abrir mão de posições antigas.

Minha apresentação se baseia nos cinco conceitos sobre a sexualidade, que podem ser encontrados em meio aos escritos de Freud praticamente desde o início de sua grande obra — imediatamente antes e a partir de 1900 — até a sua morte; examinarei criticamente cada um deles, confrontando-os com os recentes avanços feitos pela pesquisa sexual. Os cinco conceitos são: a bissexualidade, a sexualidade infantil e o complexo de Édipo, a teoria da libido, o primado do pênis e o conflito. Embora cada um deles se entrelace aos demais, a fim de dar coerência à teoria freudiana da sexualidade, eu os separarei, para facilitar sua análise. Os "novos avanços" não serão examinados em profundidade; serão comentados mais em função do impacto que causaram.

BISSEXUALIDADE CONSTITUCIONAL

Freud acreditava existir um substrato biológico — a "pedra fundamental" (34) — da bissexualidade,[1] sobre a

1. Ele usa "bissexualidade" de muitos modos, ignorando distinções, para chegar assim ao mais alto nível de abstração. Portanto, frequentemente não temos certeza se ele está se referindo a um princípio primordial de todas as células vivas, a algum estado anatômico do embrião, ao prazer anal da criança, à amizade entre pessoas do mesmo

qual todo o desenvolvimento psicológico posterior se apoiava. Sua base para essa tese veio a partir de fontes tão bizarras quanto a teoria de Fliess, dos números periódicos que controlam o destino humano (28 para as mulheres e 23 para os homens), até os sólidos estudos embriológicos que demonstram rudimentos de um sexo dentro do outro. Em sua monumental obra *Três ensaios sobre a teoria da sexualidade* (1905) ele estabeleceu sua norma fundamental, da qual nunca se desviou: "Desde que me familiarizei com a noção de bissexualidade, eu a considero como sendo o fator decisivo; se não a levarmos em conta, acredito que dificilmente poderemos chegar a uma compreensão das manifestações sexuais que devemos observar, de fato, em homens e mulheres" (24, p. 208). Dali por diante, isto passou a ser para ele uma certeza biológica, para a qual ele nunca necessitou de evidências adicionais.

A bissexualidade biológica foi, assim, considerada uma forma incipiente da bissexualidade psicológica, que Freud acreditava estar presente em todos os seres humanos. Ele (bem como os analistas clássicos que o seguiram mais de perto) encarava a bissexualidade — ou, mais exatamente, o medo dela — fator etiológico nas psicoses, nas neuroses, nas perversões, nos vícios, em todas as formas de psicopatologia e, finalmente, em todos os desenvolvimentos normais. Ela estava presente como raiz de todos os sintomas, de todos os comportamentos. Em seu último grande trabalho, *Análise terminável e interminável* (1938), ele ainda a considerava essencial. Em seu final, como que para resumir todo o resto, ele disse: "Frequentemente te-

---

sexo, à homossexualidade declarada ou a algum atributo universal da sexualidade humana. Segundo ele, todos esses eram aspectos do mesmo fenômeno; eu discordo.

mos a impressão de que, com o desejo de um pênis [nas mulheres] e o protesto masculino [nos homens] nós penetramos todas as camadas psicológicas, chegando à base; e que, assim, nossas atividades chegaram ao fim. Isto é provavelmente verdade, dado que, para o campo psíquico, o campo biológico desempenha, realmente, o papel de pedra angular, aquela que dá sustentação a todas as outras camadas." (34, p. 252).

Em que pé estamos hoje, em relação a esse conceito que envolve a existência de uma bissexualidade biológica? E em que pé nos encontramos com referência a uma ideia correlata, a de que tal "força" é um fator essencial do comportamento humano, normal e patológico? Acredito que a maioria dos analistas, hoje em dia, acredita em alguma coisa que se assemelha à bissexualidade freudiana (agora chamada, de forma mais estilosa, de "bipotencialidade sexual" ou "dimorfismo sexual"): sabemos que células, tecidos e órgãos, em ambos os sexos, podem ser modificados em direção ao sexo oposto. A maioria de nós, entretanto, não encararia tais descobertas como indicativas de bissexualidade — não exatamente da mesma maneira como Freud compreendia o termo.

Já foi amplamente demonstrado, sobretudo depois dos trabalhos sobre embriologia de Jost (recentemente publicado [71]), que, nos mamíferos, é impossível a existência de masculinidade, independentemente do sexo cromossômico (XX nas fêmeas, XY nos machos), a menos que o feto secrete hormônios masculinos (o que, aparentemente, se desencadeia por ação do cromossomo Y). Especialmente o cérebro necessita desta masculinização, nos mamíferos — caso contrário, a feminilidade se instalará.

Que os humanos, via de regra, compartilham essa regra geral, do caráter feminino do tecido mamífero, isto parece se corroborar quando examinamos as "experiências naturais" causadoras dos transtornos endócrinos. Vemos ali, em cada caso, que o feto que é privado de androgênio, durante alguns períodos críticos de seu desenvolvimento, acaba não desenvolvendo as qualidades anatômicas masculinas. Por exemplo, o bebê menina XO (síndrome de Turner), sejam quais forem suas anomalias, não tem tecidos masculinos, pois ela não tem gônada para produzir androgênio; na síndrome da insensibilidade androgênica, a incapacidade dos tecidos-alvo em responder ao androgênio circulante limita o desenvolvimento da feminilidade no feto. Por outro lado, o feto feminino que é exposto a uma dose aumentada de androgênio se masculiniza e, em casos extremos, o clitóris é anatomicamente indiferenciável de um pênis.

Mas estes exemplos só ensinam a respeito de anatomia; nenhum deles, por si só, resvala nas teorias psicanalíticas do comportamento, exceto para indicar, como Freud, aliás, já havia notado, que os tecidos do organismo masculino podem ter aparência feminina, e vice-versa para as fêmeas. O interesse de Freud, como psicólogo, não estava nessas questões anatômicas, mas no dilema corpo–mente. De que forma esses estados fisiológicos afetam o comportamento? Aqui, estamos especialmente em dívida com John Money, cujos estudos sobre pessoas com esse tipo de transtornos endócrinos, como os referidos acima, sugerem que o cérebro do feto humano também necessita ser "excitado" pelo androgênio, para um desenvolvimento masculino normal; e que, se o cérebro de um feto feminino for exposto a andrógenos, um aumento discreto, porém mensurável, no comportamento masculino da menina em crescimento poderá ser esperado, em comparação às meninas do grupo de controle (108). Outros estudos sugerem que um número incomum de homens com hipogonadismo congênito — do que se infere, presumivelmente, uma quantidade de androgênio insuficiente no período fetal (por exemplo, a síndrome de Klinefelter), são femininos no comportamento desde os primeiros dias da infância, independentemente da criação que tenham recebido (110, 137).

Artigos recentes sugeriram que a homossexualidade masculina é causada essencialmente por forças biológicas. Os geneticistas lançaram a hipótese de que a homossexualidade fosse herdada (72, 128). Um pesquisador descreveu a cura instantânea da homossexualidade por meios neurocirúrgicos (coagulação do núcleo de Cajal no hipotálamo ventromedial), o que implicaria a existência de um centro específico para esse tipo de comportamento (122, 9). Outros estudos demonstraram existir uma relação direta entre o grau de homossexualidade e alguns fatores, tais como uma diminuição dos níveis de testosterona no plasma, uma espermatogênese comprometida (83) ou uma proporção anormal entre androsterona e etiocholanalone (98). Estes estudos não se contradizem entre si; eles poderiam estar medindo diferentes aspectos do mesmo processo: genes, neuroanatomia ou processos químicos. (Pode ser também que eles estejam redondamente enganados em suas conclusões.) E nenhum deles contradiz, necessariamente, a teoria psicanalítica, se cada um deles for uma peça da "pedra angular", basilar, a que Freud se referiu. Entretanto, se se pretender que esses mecanismos biológicos sejam *a* causa da homossexualidade, então certamente a teoria freudiana dos distúrbios nos relacionamentos interpessoais (conflito edípico e pré-edípico) é posta em cheque.

Mas esses estudos fisiológicos, animais ou humanos, não elucidam o comportamento sexual humano; eles nos falam apenas a respeito de potencialidades biológicas subjacentes, como tantos outros estudos o fazem, em relação a um aspecto do comportamento humano. (Um ataque epilético nos diz alguma coisa a respeito de agressão e violência — assim como o faz um gato decorticado — mas isso não nos diz tudo.) Como sempre, o que foi feito dessas potencialidades é, em geral, encontrado na área das influências ambientais. Para obter auxílio no que diz respeito a isto, voltemos para as teorias interpessoais, para as relações objetais e para o aprendizado social.

A SEXUALIDADE INFANTIL E O COMPLEXO DE ÉDIPO

Freud acreditava que a bissexualidade (assim como toda sexualidade) deriva de duas fontes. A primeira, como já vimos, é biológica. Ela determina um fator que é inalterável na psicologia humana e que conduz, no homem, a um medo de não ser viril e, nas mulheres, a um anseio por masculinidade. A segunda fonte é o meio-ambiente.

"Seria um erro acreditar que, a partir da instalação dos diversos componentes da constituição sexual de um indivíduo, já se estabeleça com precisão a forma que sua vida sexual tomará para o resto da vida. Pelo contrário, ela continuará a ser determinada pelo meio externo [24, p. 237]... O fator constitucional precisará vivenciar experiências, antes de se revelar; o fator acidental deve ter uma base constitucional, para que possa entrar em operação. Para cobrir a maioria dos casos, podemos imaginar o que tem sido descrito como uma 'série complementar', em que a intensidade decrescente de algum fator é compensada pela intensidade crescente de outro; contudo, não há razão para negar a existência de casos extremos, em ambas as pontas da série." [p. 239]

Por "fator acidental" Freud se refere à experiência ambiental, afirmando aquilo em que a maioria de nós acredita: a importância do biológico, ou do ambiental, na determinação do comportamento sexual, varia de pessoa para pessoa, e de época para época. Ao sentir que todas as suas teorias sexuais eram, em última análise, biológicas, ele não fez uma diferenciação adequada entre um filosofar biológico e os rigores da pesquisa biológica. A primeira dessas vias deveria ser ignorada (embora, infelizmente, ela tenha servido como base das mais ferozes batalhas dentro da psicanálise, sendo um exemplo o conceito de energia psíquica, a pulsão de vida contra a pulsão de morte, a teoria da libido e a herança lamarckiana de experiências passadas da raça humana), a menos que os analistas estejam dispostos a abraçar também o trabalho científico necessário para a defesa dessas teorias.

De fato, pondo de lado a "biologização" de Freud, consideramos suas contribuições, agora esclarecidas, talvez até mesmo mais formidáveis. Dentre elas, uma das maiores foi o modo como ele enfatizou a sexualidade da criança, tanto em sua fase de bebê (o *infans*) quanto durante a infância. Ele destacou a importância crucial dos relacionamentos progenitor–criança (examinaremos isso em breve, ao discutir o complexo de Édipo) como pedra angular de seu trabalho, quase que desde o início. O que Freud empreendeu, já a partir de 1900 (23), foi a mais formidável teoria de aprendizagem social de que se tem notícia para explicar o desenvolvimento humano.

Durante décadas, suas especulações biológicas não foram confirmadas. Entretanto, suas teorias interpessoais e suas observações sobre as interações progenitor–criança, que em muitos de seus pontos fundamentais não foram refutadas, constituíram um rico manancial para inúmeros pesquisadores — e continuam a sê-lo, até os dias de hoje (inclusive para muitos daqueles que, vergonhosamente, recusaram-se a reconhecer o presente que lhes foi dado).

Freud nos disse, como ninguém jamais antes, que os pais exercem a maior influência possível sobre o desenvolvimento de seus filhos; que, em resposta a isso, as crianças criam sua estrutura psíquica, que pode ser rastreada na vida sexual adulta. A fonte dessa influência é a primeira infância, onde se originam também o desejo e a satisfação sexual, muito antes de seu óbvio irromper na puberdade. De que forma se dá, exatamente *como* os pais transmitem essas influências a seus filhos, este é um tema que tem sido objeto de crescente estudo através dos anos, por parte de analistas e de não analistas. As ideias de Freud estimularam as pesquisas de fisiologistas, behavioristas, etólogos, especialistas da teoria geral de sistemas — enfim, são inúmeros os pesquisadores que hoje acreditam que tanto a primeira infância, como a infância em si, são fases cruciais do desenvolvimento.

Os teóricos da aprendizagem social, como são chamados nos círculos acadêmicos, ou teóricos das relações objetais, como são conhecidos entre os psicanalistas, têm, naturalmente, grandes diferenças entre si, em termos de teorias. Essas diferenças, contudo, podem mascarar uma similaridade que é preponderante: a crença de que o comportamento pode ser radicalmente modificado única e exclusivamente pela influência de uma pessoa sobre a outra. Esses pesquisadores compartilham também a crença de que a personalidade do bebê e da criança pequena, mais do que a do adulto, é especialmente vulnerável a uma modificação comportamental permanente. A área em que acontece o seu maior desencontro talvez seja a que trata de saber se o trauma, o conflito, a defesa e o acordo de conciliação, como formas de resolução de conflitos, contribuem de maneira fundamental para a formação da personalidade.

Devemos, aqui, fazer distinção entre os dois diferentes aspectos da sexualidade que foram apresentados anteriormente. O primeiro é aquele que se preocupa com o prazer genital, mais ou menos ligado ao comportamento de reprodução — ou ao desejo de evitá-la; o segundo é o comportamento de gênero, aquele relacionado à masculinidade e à feminilidade. Aqui, mais uma vez, quero enfatizar o perigo da extrapolação do comportamento animal para o comportamento humano — ainda que tal precaução esteja, hoje em dia, fora de moda. De todas as áreas de comportamento em que existe descontinuidade entre os animais — mesmo os primatas — e o homem, é no comportamento motivado que essa descontinuidade é mais flagrante. A lei da evolução propõe não só que certos comportamentos fundamentais persistem, por estarem vinculados a estruturas anatômicas e a circuitos que se mantêm constantes através das espécies, mas também que, quanto mais alto se sobe na escala evolucionária, maior a quantidade de escolhas à disposição do organismo.

Os substratos cerebrais daquilo a que chamamos de "escolha" ou "liberdade" simplesmente inexistem em qualquer outra criatura: são exclusivamente humanos. Ninguém questionará com seriedade o fato de o potencial humano para variabilidade de comportamento ser maior do que o de qualquer outro animal, ou que o comportamento humano, mesmo em suas raízes neurofisiológicas, tem mais necessidade de ser marcado (organizado) pelo meio ambiente. Por exemplo, podemos procurar *ad infinitum* na escala evolucionária para encontrar as raízes biológicas da agressão, mas não podemos determinar, a partir daquela origem, por que o homem assassina seu semelhante com tanta facilidade. Talvez, algum dia, encontremos um foco talâmico para a ereção peniana no homem, do mesmo modo como acontece com os macacos (89); esse tipo de comportamento — fundamental — obedece a regras evolutivas. Porém, existe todo um outro nível de comportamento que é muito mais complicado, embora a ação final seja simples e fisiológica — a saber, a ereção. O estímulo que conduz a esse último comportamento não é meramente talâmico ou hipotalâmico, mas percorre uma neurofisiologia desconhecida, resultante da experiência prévia que está fixada na memória, e que se modifica pela fantasia (especialmente pela fantasia inconsciente). Tal processo é único do ser humano. A relação que o homem tem com suas lembranças é diferente da de todos os outros animais: *ele simboliza e fantasia* e, desta forma, não apenas refaz o passado, como também inventa, antecipando, o futuro.

Retornando a nosso assunto, a perspectiva evolucionária não conseguiu nos ensinar muita coisa em relação aos desejos sexuais humanos, às suas escolhas objetais ou à sua patologia. Por exemplo, as perversões, com sua necessidade habitual, instintiva, por satisfação genital aberrante, não são encontradas em nenhum outro animal das espécies inferiores vivendo em liberdade — mas são onipresentes no homem. As débeis tentativas de demonstrar perversão em animais inferiores (por exemplo, a afirmação de que as vacas que montam em outras fêmeas são homossexuais) não são nada convincentes.

De forma similar, estudos reveladores de distorções de comportamento, que certas experimentações são capazes de induzir permanentemente em animais (como é o caso dos condicionamentos, da técnica de *imprinting* ou por intermédio da implantação de eletrodos em determinadas estruturas do cérebro), remetem-nos a potencialidades, mas não nos dão respostas acerca do comportamento livre do homem; os dados não vão além de nos fornecer outras questões que deveríamos nos colocar. Em outras palavras, essas descobertas em relação aos animais não confirmam nada sobre os humanos: apenas fornecem indícios. É importante para os analistas, entretanto, reconhecer que, ao construírem suas teorias, eles ignoram esses indícios por sua própria conta e risco.

Para Freud, o desenvolvimento sexual depende poderosamente dos relacionamentos entre pais e filhos, ou seja, do complexo de Édipo. Revisemos rapidamente esta hipótese.

Primeiramente, a masculinidade. O bebê menino, abençoado por sua condição biológica inerentemente superior, começa a vida como heterossexual, diz Freud. A partir do momento em que se torna um ser separado — no momento do nascimento — o primeiro objeto de sua consciência, intimidade, necessidade e amor é uma pessoa do sexo oposto, uma mulher: sua mãe. À medida que se conscientiza do mundo à sua volta e de seu próprio corpo, ele percebe que seu pênis é uma fonte de intensas sensações e que lhe serve como prova principal de sua masculinidade — portanto, de sua superioridade. Isto pode, inclusive, ser reforçado por um sentimento herdado, inconsciente, de supremacia. Ele logo aprende, através da observação (e quem sabe, mais uma vez de modo atávico, até mesmo como parte da sabedoria do inconsciente coletivo) que ele é diferente de um outro grupo, as mulheres. A essa altura da infância, ele já dá grande valor à sua masculinidade. À medida que seu corpo se desenvolve, ele atinge uma fase em que seu pênis é foco de intensas sensações eróticas. Esta excitação, com sua demanda por gratificação, fica inextricavelmente vinculada a seu primeiro e contínuo objeto amoroso — a mãe — de tal modo que ele deseja tomar o lugar do pai na vida dela. Entretanto, por ser pequeno e vulnerável, ele não pode fazêlo, pois seu poderoso pai lhe bloqueia o caminho. Toda e qualquer esperança que ele possa ter de possuir a mãe lhe é arrancada pela ameaça de castração, com a inevitável angústia que ela implica. E assim, durante um período de vários anos, ele luta para controlar seus desejos edípicos; terá êxito nessa empreitada, sem sérios prejuízos à sua masculinidade, se conseguir compreender que seus desejos sexuais pela mãe podem ser postergados para um momento futuro, quando serão transferidos para outra mulher. O pai, embora seja um rival em sua vida, tornase também seu aliado, servindo como modelo de masculinidade e encorajando o menino a imitar seu comportamento masculino — desde que isso não implique a posse da mãe.

O curso do desenvolvimento sexual da menina é, de acordo com Freud, mais tortuoso. Ele diz que ela começa com um relacionamento homossexual, pois seu primeiro amor é uma mulher. O segundo obstáculo que deverá ultrapassar, em seu desenvolvimento, será a descoberta de que existem pessoas — homens — equipados com uma aparelhagem sexual superior; assim, nos primórdios da infância, a menina sente inveja por não ser menino, e culpa sua mãe por esta privação. Na verdade, algumas meninas acreditam não terem sido simplesmente privadas desse atributo: acreditam tê-lo possuído, em alguma época pregressa, e que ele lhes foi posteriormente extirpado. A partir daí, se quiser se tornar feminina, a menina precisará desistir de suas esperanças de poder ser homem (ou de sua fantasia de ter sido um, anteriormente) e, resignada face a essa derrota, enveredar por uma nova trilha: a da feminilidade. À medida que for capaz de agir assim, ela transferirá o amor sentido por seu primeiro objeto, homossexual, para o pai. Este processo, em boa parte, só alcançará êxito se a menina abrir mão da fixação em seu clitóris, que ela encara como sendo um pequeno pênis. Isso será possível caso ela se volte para o pai, na esperança de que ele possa lhe dar o substituto ideal do pênis, qual seja, um bebê. Se ela puder fantasiar que as coisas se passarão assim, acabará transferindo a sensibilidade erógena do clitóris para a vagina — mas este é um processo incerto, o que se faz comprovar pelo grande número de mulheres que dependem do orgasmo clitoridiano. A sexualidade da mulher madura, parte da qual é a feminilidade, é, portanto, marcada, segundo Freud, pela capacidade do orgasmo vaginal; e as mulheres incapazes de senti-lo são, por definição, não femininas, não importando sua aparência, seus interesses ou as fantasias que tenham.

A situação edípica é, portanto, o ponto crucial do desenvolvimento sexual. No menino, a masculinidade só vingará se ele obtiver sucesso em ultrapassar os perigos da castração imaginária, que seria feita pelo pai, enquanto na menina, o desenvolvimento da feminilidade antecede o conflito edípico, e é essencial para que ele ocorra; só quando a menina se torna feminina é que ela abre mão de seu apego à mãe e tenta alcançar o pai. Nisto, ela será frustrada pela mãe — que, mais uma vez, se torna a vilã (a primeira vez foi quando a mãe a privou de seu pênis). Portanto a menininha, assim como o garotinho, se tiver sucesso, adiará sua completa heterossexualidade para quando ficar mais velha e for capaz de exercê-la, ao encontrar outro homem que não seja seu pai. Assim, a masculinidade, nos meninos, requer o sucesso na resolução da situação edípica, ao passo que a feminilidade, nas meninas, requer apenas que ela chegue às portas desse conflito.

Como Freud encarou esse processo como mais carregado de conflito, e mais tortuoso, para as meninas, ele acreditou ter uma explicação para sua convicção: a de que a sexualidade da mulher adulta é mais incerta, menos gratificante e mais misteriosa que a dos homens. Um acréscimo curioso a essa teoria era a sua crença em que o desenvolvimento dos garotinhos e das garotinhas fosse mais ou menos o mesmo, até a instalação do desenvolvimento completo da situação edípica, por volta dos cinco ou seis anos; e que, consequentemente, nenhuma feminilidade verdadeira, significativa, estaria presente nas meninas antes dessa idade. "Ambos os sexos parecem passar pelas primeiras fases do desenvolvimento libidinal da mesma maneira... Ao entrar na fase fálica, as diferenças entre os sexos são completamente eclipsadas por sua semelhança. Somos, agora, obrigados a reconhecer que a garotinha é um garotinho" (33, pp. 117–118).

Alguns autores (por exemplo Malinowski) [97] alegaram que o complexo de Édipo é imaginário, por suas formas serem diferentes em algumas sociedades, como naquelas em que o lugar genético do pai, como pai psicológico, é tomado por um dos parentes da mãe. Porém, até o momento, inexistem descrições de culturas em que a criança, ao crescer, não erga seu olhar em direção a um homem, grande e poderoso, que servirá como modelo de masculinidade para os meninos e como modelo de objeto heterossexual, para as meninas; ou em direção a uma mulher, que é a mãe. O que varia, de família para família e de cultura para cultura, é a quantidade de conflito existente no âmago do complexo, independentemente de as famílias serem constituídas ou não por uma mãe, um pai e crianças cujos atributos, em termos de poder e de sexo, equivalham, aproximadamente, aos observados por Freud em Viena.

Nos dias de hoje, em que pé está essa teoria, do desenvolvimento da masculinidade e da feminilidade? Um novo fator foi lançado à discussão pelos estudiosos dos primeiros estágios do desenvolvimento sexual, e que contradizem Freud em várias colocações. Descobriu-se que alguns meninos, em virtude de uma singularidade no modo como são criados, são notavelmente femininos já desde os primeiros dias de vida. Eles passaram um tempo excessivo numa intimidade intensa, paradisíaca, com suas mães; e que as mães que têm maior propensão para criar essa proximidade com seus filhos, tendem a se casar com homens distantes e passivos. No geral, quanto mais pura a forma tomada por essa constelação numa família, mais cedo e mais arraigada e irreversível é a feminilidade que se desenvolve no menino (142). Por outro lado, descobriu-se que os meninos que têm um relacionamento próximo com o pai, não têm mães como essas, e que esses meninos são masculinos (4).

Uma menina que tem uma mãe distante, pouco afetuosa, mas cujo pai lhe é próximo, desenvolverá masculinidade caso seu pai a encoraje a adotar os mesmos interesses que os seus (141). Uma menina cuja mãe aprecia o fato de ter uma filha, que não se envergonha por sua filha ter um corpo feminino, e cujo pai a encoraje à feminilidade, crescerá feminina (80).

Ainda resta a esclarecer se a comunicação entre cada um dos pais e o recém-nascido molda o comportamento do bebê por impregnação, por condicionamento (clássico ou operante), por identificação, ou por uma combinação de todos esses fatores. O que fica demonstrado pelo conjunto dos estudos, todavia, é que o tipo de interação que ocorre entre os progenitores e o bebê exerce um papel fundamental na geração de masculinidade e da feminilidade, em ambos os sexos. Isto reduz o aspecto conflitante (angústia de castração) do desenvolvimento da identidade de gênero; em contraste à teoria de Freud, essa descrição, em que o desenvolvimento ocorre sem que exista conflito, tem um papel proeminente.

Neste ponto, surge um desacordo maior com a teoria analítica clássica. Ao mesmo tempo em que é suficientemente óbvio que o primeiro objeto de amor do menino é uma mulher (a mãe), a grande intimidade física e emocional (a fusão) que acontece entre ele e o corpo e a psique da mãe, em seus primeiros estágios da vida, introduz o perigo de um sentimento de unidade, de constituir um único corpo com uma mulher. E, assim, uma das primeiras tarefas do menino, em seu caminho em direção à masculinidade, é a de se separar da mãe (cap. 8); esse processo pode ser subvertido por uma mãe que propicie uma intimidade excessiva. Essa mesma intimidade não coloca a menina em perigo, pois a proximidade com a mãe apenas encorajará sua feminilidade.

Novos fatos estão surgindo, e que revelariam uma diferença na forma como as mães lidam com bebês do sexo masculino e com os do sexo feminino (13); o mais comum (que tende a produzir feminilidade nas meninas e masculinidade nos garotos), é que as meninas tenham um maior contato, físico e visual, com as mães, do que os meninos, durante os primeiros meses (48). Em geral, as mães têm mais facilidade em estabelecer intimidade com seus bebês meninas do que com os bebês meninos. Portanto, o menino não tem o desenvolvimento sexual retilíneo que Freud alegava. Ao invés disso, ele tem um impedimento da maior grandeza em seu caminho rumo à heterossexualidade: ele terá que se livrar de qualquer vestígio de feminilidade que possa vir a ter desenvolvido durante a fase de simbiose mãe–bebê. Somente então, num estágio posterior, ele poderá encarar a mãe como o objeto separado e desejável da situação edípica clássica (26).

Assim, em vez de as meninas serem garotinhos, esses dados indicariam que as garotinhas são moldadas para a feminilidade desde o início. E isso é o que a simples observação revela: as meninas, em geral, simplesmente não são masculinizadas nos primórdios da infância. Uma feminilidade nítida, via de regra, poderá ser vista por volta de um ano de idade; e nada indica que essa feminilidade seja uma fachada, ou uma imitação de feminilidade. É por isso que não posso concordar com a afirmação de Freud: "Como todos sabemos, uma distinção nítida entre o caráter masculino e o caráter feminino só se estabelece na puberdade" (24, p. 219). Estas questões serão examinadas em detalhe mais adiante (capítulo 8).

O PRIMADO DO PÊNIS

Freud aceitou, sem jamais questionar, a crença na superioridade do sexo masculino. Ele supunha que isso fosse um fato estabelecido em relação a todos os mamíferos, pela superioridade física do macho, em termos de força: os machos mais capazes são selecionados vencendo combates mortais, em que a força física é decisiva. Este fato, que conta com o pênis como sua representação simbólica mais impactante, refletia-se então na mitologia, nos contos folclóricos, nas instituições da sociedade, nas produções artísticas, nos cultos religiosos, nos sonhos — enfim, em toda parte.

Na família, esse poder era garantido ao pai não apenas porque os costumes assim o exigiam, mas também porque, desde a antiguidade, era sua responsabilidade tácita proteger a família do perigo físico, garantir o alimento e, pelo menos, um mínimo de conforto; também porque, como o membro fisicamente mais forte da família, ele exercia um controle de vida e morte sobre cada um de seus membros. Tal poder, derivado, em última instância, da evidência da força física, estava institucionalizado na sociedade, desde os mais altos escalões do governo até a família.

Freud, que provinha de uma cultura em que essa autoridade estava ainda claramente depositada no pai, não precisou questionar esse princípio, segundo o qual "anatomia é destino". Contudo, qualquer teoria que abrace essa ideia como seu elemento constitutivo essencial ficará enfraquecida se ela não for correta.

O entusiasmo de Freud pela superioridade masculina se encaixava bem naquilo que ele considerava como um fato observável: que as mulheres são enigmáticas e pouco sinceras (24, p. 151), mais masoquistas (33, p. 116), menos autossuficientes (p. 117), mais dependentes e influenciáveis (p. 117), mais invejosas e ciumentas (p. 125); têm superegos imperfeitos (p. 129) e escasso senso de justiça (p. 134); são mais bissexuais (p. 113), mais narcisistas (p. 132), têm menos interesses sociais (p. 134), menos capacidade para sublimar os instintos (p. 134) e se tornam mais rígidas, incapazes de mudar, mais precocemente (pp. 134–135). Elas são intelectualmente inferiores por serem biologicamente criadas para a tarefa, não intelectual, da maternidade; moralmente, elas são inferiores porque, por já serem desprovidas de pênis, não podem ser facilmente ameaçadas e, estando mais concretamente ligadas ao mundo real, elas, consequentemente, preocupam-se menos com questões estéticas, como a moralidade (ou seja, elas obedecem ao comando da biologia mais do que a qualquer outro tipo de apelo etéreo).

É corolário da tese da superioridade masculina que o atributo principal da virilidade, o pênis, é um órgão superior, tanto física quanto simbolicamente — e Freud podia apontar para o culto ao falo, em sua miríade de formas, como prova a ser fornecida àqueles que não escutavam, como ele o fazia, os sonhos dos homens e das mulheres. No conceito de angústia de castração, ele encontrou razões para acreditar que os homens consideravam o pênis o principal órgão da raça e, na inveja do pênis, ele encontrou a prova de que as mulheres também estavam de acordo, em relação a seu primado. O fato de o pênis ser um órgão visível, de poder mudar de forma, de poder assumir o formato de uma arma e poder penetrar e atemorizar as mulheres, por ser fonte de sensações tão intensas já desde a infância, tudo isso também demonstra sua superioridade. Quando contrastado à genitália feminina, a tese se comprova uma vez mais. O falo da mulher, o clitóris, é muito menor, em geral não é visível, não pode penetrar, não se apoderou da imaginação da humanidade, jamais foi simbolizado ou exaltado e — acreditava Freud — não é uma fonte qualificada de prazer. Seu significado fica ainda mais enfraquecido por precisar compartilhar seu destino com um outro órgão, a vagina, que Freud julgava como sendo universalmente considerada um órgão inferior: oculto, escuro, misterioso, incerto, sujo — e em que não se podia confiar, em termos de propiciar prazer.

Tudo isso é um bocado de evidência; para onde quer que ele olhasse, fosse para o mundo exterior ou para a vida mental, o primado do pênis lhe parecia um fato comprovado.

Contra o argumento de Freud, o que temos a oferecer, como excitante novidade, é a pesquisa a que fizemos alusão anteriormente. Nas espécies mamíferas, a função das células é feminina, em ambos os sexos, até que o androgênio seja adicionado durante a vida fetal. Na realidade, exceto pelos cromossomos, não é possível se falar em dois sexos até que o androgênio tenha sido acrescentado; até ali, só existe a condição de fêmea. Freud, que sempre teve faro para o mistério, e que descobriu tantos mistérios nos mais significativos níveis — funções celulares, ou mistérios mais primitivos ainda — teria ficado embaraçado com essa descoberta. E ficaria ainda mais perplexo, em sua argumentação, ao tomar conhecimento de que essa matiz feminina, em termos de tecido, se estende até o sistema nervoso central — local em que, como tem sido demonstrado agora em outros mamíferos, e não só no homem, o futuro comportamento masculino, no macho, requer a organização que somente o androgênio produz; ao passo que, na fêmea, nada há a ser acrescentado à sua feminilidade. Portanto, a nova pesquisa pareceria colocar toda a argumentação de Freud na mais precária das condições; e, tendo ele optado por estender suas crenças do reino das dinâmicas psíquicas para a moralidade e outras questões cósmicas, nestes últimos tempos sua teoria tem sofrido duros golpes.

Em todo caso, ainda não deveríamos considerar os novos dados como prova de que a humanidade não acredita no primado do pênis; podemos, ainda, nos perguntar onde é que, na psique da criança, reside esse conhecimento embriológico, ou da capacidade dos tecidos. É impossível encontrá-lo. Mas podemos, com facilidade, detectar as atitudes de meninos e meninas em relação ao pênis: eles ainda o consideram bastante impressionante. Isso é primado? Alguns já não pensam assim, em vez disso, consideram uma pena que Freud não tenha enfatizado com maior vigor que as crianças, de ambos os sexos, também ficam bastante perturbadas pelo significado dos seios e do útero; o poder reprodutivo é mais difícil de se representar visualmente, mas, se ele for mensurado pela quantidade de mistério que gera, torna-se até mais importante do que o pênis.

Além disso, as observações de Masters e Johnson (102) causaram um grande abalo nas ideias de Freud sobre a feminilidade. Freud dizia que uma menina é masculina até desistir de sua esperança de ter um pênis; enquanto essa esperança dura, ela retém uma fixação em seu clitóris, como se ele fosse um pênis. Só ao deslocar seu erotismo para o espaço procriador interno, a vagina e os órgãos pélvicos, ela se tornará feminina. Porém, Masters e Johnson descobriram que todos os orgasmos femininos têm sua origem no clitóris;[2] eles não tiveram notícia de

2. Parece que ninguém se lembra de Freud também ter dito o seguinte: "Quando finalmente o ato sexual é permitido (pela primeira vez) e o próprio clitóris se excita, ele ainda acumula uma função: a saber, a tarefa de transmitir excitação às partes sexuais femininas adjacentes, exatamente como — mal comparando — é possível acender

nenhum orgasmo vaginal. Assim, o argumento de Freud parecia ter sido posto por terra.

E acredito que o tenha sido — mas de maneira alguma pelo trabalho de Masters e Johnson. São incontáveis as mulheres que tiveram a sensação de que têm dois tipos de orgasmos, um clitoridiano e outro vaginal; e elas não têm qualquer dificuldade em distinguir um do outro. Só porque as grandes alterações vaginais, no momento do orgasmo, não são visíveis a esses observadores, isso não prova a inexistência do orgasmo vaginal. Talvez por sua fisiologia — como pode acontecer com uma dor ou uma coceira intensa em um músculo, ou na pele — sua visualização não é *flagrante;* ou, quem sabe, o orgasmo vaginal requeira relações sexuais com um homem que signifique alguma coisa para aquela mulher e, por isso, não pode ser reproduzido em laboratório; ou talvez tanta ação esteja acontecendo na vagina, no momento de um orgasmo produzido pela penetração, que o fenômeno fique obscurecido. O trabalho deles não refutou a existência de um orgasmo que pode ser sentido mais no âmago do corpo do que o orgasmo clitoridiano. Portanto, o argumento deles não desbanca Freud. Mas outro tipo de argumento o faz: existe um número imenso de mulheres que sabemos nunca terem experimentado orgasmos vaginais (111), e existem outras — e seu número é igualmente grande — que o experimentam e que, pela definição freudiana de maturidade, não podem ser consideradas femininas — trata-se de mulheres esquizofrênicas, mulheres neuróticas de todos os tipos e graus e, até mesmo, de mulheres francamente masculinas.

---

algumas aparas de pinho para fazer com que uma tora de madeira mais dura se incendeie" (24, p. 221).

Mas trata-se, aqui, de uma discussão não científica, mascarada por uma racionalização pseudocientífica (106, 127). Como alguém poderá provar que um sexo é superior ao outro, se primeiramente não forem fixadas as categorias a serem mensuradas? Se a superioridade for medida pelo tamanho do corpo, pelas dimensões fálicas, pelo talento no futebol, pela paternidade ou pela produção de esperma, as mulheres são, de modo inequívoco, inferiores; as diferenças podem ser medidas. Da mesma forma, se a superioridade for medida pelo tamanho do seio, da capacidade gestacional, ou pela capacidade de ovular, as mulheres levam uma grande vantagem. No ponto intermediário, existem inúmeros outros campos em que nem homens nem mulheres levam vantagem, tais como a tecelagem, o cultivo de arroz, a resolução de problemas na pesquisa psicanalítica, a administração de uma agência de propaganda, ou a capacidade de dar muita importância a ninharias. Além disso, existem imponderáveis, tais como: será que uma mulher é superior, por poder ter um número ilimitado de orgasmos? Um homem é superior por ficar totalmente satisfeito após ter tido um só orgasmo, ou após ter tido cinco? Todos esses tipos de bobagem, a respeito de que tanto se discute em nossos dias, não provam nada. Em vez de pontificar acerca de pretensas superioridades, poderíamos simplesmente tentar observar o desenvolvimento dos homens e das mulheres, e da masculinidade e da feminilidade. Livremo-nos do ônus de ter que decidir qual dos sexos é o melhor.

A TEORIA DA LIBIDO

A teoria da libido é parte da teoria geral dos instintos de Freud. Não me deterei aqui nas questões científicas e epistemológicas, que foram sendo levantadas com o passar dos anos, sobre o conceito de instinto (ou pulsão); em vez disso, meu desejo é discutir apenas a teoria da libido: aquela descrição que define a maturação da sexualidade como movimento e elaboração através de estágios, cada um dos quais tendo seu foco em uma parte diferente do corpo. Concomitantemente a essa sua teoria das relações objetais, corporificada em sua descrição do complexo edípico, Freud viu um desenvolvimento governado por um mecanismo de tempo herdado, no qual — em todos os humanos — a "energia psíquica" converge para uma parte do corpo, "catexizando-a" com a "libido". (Não tenho tempo — setenta anos não foram suficientes — para discutir os prós e os contras do conceito de "energia psíquica" nem precisamos nos preocupar aqui com "catexia" nem com "libido", termos que jamais foram definidos cientificamente.)

A inexorável progressão do desenvolvimento libidinal começa com a fase oral, em que as pulsões de sobrevivência, de afeto e de sensualidade do bebê se concentram na boca e em suas funções. Vem, em seguida, a fase anal, com seus prazeres em expelir e em reter as fezes (e a urina); em seguida vem a fase fálica, em que o menino e a menina se concentram nas intensas sensações que lhes são transmitidas pelo pênis e pelo clitóris — fase em que notam suas diferenças anatômicas. A fase libidinal final é a maturidade genital, que consiste em relações heterossexuais gratificantes, tanto sob uma perspectiva amorosa quanto no que concerne à satisfação genital; essa fase só é alcançada pelos poucos eleitos que conseguem superar o conflito edípico. Um importante corolário foi adicionado à teoria da libido, um alicerce conceitual para toda a psicologia humana: vários tipos de transtornos emocionais têm como origem dois tipos de perturbação, que ocorrem sempre numa dessas fases libidinais: fixação, devido à gratificação excessiva durante determinada fase, ou regressão, causada pela angústia, forçando ao retorno de uma fase mais avançada para uma fase anterior. Se estou mencionando essa teoria especial agora, é só porque Freud baseou suas teorias relativas ao surgimento das perversões especificamente na descrição da progressão sexual, de zona para zona, que está contida na teoria da libido.

As observações feitas por Freud das fases, estabelecidas por zonas, como descritivas do desenvolvimento da infância humana, têm sido confirmadas e continuam valendo, a qualquer tempo, para as crianças biologicamente normais. Entretanto, não foi publicado nenhum estudo que confirme as implicações extraídas dessas observações. Ainda não foi demonstrado que algum tipo de neurose — inclusive a perversão — ou que alguma psicose tenha sido causada por uma perturbação das experiências sensuais, seja das vias orais, do sistema enterológico ou urinário, ou ainda do falo (vejam, por exemplo, 99, 11). (Há, contudo, muita evidência de que *relações objetais* perturbadas, durante essas fases, causam psicopatologia.) A explicação do surgimento das neuroses pela teoria da libido parece algo tão disparatado que ninguém, até hoje, pensou com seriedade em colocá-la cientificamente à prova.

Um aspecto *sui generis* da teoria da libido é a noção de que ela é uma energia quantitativa que flui, ou que pode ser represada; e que a função do "aparelho mental" é reduzir a "tensão pulsional" — o desprazer — que resulta desse represamento. É verdade que as pessoas geralmente sentem prazer ao reduzir a tensão, como acontece quando dormem, comem, mantêm relações sexuais, esvaziam seus intestinos, dão vazão aos afetos, coçam a pele e assim por diante. Mas será isso um efeito da suposta libido? Sendo um construto neurofisiológico, a libido pode ser desafiada por um modelo neurofisiológico. Como fica patente, o conceito de libido é tão difícil de apreender quanto o eram os "humores" das eras passadas. Aliás, os mamíferos (113), inclusive o homem (66), têm um centro cerebral muito definido que produz a experiência subjetiva a que chamamos de prazer. Experimentalmente, ele não se esgota, como se tivesse sido drenado. Ele pode ser ligado e desligado *ad infinitum*, de tal modo que um animal pode vivenciar o mesmo grau de prazer intenso até milhares de vezes por hora (113). Até mesmo a mais parcimoniosa das explicações a respeito do prazer, atualmente, não apresenta semelhanças com esse modelo hidráulico, de uma torrente de substância ou energia; os requisitos energéticos de um mecanismo de comutação do sistema nervoso central são infinitesimais.

O CONFLITO

Dois tipos de situações dolorosas podem influenciar o desenvolvimento da personalidade e, portanto, o desenvolvimento sexual. Primeiramente existem os traumas (agudos, crônicos ou cumulativos), duras imposições, exercidas sobre o bebê, por acontecimentos percebidos como não originados de sua própria psique. Tais acontecimentos podem ser sensações internas desagradáveis, como fome, dores físicas ou dificuldade respiratória, ou podem ser lutas externas, contra objetos separados de seu corpo, que frustram ou traumatizam — objetos inanimados de forma intermitente, e pessoas importantes de modo persistente, especialmente a mãe, no início. Nem todos os traumas produzem conflito; a segunda categoria de situações dolorosas, de conflito, implica uma luta *intra*psíquica que envolve ter que *escolher* entre possibilidades. Assim, se uma criança pequena tem um impulso sensual poderoso, e que é proibido por seu progenitor, isso não causa um conflito intrapsíquico — embora a criança possa alterar seu comportamento exterior ao ser punida por esse progenitor. Em uma etapa posterior da infância, contudo, se o sistema de valores desse progenitor tiver sido aprendido e aceito (internalizado) pela criança, estará presente, dentro de sua psique, um conjunto de posições morais recebido dos pais, somado a uma técnica interna de autopunição baseada em culpa. Isto exemplifica, então, o conflito intrapsíquico: uma parte da própria pessoa ameaça ou pune a outra parte, frustrando o mais recente impulso em direção à gratificação.

É mais provável que um trauma ou uma frustração provoque reação (mudança) do que conflito. Por exemplo, nas primeiras etapas do desenvolvimento infantil, um estímulo pode produzir mudança sem conflito, por um processo etológico como a impregnação, por condicionamento clássico ou por condicionamento operante. (Tais processos participam da criação desses comportamentos não conflituosos, como a maneira de falar ou as preferências em matéria de brinquedos, roupas ou alimentos.) Freud não acreditava que o trauma causasse perversão do desenvolvimento sexual, a menos que ele viesse a causar conflito; o conflito é a percepção da necessidade de escolher entre alternativas; e isso requer um desenvolvimento suficientemente adiantado para que a memória, o julgamento e talvez a fantasia já tenham começado a influenciar o comportamento. Ele parece excluir a ideia de uma aberração sexual que possa não ser, ao mesmo tempo, uma perversão; ou seja, ele nega a existência de um ato erótico habitual, aberrante, que não tenha sido produzido pelo conflito. "Assim, cada desvio da vida sexual, a partir do momento em que se fixava, era considerada como resultante de uma inibição do desenvolvimento, e como infantilismo" (24, p. 231). Para ele, todas as aberrações sexuais resultavam de fixações e de traumas ocorridos nos vários estágios do desenvolvimento libidinal da infância, com ameaças e punições rondando o desejo pelos pais — o conflito edípico — como fatores decisivos.

A teoria freudiana das causas da perversão (assim como de toda a sexualidade) é uma combinação das cinco categorias que estivemos considerando: a bissexualidade, o complexo de Édipo, o primado do pênis, a teoria da libido e o conflito. Levando em conta algumas influências constitucionais mais ou menos poderosas, tais como tendências bissexuais herdadas, ou capacidade constitucional incomum para sensações agradáveis em partes não genitais do corpo, ele sentia que, acima de tudo, era um conflito infantil — angústia de castração, conflito edípico e pré-edípico, medo da homossexualidade — o que fazia que a sexualidade normal se transformasse em perversão. Num sumário resumidíssimo, ele acreditava que a perversão, nos homens, era devida ao medo, sentido pelo menino, de que seu desejo pela mãe pudesse fazer com que o pai acabasse por lhe cortar seu valorizado pênis, o que teria o poder de transformá-lo numa menina, anatômica e psiquicamente inferior, em virtude da castração. Na menina, ele dizia que a perversão resultava da inabilidade em aceitar o fato de já ter sido castrada; ela precisa negar o fato por uma supervalorização de seu clitóris, o que evita que ela faça a opção pela vagina, mais feminina, ou causando nela uma má vontade em se voltar para o pai — em direção à heterossexualidade. Sem acolher o pai como seu novo objeto amoroso (renunciando à mãe), ela fracassa em adentrar o conflito edípico como pessoa do sexo feminino, que quer ser tornada completa pelo advento de um bebê. A perversão pode caracterizar fracasso em qualquer dos estágios do processo do desenvolvimento edípico, nos meninos e nas meninas. (Somada a essa teoria [interpessoal] edípica, Freud sentia que existiam elementos específicos nos atos perversos, que resultavam de uma fixação libidinal. Com isso ele queria dizer que, quando o desenvolvimento posterior da criança era bloqueado pela angústia da castração, o menino ou a menina poderiam regredir para um estágio de gratificações libidinais anteriores. Se, por qualquer razão, a boca, o ânus ou os intestinos, a uretra, a pele ou qualquer outra parte do corpo tivesse sido o foco de intensa excitação libidinal anterior, a criança poderia regressar para essa "posição" mais segura e mais gratificante, em virtude de grave angústia. Isso explicaria, por exemplo, o intercurso anal entre homossexuais homens, e o sexo oral em homens e mulheres (homossexuais).

Nos animais, quase não se veem aberrações sexuais levando a orgasmo (a menos que eles tenham sido manipulados por forças não naturais, como experimentos ou cativeiro). Por outro lado, tais necessidades são onipresentes no homem; os desvios eróticos são tão tipicamente humanos como o assassinato, o humor, a fantasia, os esportes competitivos, a arte e o cozimento dos alimentos. Esta observação é tão evidente, que é justo perguntar por que ela não encontra força nas especulações dos pesquisadores sexuais modernos. *Quase todos os estudos de que se tem notícia acerca do comportamento sexual humano, depois de Freud, tentaram provar que a pessoa não cria seu próprio desvio*, mas que este lhe é imposto — pelos genes, pelos hormônios, pelo circuito elétrico cerebral, por impregnação, por condicionamento, pelas estatísticas. Como Freud nos perturbou! Ainda não conseguimos lidar com sua "acusação" de que somos humanos.

Alguém poderia fazer o favor de explicar a pedofilia em termos genéticos? Ou o fetichismo por sapatos como produto de um mecanismo cerebral constante, através do desenvolvimento evolutivo? Ou o exibicionismo peniano como um defeito hormonal? Ou a necessidade de estuprar mulheres velhas como efeito de condicionamento? Ou a necrofilia como meramente uma exceção estatística, encontrada além dos limites de uma curva de sino?

A nova pesquisa que acontece nos laboratórios de fisiologia e de química — no animal íntegro e nas cobaias humanas — e na observação naturalista, parece ter como objetivo específico lançar por terra a teoria do conflito; nenhum outro aspecto do sistema freudiano criou tamanha resistência — talvez porque Freud acreditasse que a perversão fosse motivada, ou seja, que uma pessoa, de alguma maneira, em seu âmago, sente-se parcialmente responsável por sua perversão. Freud sentia o ato sexual como sendo o produto da grande capacidade humana de escolha e, portanto, em última instância, como uma qualidade moral (ainda que nossa responsabilidade seja mitigada, em virtude de a escolha ser inconsciente, e causada involuntariamente por circunstâncias ameaçadoras ocorridas na infância). Os pesquisadores modernos, entretanto, negam que o conflito intrapsíquico desempenhe algum papel, ou que a fantasia impulsione e perpetue a atividade aberrante. Em outras palavras, esses críticos alegam que a aberração não é psiquicamente motivada. Estranhamente, sua pesquisa pode se aplicar também ao comportamento não desviante, pois sua lógica diz que *todos* os comportamento sexuais *não* têm motivação psíquica. Eles acreditam nisso, em seus laboratórios e em seus escritórios. Será que pensam do mesmo modo quando estão na cama?

O ataque à teoria do conflito tomou quatro formas. A primeira diz que as aberrações, nos humanos, devem-se simplesmente a mecanismos fisiológicos — quer sejam disfunções orgânicas ou uma fisiologia normal herdada que, simplesmente, produz variação comportamental, semelhante à que se vê nos animais inferiores, e resultante dos mesmos mecanismos cerebrais e hormonais. Na segunda explicação — teoria da aprendizagem — o desvio é impingido por uma força exterior, um tipo de condicionamento, de tal forma que não se trata de escolha, e não tem origem na fantasia. A terceira explicação é estatística: existe uma curva de sino para o comportamento sexual, e as variações não são anormais, apenas não constituem a norma. E a última diz que, embora algumas culturas julguem uma aberração como patológica, é bem possível que o único fator patológico seja a própria condenação social, ou seja, é a sociedade, e não o indivíduo, que é doente.

GENÉTICA E CONSTITUIÇÃO

O que vem a seguir representa os tipos de estudos que tentam demonstrar que as aberrações sexuais são induzidas por forças físicas, e não mentais.

Inúmeros trabalhos interessantes foram feitos sobre os animais (resumidos às páginas 37 e 140), pois existem agora técnicas para influenciar amplas áreas do cérebro por estímulos elétricos e químicos, ou por ablação cirúrgica, ou ainda por privação da fase REM do sono. Essas experiências criam perturbações nos padrões sexuais normais dos animais, hipersexualidade ou comportamento sexual indeterminado; enquanto elas acontecem, pode ser que o animal deixe de se importar com o sexo de seu parceiro, ou até mesmo com a espécie de objeto pelo qual se interessa. Existem, também, experiências nas quais diminutos estímulos elétricos ou hormonais em áreas ínfimas, circunscritas, do cérebro, podem alterar a função sexual (104). Mas nosso velho problema permanece: de que maneira *esses* substratos neurais em animais se relacionam *àquele* homem que compra fotografias de mulheres acorrentadas? Por que *aquela* mulher, que era uma garota feminina até os seis anos de idade, acabou se tornando tão masculina?

Entretanto, obviamente, estudos similares não foram aplicados a humanos — embora se saiba que o comportamento sexual pode ser alterado por manipulação cerebral (66). Já tive ocasião de mencionar o relato de um caso de cura neurocirúrgica da homossexualidade masculina (122). Já foram relatadas uma cura da homossexualidade masculina (85) e o tratamento da hipersexualidade (12) por agentes antiandrogênicos. Vários relatos tentaram implicar os lobos temporais no comportamento fetichista, especialmente no travestismo — porém, eles eram ou casos isolados, ou envolviam uma amostra pequena demais (resumidos em Blumer, 5), ou lhes faltavam controles adequados (151); ou, simplesmente, se tratava de pura especulação, e não de pesquisa propriamente dita (16). Eles indicam que um caso raro pôde ser associado a um distúrbio do lobo temporal; mas isto não encoraja a acreditar que um distúrbio cerebral como este seja a causa subjacente a todos os comportamentos desse tipo

(145). (Por que não existem relatos de fêmeas igualmente afetadas?)

Quanto às reivindicações de que uma predisposição constitucional possa tornar certas pessoas suscetíveis a certos tipos particulares de desvio, até agora simplesmente não existe evidência aceitável disso, exceto em casos raríssimos (108, 137). Nenhum estudo fidedigno demonstrou tendências familiares para qualquer das perversões, exceto talvez para a homossexualidade. A visão que em geral se compartilhava, bem no início do século 20, de que a perversão era o resultado de uma "degeneração" significando alguma inferioridade física difusa, jamais encontrou apoio na evidência. Mas todos os estudos — e eles são pouquíssimos — que tentaram demonstrar fatores genéticos na homossexualidade (72, 128) foram incapazes de fazer frente ao ataque das críticas, até o momento (considerados em 73, 101, 11). Até mesmo as observações de Money, envolvendo mulheres que sofreram processo de androgenização quando ainda eram fetos, demonstraram que as meninas se tornam apenas levemente masculinas no comportamento, sendo, contudo, heterossexuais (108).

É cedo demais para dizer se esse trabalho, envolvendo a genética e a função cerebral, colocarão a teoria psicanalítica à prova (se esse fosse o caso, poderíamos contar com tratamentos que tornariam a terapia psicanalítica obsoleta para alguns distúrbios sexuais). Precisamos ser sempre cuidadosos (como, aliás, não fui, quando especulei acima sobre a significância de um centro de prazer no sistema nervoso central), para não igualar a descoberta dos mecanismos do mesencéfalo com a descoberta das causas do comportamento humano integrado, motivado. Os substratos límbicos do comportamento oral e genital ficam muito próximos um do outro; quantas pessoas considerariam seriamente a hipótese de ter sido por esse motivo que o homem inventou o sexo oral? Será que o centro do pé fica próximo ao centro genital, num fetichista? Será que a masturbação se deve à ativação de um centro masturbatório no hipotálamo? Chego a pensar que algumas das teorias modernas foram inventadas por um computador. Pelo menos, levará algumas gerações de pesquisas corticais, antes de podermos descobrir alguma coisa a respeito do pensamento, do desejo e do comportamento; esse córtex não existe nas outras espécies.

Talvez o maior desafio recente sejam os relatos (comentados anteriormente, na discussão sobre a bissexualidade) que demonstram que, quanto mais exclusivamente homossexual um homem for, menores serão seus níveis de testosterona, e mais imperfeita sua espermatogênese. Tais descobertas, caso confirmadas, reduziriam grandemente a importância de uma teoria que afirma que a condição é causada por perturbações no relacionamento de um menino com sua mãe e seu pai. Teremos que aguardar por mais estudos, que efetuem um controle sobre influências inespecíficas como a tensão, variações normais de nível durante um ciclo diurno, variações normais na quantidade e no conteúdo do sêmen, ingestão de drogas (a maconha pode diminuir os níveis de testosterona no plasma) e assim por diante (20, 84). Mas os relatos que desmentem essas teses estão começando a ultrapassar, em número, esses dados (10, 15, 117, 149).

A TEORIA DA APRENDIZAGEM

Os teóricos da aprendizagem constituem o segundo grupo cuja pesquisa contradiz a ideia de que existem aberrações sexuais que funcionam como acordos de conciliação, destinadas a salvaguardar o prazer sexual dentro de uma situação repleta de angústia e conflito. Também parece não existir aí uma teoria do aprendizado que tente, como a psicanálise o faz, explicar o desenvolvimento do comportamento erótico no ser humano — comportamento esse que conduzirá ou à heterossexualidade "normal" ou às aberrações. Entretanto, foram feitos estudos que atestam a existência de comportamentos sexuais em cuja origem inexistem conflitos intrapsíquicos.

A impregnação de criaturas quando bebês, num período crítico, pode causar o apego a um objeto inanimado, a um animal ou a um homem, ao invés de, como normalmente aconteceria, apegarem-se à mãe. Na vida adulta, a escolha de parceiros sexuais poderia corresponder ao tipo de objeto com que foram impregnados (87). Embora as conceitualizações que estão por trás dessas observações tenham sido estendidas para o bebê humano (8, 50, 133), ainda não dispomos de dados que as confirmem.

Também foi investigado como o condicionamento clássico contribui para o desenvolvimento do comportamento sexual, o que pode ser resumido pela afirmação de que, com animais, quase tudo é possível no laboratório: através de técnicas de condicionamento, um animal pode ser treinado para ficar sexualmente excitado por objetos que, na ordem natural, não teriam essa capacidade; até mesmo estilos de gratificação, tais como a masturbação, podem ser produzidos artificialmente. Mas continuamos sem saber se essas descobertas estão relacionadas, e como, ao desenvolvimento da sexualidade em condições naturais de vida.

Também se investigou a possibilidade de relações "interpessoais" contribuírem para o desenvolvimento da sexualidade, nos animais. Por exemplo, entre eles, a superpopulação produziu efeitos excepcionais, alterando a escolha do objeto e o estilo de coito, bem como sua frequência e sua capacidade (40). Experiências em que macacos foram criados por outro tipo de mães, inclusive mães inanimadas, causaram profundas perturbações na socialização e na capacidade para o comportamento reprodutivo (64). Falhas na habilidade sexual também ocorreram quando macacos foram privados do relacionamento com seus companheiros, quando jovens (63). Estes estudos parecem justificar a ênfase que os analistas dão à influência dos relacionamentos interpessoais, no início da vida, sobre a sexualidade que se instalará depois.

Meu entusiasmo por muitos estudos interessantes sobre animais se reduz quando seu autor não consegue resistir à tentação e, depois de realizar uma experiência que produz anormalidade, extrapola seu resultado diretamente para o comportamento humano — sugerindo até mesmo, com base nesse resultado, modificações na educação das crianças, ou no funcionamento de sociedades inteiras — sendo que a descoberta foi feita, digamos, em ratos.

Experiências de condicionamento humano capazes de produzir comportamento sexual são raras. Numa delas, um fetichismo leve, que rapidamente se extinguiu, foi artificialmente produzido, intercalando figuras eroticamente estimulantes com sapatos (118). Reforços positivos e negativos, numa determinada cultura, podem ser, em parte, responsáveis por alterar os estilos sexuais de geração para geração (por exemplo, a moda feminina).

Os teóricos da aprendizagem social sublinham os efeitos da moldagem — através de recompensa e da punição — na criação da personalidade (2, 126), assim como os efeitos da imitação e da identificação. Freud e outros analistas o fizeram também, como nas discussões sobre o desenvolvimento do ego e do superego (21, 31, 65, 94) ou do cerne da identidade de gênero (137). Existem estudos, a respeito de identificação, em que alguns teóricos da aprendizagem e psicanalistas encontram um campo em comum. Esses estudos mostram que o bebê, assim como a criança que passa um tempo considerável numa relação próxima e amorosa com um dos pais, pode vir a escolher as qualidades de gênero daquele progenitor. Assim, um garoto demasiadamente próximo da mãe pode se feminizar, mas ser masculino quando estiver com o pai, e vice-versa para as meninas (137, 4). Os analistas estão em desacordo com a maioria dos teóricos da aprendizagem, por acreditarem que o desenvolvimento da personalidade não ocorre sem a influência do conflito intrapsíquico no que tange as questões vinculadas ao afeto, e também ao sexo.

«TAXINOMIA»

O terceiro argumento é o argumento estatístico ou, como alegou Kinsey, "taxinômico". (Esta palavra foi escolhida por suas implicações de objetividade, naturalidade e ausência de julgamentos morais; "normativo" soa melhor do que "normal".) Ele pressupõe o comportamento de um naturalista, que observa o ser humano da mesma forma como o faria com qualquer outra espécie animal. Nas mãos de Kinsey, ele se tornou uma poderosa ferramenta de pesquisa — embora, também, um extraordinário modo de impor uma moralidade social, uma vez que, com sua astúcia, Kinsey acabou por fazer um julgamento, ao dizer que deveríamos nos abster de julgar.

Seus dados (77, 78) e o bom trabalho sociológico subsequente (especialmente o de sua equipe [41]) não abalaram a teoria analítica, pois eles demonstraram aquilo que os analistas já sabiam de longa data — que o comportamento sexual humano é muito mais variável do que jamais se admitiu. O desafio kinseyano não se encontra em seus dados, mas na posição que ele adotou antes mesmo de haver coletado quaisquer dados: a de que a vida interior não era significativa para essa pesquisa psicológica: o observador já saberá o suficiente quando tiver terminado a contagem. Neste aspecto, Kinsey faz aliança com os behavioristas.

RELATIVIDADE CULTURAL

O quarto argumento é uma extensão do terceiro, e é uma exortação. Aqui, o autor usa a pesquisa de outros cientistas para dar suporte à sua posição em prol da liberdade sexual. Este é especialmente o caso em relação aos ativistas que se reúnem para aliviar sua culpa e a degradação social que tradicionalmente lhes é atribuída. Os homossexuais exemplificam essa abordagem, apoiando-se nas três categorias citadas acima para negar alegações de anormalidade ou de doença: primeiramente porque sua condição é amplamente disseminada nos animais inferiores, portanto ela é herdada, fisiologicamente induzida por hormônios ou de alguma outra forma; ou ela é o resultado de condicionamento, na infância ou na adolescência; ou ela é aberrante só em termos estatísticos. O que é crucial, para cada uma dessas defesas, é o alívio da culpa: uma vez que o próprio *self* da pessoa não escolheu a condição, não se tem responsabilidade sobre ela — e, além disso, ela deixa de ser vergonhosa.

Hoje em dia, há uma grande controvérsia (3, 51, 68, 100, 131) para decidir se o comportamento aberrante é ou não perverso (ou seja, nojento, doente) ou apenas desviante (uma variância estatística); as palavras-chave têm sido "normal" e "saudável". Esses argumentos revelam-se menos do que inspirados, porque cada uma das posições, ambas tendo a Ciência a seu lado, ignoram o que seus oponentes querem dizer com "normal" ou com "saudável". Um dos grupos afirma que a pessoa perversa é anormal porque o comportamento aberrante pode ser rastreado até se chegar a traumas e conflitos da infância, e que presentemente mascara (ou talvez nem mesmo seja capaz de mascarar) uma grave psicopatologia. O outro diz que o desviante não é anormal porque, exceto por suas diferenças sexuais, ele é capaz de administrar sua vida tão bem quanto os heterossexuais — que, aliás, não se destacam por sua alegria e criatividade.

Eu concordo com ambos — e com nenhum dos dois. Muitas aberrações e perversões, por emergirem como soluções para conflitos, produzem assim, em seu cerne, uma carga de culpa e um sentimento de estar se colocando em risco. Por outro lado, não acredito que, para a maioria dos que se envolvem com elas, essas dinâmicas causem mais mutilações do que as geradas pela resolução de conflito, e que produz o comportamento (heterossexual) normativo. (Isso vai se tornando menos verdadeiro quanto mais bizarra for a aberração.) É possível que essas questões morais, sob um disfarce científico, não sejam tão fáceis de se resolver como ambos os lados esperam.

Para resumir (e minha reflexão foi sobre o impacto dos novos avanços, sem detalhá-los, de tal forma que quaisquer conclusões não passarão de opiniões), eu creio que o impacto mensurável desta pesquisa sobre a teoria psicanalítica tenha sido tênue. Em primeiro lugar porque não existe nenhum procedimento científico (já inventado) capaz de testar a maior parte de suas proposições.

Em segundo lugar, os psicanalistas se preocupam com o homem, mas a nova pesquisa ainda não dispõe das técnicas para atingir sua própria meta principal — embora geralmente não declarada: a de demonstrar de que maneira os achados de qualquer experiência, seja com animais, seja sobre uma parte isolada da fisiologia humana, ou sobre a função psíquica que se estiver investigando, pode ter relevância para o comportamento sexual de um humano em sua vida como pessoa — não como objeto a ser investigado num laboratório. Ainda assim, embora o impacto mensurável sobre a teoria tenha sido leve, seu impacto sobre os analistas talvez tenha sido considerável. Muitos estão ouvindo com atenção os pesquisadores e, nos escritos e nas conversas entre os analistas, manifesta-se uma impaciência, pois eles se sentem confinados em posições teóricas que se mantêm coesas mais pela tradição do que por fatos.

Como em muitas outras áreas da pesquisa psiquiátrica, as novas técnicas deflagraram um surto de interesse pelas descobertas sobre os mecanismos neurofisiológicos (inclusive químicos) envolvidos em muitos aspectos do comportamento sexual. Junto a esta excitação causada pelo maravilhoso mundo das experiências, existe cada vez menos entusiasmo pela investigação da sexualidade no ser humano pelos métodos clínicos, especialmente através da coleta de dados no ambiente protegido, adequado e condizente, do tratamento. Acredito que temos muito a lucrar com a intensificação do trabalho nos laboratórios; entretanto, temos muito a perder, caso passemos a ignorar o caso isolado estudado em profundidade.

Será bom se formos capazes de reverter a crença de que o método clínico é ou muito fraco (como alguns cientistas de laboratório estão convencidos) ou que ele já tenha nos fornecido tudo quanto tinha a fornecer (como alguns psicanalistas tendem a sentir). Agora, anos depois do trabalho de observadores como Freud, Kraft-Ebing ou Havelock Ellis, ainda precisamos de observações de caráter naturalístico sobre o comportamento sexual, normal e anormal. O trabalho de Masters e Johnson nos convenceu disso. Mas, agora, eu não estou me referindo apenas à observação da resposta fisiológica bruta — coisa que eles estão fazendo — e sim à coleta das descrições subjetivas, precisas, da experiência sexual, das fantasias que a acompanham, dos indicadores dos processos inconscientes e das influências da infância, enfim, tudo quanto o método psicanalítico for capaz de reunir.

E podem haver bônus adicionais, se conseguirmos ressuscitar a pesquisa clínica no comportamento sexual. Por exemplo, grandes *insights* nos podem ser fornecidos por essa área negligenciada, *insights* a respeito das causas da violência, cuja pesquisa, atualmente, merece prêmios mais por seu volume do que por suas descobertas. Não é coincidência que pessoas violentamente agressivas geralmente tenham impulsos sexuais estranhos e graves conflitos no que concerne à masculinidade e a feminilidade. Há, ainda, uma segunda área que a pesquisa sexual pode esclarecer: alguns pontos controversos, legais e morais, que vinculam questões de responsabilidade e de normalidade, correm o risco de serem relegados ao esquecimento, sob o forte calor da narrativa dos fatos.

Talvez o grupo que mais possa contribuir conosco, em virtude de até o momento ser (com poucas exceções notáveis, como La Barre) o que menos o fez, seja o dos antropólogos. Sua aceitação de material superficial, anedótico, e seu fracasso em desenvolver um método para a obtenção material detalhado, preciso, num assunto tão privado como é o desejo sexual, têm mutilado nossa compreensão da sexualidade humana. Nós, simplesmente, não podemos prescindir de estudos comparativos entre as diferentes culturas; mas, também, não podemos nos conformar com os relatos superficiais e preconceituosos que eles, com frequência, nos fornecem. É evidente que os analistas precisam de suas descobertas, para que nos conservemos honestos, ou seja, para nos impedir de generalizar, com rapidez excessiva, do paciente específico que analisamos — um membro de nossa cultura — para a humanidade em geral.

Finalmente, é crucial que nos lembremos de quão pouco sabemos sobre os mecanismos, ou sobre as causas, do comportamento sexual humano — do normativo e do variante, do normal e do anormal. Ainda sabemos demasiado pouco sobre o que afeta a evolução da sexualidade além dos estímulos da hereditariedade, da constituição e do ambiente primitivo em que se foi criado. Sabemos pouco demais até mesmo sobre o que as pessoas fazem, sobre o que pensam enquanto o estão fazendo, e o que pensam sobre o que estão fazendo. Entretanto, talvez não seja um excesso de otimismo dizer que, agora, estamos desenvolvendo, pela primeira vez, ferramentas e ideias que nos capacitarão a estudar bem essas questões.

Capítulo 3

Variações: aberrações que não são perversões

Após ter analisado as recentes pesquisas sobre sexualidade sob um enfoque psicanalítico, examinemos agora se existe algum tipo de aberração que não seja uma perversão. Talvez alguns poucos exemplos possam validar o conceito. A qualidade que define todas as categorias deste grupo é que, embora seja comum encontrar comportamentos sexuais que fogem às normas sociais, eles não têm como característica predominante a troca de hostilidades.

FATORES GENÉTICOS E OUTROS FATORES CONSTITUCIONAIS

Vimos (cap. 2) que, em ambos os sexos, em termos de anatomia, a masculinidade ocorre somente quando ocorre a adição de andrógenos, no período pré-natal. Além disto, os hormônios pré-natais organizam o cérebro de todos os mamíferos, inclusive dos humanos, de maneiras que predeterminam o comportamento sexual (tanto o comportamento que conduz a experiências eróticas, ou seja, que usa o aparelho reprodutivo, como aquele outro tipo de comportamento, relacionado ao comportamento não erótico e não reprodutivo, a que chamamos, nos seres humanos, de masculinidade e feminilidade). Independentemente de o organismo ser masculino ou feminino sob um ponto de vista genético, se os andrógenos não estiverem presentes nos períodos pré-natais apropriados, o comportamento masculino não ocorrerá. Esta regra foi invariável em inúmeros experimentos com animais inferiores, e se confirma também, embora de maneira menos definitiva, nas "experiências naturais" com humanos.

Em tais casos, o comportamento aberrante, em termos de erotismo ou de gênero é, portanto, resultante de uma função cerebral determinada, em primeiro lugar, antes do nascimento. Por exemplo, mulheres com a síndrome da insensibilidade ao androgênio são, em termos de cromossomos, homens, cujos testículos produzem testosterona em quantidades normais. Contudo, seus tecidos são incapazes de responder à testosterona. A aparência exterior de seus corpos é feminina (sendo os testes criptorquídicos) e elas são, invariavelmente, mulheres heterossexuais, femininas (109). Homens de aparência anatomicamente normal que têm a síndrome de Klinefelter (XXY) apresentam uma frequência inesperadamente alta de distúrbios de identidade de gênero, indo desde a homossexualidade e passando pelo travestismo até a reversão genérica total, em que a pessoa anseia por uma cirurgia para "mudar de sexo". Mulheres normais em termos genéticos e anatômicos, mas que foram masculinizadas *in utero* — quer por quantidades excessivas de androgênio, produzido pelas suprarrenais, quer pela progesterona que foi fornecida às suas mães, para prevenir o aborto — são mais masculinas, em seus interesses e em seu comportamento, do que um grupo de controle constituído por meninas. Estes, portanto, são exemplos de aberrações no comportamento sexual em que as dinâmicas da perversão, como definidas anteriormente, não estão presentes como condições causantes.

TRANSTORNOS PÓS-NATAIS DA FUNÇÃO CEREBRAL

Existe um punhado de relatos de casos em que o comportamento sexual aberrante resulta de doença cerebral. Blumer (5) examinou essa parca literatura — foram encontrados alguns poucos casos de fetichismo e de travestismo em que havia focos de anormalidade no lobo temporal, algumas vezes acompanhados por flagrantes manifestações de epilepsia; um caso no qual um "objeto fetiche (um alfinete de gancho) tornou-se invariavelmente o gatilho de ataques epilépticos de lobo temporal... Durante a confusão pós-ictal, o paciente passava a se vestir com as roupas da mulher. Uma lobotomia da têmpora esquerda, estando o paciente com trinta e oito anos de idade, aliviou-lhe tanto a epilepsia quanto o fetichismo"; uma série de sessenta epiléticos de lobo temporal continha dois homossexuais e um "cujo interesse por garotas era mínimo... e que apresentava ereção parcial ao colocar as fraldas de sua irmã, ainda bebê."[1] Walinder (151) examina outras evidências de lesões cerebrais (especialmente no tocante a "travestismo/transexualismo"), inclusive um relatório que registrava a primeira ocorrência de "travestismo/homossexualismo" em homens com alterações cerebrais causadas pela senilidade.

Se uma aberração ocorre apenas em presença de distúrbio cerebral, desaparecendo com o tratamento da le-

1. Uma vez que, comparando com a predominância da homossexualidade na população em geral, tão poucos são homossexuais, poderíamos anunciar, a partir dessa estatística, que a doença do lobo temporal *protege* contra a aberração sexual.

são, não existe razão para se chamar a isto de perversão — embora alguns o façam, ao tentarem demonstrar que as perversões se devem a disfunções do cérebro, e não da psique (16).

IDENTIDADE HERMAFRODITA

Em geral, quando um bebê nasce já apresentando uma genitália mista, que não é explicitamente masculina nem feminina, os pais são incapazes de aceitar essa criança como sendo completamente homem ou mulher; ao invés disso, os pais têm um sentimento difuso de que a criança é uma mistura dos dois sexos, ou que não é nem de um sexo, nem do outro. Uma identidade hermafrodita se desenvolve, sendo que a criança passa a acreditar que pertence a um sexo diferente dos dois aos quais todos os demais seres pertencem (134). Tais pessoas, a partir daí, poderão se achar no direito de ter relações sexuais com ambos os sexos. Porém, uma vez mais, a força que motiva a aberração não é aquela anteriormente definida para a perversão, e sim o resultado de impulsos originados da identidade bissexual: uma identidade que teve sua origem nos pais, que ensinaram à criança que ela era uma hermafrodita; essa origem não corresponde a uma defesa da criança contra os perigos edípicos e pré-edípicos.

TRANSEXUALISMO MASCULINO

A forma mais extrema de feminilidade em homens anatomicamente perfeitos é o transexualismo, uma condição que se manifesta muito precocemente na infância; o menino alimenta o desejo de ser uma menina, chegando a querer mudar de sexo (mudança que poderá tentar concretizar mais tarde). Essa condição rara — e só ela, e ela não inclui a maioria das pessoas que, hoje em dia, reivindicam "mudança de sexo" (139) — não resulta de uma fantasia de reparação e vingança, alimentada por toda a vida e que sobreviveu, como acontece nas perversões; ela é, antes, o resultado de um modo de conduta dos pais, que implantaram uma atmosfera excessivamente isenta de conflitos e traumas, propícia a fazer com que a feminilidade se desenvolvesse. (Examinaremos o transexualismo mais detalhadamente no capítulo 8).

Este, portanto, é mais um caso em que a força que produz o comportamento aberrante não advém de uma fantasia criada para retificar um passado traumático, mas é simplesmente outro caso de moldagem indolor da personalidade do sujeito, em que os perigos são eliminados por dinâmicas constantemente presentes na família.

(Obs.: Só estou considerando aqui os transexuais masculinos, pois acredito que a etiologia, no transexualismo feminino, tenha elementos bem mais traumáticos, não sendo simplesmente uma variação.)

VARIAÇÕES CULTURAIS

As formas que a masculinidade e a feminilidade assumem numa cultura variam de acordo com as eras (ou, dependendo do tempo considerado, de ano para ano) e podem diferir de cultura para cultura. Seria um tanto tolo, para um observador que não fizesse parte de uma determinada cultura (separado seja por gerações — ou até mesmo por séculos — seja pela distância) decidir o que é uma aberração; muito menos ainda, se o que ele observou é ou não uma perversão. O que é aberrante entre culturas poderá não o ser dentro de uma determinada cultura. Da mesma forma, estilos de desempenho erótico podem se alterar devido a circunstâncias históricas e sociais, e toda cautela é pouca ao se julgar a existência de uma perversão (ou a sua ausência) com base numa perspectiva superficial.

Um bom exemplo — especialmente por ser tão frequentemente usado, em termos polêmicos, hoje em dia — é a questão da homossexualidade na Grécia Antiga. Diferentes analistas leram os fatos diferentemente. Alguns acreditaram que essa homossexualidade não era uma perversão, pois ela era aceita por toda a cultura; já outros acreditaram que a cultura, como um todo, era perversa. A versão que prefiro é a de Vanggaard (150). Ele descreve a homossexualidade, a que era aceitável entre esses gregos, como estando restrita à classe mais alta, e exclusivamente aos homens, sendo por eles aceita como a mais honrosa forma de relacionamento. E ela não substituía a heterossexualidade. Sua função era a de transmitir os mais apurados padrões éticos da sociedade. Um homem deveria se ligar a um rapaz para ensinar a ele a honradez, a força, a fidelidade e o desprendimento; cada ato sexual era uma oferenda — no próprio comportamento e literalmente, na doação do sêmen — dos preceitos e da substância da masculinidade. A efeminação não desempenhava nenhum papel; somente o homem que amasse exclusivamente outros homens era considerado homossexual, com o sentido depreciativo que o termo carrega hoje. Quando o jovem, depois de ser honrado pelo comportamento erótico de seu parceiro mais velho, entrava na adolescência, o relacionamento terminava; do jovem, se esperava que não persistisse na homossexualidade — exceto quando chegasse a hora de conceder a outro jovem o mesmo tratamento que havia recebido. A homossexualidade ritualizada não substituía a heterossexualidade, mas funcionava como uma espécie de forma substituta do relacionamento com mulheres de sua própria condição.

Em outras palavras, as dinâmicas desse tipo de homossexualidade eram diferentes do padrão que se vê hoje em dia. A hostilidade entre os parceiros não era uma motivação dominante (como hoje, eventualmente também não o é, nos relacionamentos homossexuais que envolvem respeito e cuidado).

Vanggaard descreve outras culturas em que uma forma similar de transmissão da masculinidade é o principal propósito da homossexualidade institucionalizada, e que é conscientemente implantada na mística da cultura — o que não é o caso da homossexualidade masculina dos dias atuais, em nossa cultura (apesar de algumas dessas dinâmicas, como por exemplo, a ideia da força que se recebe através do esperma, possa estar presente, entre muitas outras).

Isto não quer dizer que a perversão não poderia se ocultar dentro das normas culturais; caso existisse em algum lugar o costume de todos os homens terem que trajar roupas femininas para alguma cerimônia religiosa, existiriam sempre alguns poucos que, secretamente, praticariam a cerimônia em razão de ela ser sexualmente excitante, e não porque fosse religiosamente sublime. Mas a regra seria igual à que descrevemos acima: a definição de perversão seria feita com base no significado que o ato tem para a pessoa.

«FAUTE DE MIEUX»

Quando, porque o objeto de preferência da pessoa não está disponível, ela apela para substitutos, o ato pode ser aberrante, mas não será perverso. A bestialidade é um exemplo. Embora seja sempre listada como perversão nos compêndios, pode ser que, frequentemente, não seja assim. A menos que a pessoa que pratica o coito com o animal o faça como forma de preferência, é possível que sua motivação não tenha sido gerada pela fantasia, como costuma acontecer na perversão. Com os pastores de ovelha, por exemplo: o coito com o rebanho, em geral, ocorre porque há falta de coisa melhor, e não porque as ovelhas sejam seu objeto de preferência. (A única exceção de que tenho conhecimento aparece num filme de Woody Allen.) Se for este o caso, então procure por uma dinâmica mais complexa. No caso do tipo de pornografia em que mulheres são vistas mantendo relações sexuais com animais, são grandes as chances de que a perversão (que não é bestialidade) esteja no homem que compra as fotos; a mulher que posa para elas pode estar sendo motivada por necessidades mais simples (dinheiro), ou pode ser uma perturbada mental, ou uma vítima psicótica do pornógrafo.

Não se pode julgar pela aparência externa do ato, e sim pelo que se passa na mente de quem o executa. A masturbação é um exemplo disso. Ela, certamente, é normativa. Sempre que os objetos de preferência estão ausentes, recorre-se mais a ela. Mas seria inexato generalizar e dizer que, sendo assim, a masturbação não é perversa. Muito frequentemente, mesmo quando ela ocorre por *faute de mieux*, a pornografia de que se faz uso (seja ela comercial ou de cunho particular, ou seja, através dos próprios devaneios) conterá elementos perversos. Nessa situação, a fantasia é usada porque ela satisfaz alguma coisa que não pode ser satisfeita através de um ato sexual real, com um parceiro. Neste caso, a masturbação não é apenas um substituto, mas um ato sexual verdadeiramente único, com seus motivos e energias próprios e específicos. O mesmo ocorre quando se recorre a prostitutas. Pode acontecer de um homem apelar para prostitutas por não dispor de alternativas: ele é um minerador de ouro no Yukon e as únicas mulheres disponíveis são as prostitutas. Mas e se ele for um corretor de ações de Nova Iorque, cuja potência sexual só se manifesta em presença de mulheres oficialmente degradadas?

A questão da *faute de mieux*, portanto, nem sempre tem seus contornos nítidos. Frequentemente, mesmo sob circunstâncias de privação, a fantasia usada revela que o ato é uma mistura de ausência de alguma coisa melhor unida à oportunidade de fazer uso de fantasias perversas, por meio de devaneios ou de material pornográfico.

O ARGUMENTO ANIMAL: UMA PRETENSA DESCULPA

Ao alegar estarem falando de variações ou de desvios, e não de perversões, os especialistas em sexo da atualidade, aliados a outros profissionais que lutam pelos direitos sexuais civis, fazem uso de observações extraídas do comportamento animal. Como vimos no Capítulo 2, o argumento usado é o de que, embora encontremos neles inúmeros exemplos de aberrações, os animais não podem ser acusados de um comportamento deliberado, voluntário, maldoso. Os humanos têm afinidades com alguns animais por estruturas cerebrais, mecanismos fisiológicos e comportamentos semelhantes. Portanto, a perversão não existe em nós, pois as raízes para a aberração são filogenéticas. Porém, quando fazemos com que um rato macho tente cruzar com um gato macho, fornecendo a ele uma substância que prejudica sua função cerebral, com isto não se comprova nem que os ratos, como espécie, tenham um desejo inconsciente de violentar gatos, nem que, nos estágios primitivos da evolução, os ancestrais dos ratos fossem quer homossexuais, quer inclinados à prática da bestialidade (desejo por gatos).

Não obstante, concordo com os que classificam como variações esses comportamentos nos animais. Porém, discordo deles numa perspectiva mais ampla: o erro, em termos de lógica, só se faz presente se dissermos que, porque os animais não são perversos; porque seus cérebros podem ser manipulados experimentalmente, conduzindo-os a todo tipo de comportamento; porque eles podem ser forçados por manipulações experimentais em seus cérebros, seja por meio de hormônios, drogas, eletricidade ou cirurgia, ou que, pelo fato de os animais poderem ser experimentalmente condicionados, então esses mesmos estímulos, por funcionarem algumas vezes também nos humanos, são *as* causas de nossa aberração, como espécie. Este tipo de argumentação não tem nenhum valor.

A perversão é exclusivamente humana.

Capítulo 4

Perversões: aberrações que não são variações

O capítulo 2 examinou alguns argumentos que são usados pelos pesquisadores da sexualidade para negar que a aberração possa resultar de uma escolha voluntária, moral. Prossigamos com essa discussão, mas deixando de lado o estudo dos animais, do cérebro, da evolução, das estatísticas, dos exemplos — todos tópicos importantes, mas que seria perigoso vasculhar aqui, neste ponto. Daqui por diante, enfatizarei um elemento — conhecido, mas não diretamente observável — que desafia a pesquisa em questão: o *desejo*, como motivação principal do comportamento. Para o fisiologista, o reconhecimento da disposição de espírito "eu quero" pode ser uma miragem, não mais que uma emanação do cérebro; para o behaviorista ortodoxo, ela é uma manifestação, um correlato ou um resultado, mas não uma causa; para o estatístico, ela é um efeito supérfluo, num mundo cuja inevitabilidade está predeterminada por aquele fator essencial, a curva de sino: sem a indução do "eu quero", ações e pulsões continuariam, supostamente, a se distribuir entre o provável e o improvável. Mas não há dúvidas de que nós, que consideramos essas atitudes simplistas, não nos sentimos totalmente em casa quando reconhecemos ser o desejo a verdadeira causa do comportamento: ninguém ainda aprendeu a lidar com o desejo no laboratório. Até mesmo dispondo da linguagem para dar expressão aos sentimentos, não conseguimos mensurar com exatidão alguma coisa tão complexa, tão paradoxal, tão variável e contraditória como o são o nosso desejo, a nossa raiva, a nossa inveja, o prazer ou amor que sentimos em relação a outra pessoa. Quanto menos então seremos capazes de conhecer o psiquismo — ou, mais corretamente dizendo, o pré-psiquismo — dos bebês, em sua fase pré-verbal, um dos objetos cuja compreensão é necessária ao estudo da perversão. Cientistas bem criados, privados de tudo, exceto de fragmentos do método experimental, face à vida mental, evitam o estudo do efeito do desejo sobre a função sexual — especialmente sobre as origens do desejo nas águas turbulentas da primeira infância. Alguns chegam ao extremo de negar-lhe a existência.

A evidência adicional, repito, que faz com que nossa opinião difira da conclusão a que chegaram os modernos pesquisadores da sexualidade — a de que os humanos não escolhem seus estilos sexuais, mas que estes lhes são impostos pelo comportamento — encontra-se no estudo da *fantasia*, este veículo que nos traz esperança, cura-nos os traumas, nos protege da realidade, oculta-nos a verdade, fixa nossa identidade; veículo restaurador da tranquilidade, inimigo do medo e da tristeza, purificador da alma. E criador da perversão. Desde que Freud, pela primeira vez, a observou, ficamos sabendo que, nos humanos, a fantasia é tão parte da etiologia das perversões — e, mais ainda, de toda a excitação sexual — como o são os fatores fisiológicos e ambientais que os sexólogos estão nos ajudando a compreender. Os detalhes da perversão — o enredo da história — ficam incompreensíveis, em sua origem e significado, caso ignoremos o processo e a função da fantasia. Podemos estudar cada célula do cérebro e cada animal do reino, e continuar sem saber por que um homem se excita ao usar um sapato de mulher, ou diante de um cadáver, ou de uma pessoa amputada, ou de uma criança, ou de um pênis. Mais ainda, se examinarmos a fantasia sem ignorar nenhum detalhe, acredito que encontraremos, permeando todo este conteúdo, reminiscências das experiências individuais com as outras pessoas que, no mundo real e durante a infância, provocaram a reação a que denominamos perversão. E, em seu cerne, está a hostilidade.

Quando expandimos nossa definição, usando a hostilidade como medida, incluímos agora todo um conjunto de comportamentos sexuais, muitos dos quais, certamente, são onipresentes; portanto, num sentido estatístico, eles nem ao menos constituem uma aberração. A hostilidade é, frequentemente, fácil de ser encontrada. Em várias perversões, ela é condição central do conteúdo que se manifesta e denota, até mesmo para o observador pouco treinado, a qualidade bizarra da condição. Quanto mais grosseira a hostilidade, menos dúvidas temos de estar lidando com uma perversão. O assassinato que causa excitação sexual, a mutilação com o fito de provocá-la, o estupro, o sadismo, com suas punições físicas específicas, tais como chicotear ou cortar, os jogos de acorrentar e amarrar, de defecar ou urinar em seu objeto — todas essas modalidades expressam, numa escala diminutiva, uma raiva consciente direcionada para seu objeto sexual, e cujo propósito essencial, para a pessoa, é o de se sentir superior, de machucar, de triunfar sobre o outro. E isto também é assim no sadismo não físico, como o exibicionismo, o voyeurismo, as cartas ou os telefonemas obscenos, o uso de prostitutas e a maioria das formas de promiscuidade. Estatísticas, observação de animais e manipulações cerebrais não nos ajudarão em nada a compreender por que, e como, esse tipo de excitação funciona; mas penetrar a mente do sujeito e nela procurar pela natureza, pela origem dessa necessidade de causar dano a seu parceiro, esta é uma atitude possível, e muito reveladora.

Pegue o mais comum desses comportamentos — a promiscuidade, em que existe a menor quantidade visível de hostilidade, e o mais utilizado hoje em dia — e leve-o para ser discutido por aqueles que, em sua tentativa de eximir a sociedade, argumentam que, se um comportamento é onipresente, ele é normal. A lógica funciona assim:

1. A maioria dos animais não é monogâmica; o homem é um animal.

2. Desejos promíscuos são encontrados em quase todos os humanos; portanto, eles estão longe de serem estatisticamente aberrantes;

3. Aqueles que negam ter tais desejos, e os que são incapazes de colocá-los em ação, não são seres superiores e sem pecado, como apregoam: são limitados e inibidos; os ideais da era vitoriana foram, há muito tempo, desmascarados.

4. Portanto, deixemos as pessoas gozarem de seus corpos livremente, caso elas assim o desejem — contanto que elas não vitimem seus parceiros.

5. Isto feito, ver-se-á que o termo "perversão" era apenas mais uma das técnicas usada por uma sociedade amedrontada, inibida, para proteger sua neurose maciça.

Eu chego quase a concordar plenamente com este argumento. Como técnica de ação social ele é bastante bom, pois acredito que esteja quase correto; é uma boa mistura de observações e conclusões sensatas. Faz com que cheguemos à conclusão de que a promiscuidade é divertida, inofensiva, revigorante; de que ela propicia a expansão da mente, libera a sociedade. Mas será que, assim, a pessoa consegue evitar seu sentimento pessoal — embora neurótico — de culpa? O erro reside no fato de o argumento deixar a hostilidade de fora. Pensem em Don Juan, aquele paradigma da promiscuidade; ele revela seu ódio às mulheres de maneira muito inocente, até inconsciente, àquela plateia que ele precisa reunir para poder atestar seu desempenho: seus interesses estão na sedução, não no amor; estão em contar para os amigos quantas mulheres ele teve, e o quanto elas se degradaram, em meio à volúpia da paixão que ele despertou nelas. A excitação e o júbilo que ele sentia não vinham da sensualidade do ato sexual, ou da intimidade que ele pudesse ter estabelecido com a mulher; na verdade, ele demonstrava pouco interesse pelo coito, concentrando seus esforços em superar a resistência da parceira, aparentemente relutante. Mulheres fáceis não o atraíam. Sua necessidade interminável, frenética, de se autoafirmar, tendo como única recompensa a quantidade de suas conquistas, revela que o seu corpo estava mais a serviço do poder do que do erotismo.

Assim, não deveríamos generalizar e, ao nos deparar com uma pessoa promíscua, dali já concluir se tratar, simplesmente, de uma alma livre que está dando vazão à exuberância sexual natural, tão inerente às espécies — como, aliás, todos nós deveríamos fazer, não fosse o fato de estarmos escravizados pela sociedade. Tal poderia ser o caso — e, talvez, até mesmo passe a ser, caso a sociedade evolua; porém, é a diferença daquilo que o ato significa para cada um de nós, individualmente, que estabelece se sua natureza é ou não perversa — e não as partes anatômicas envolvidas, dessa ou daquela pessoa, dessa ou daquela maneira. (Há um tipo de promiscuidade não hostil, alegre, que costuma ser retratada em livros, em filmes e em peças teatrais com regularidade, criando a ilusão de ser uma coisa comum.)

Além disso, existem aqueles estilos de sexo em que o agente parece ser a vítima, em vez de ser quem perpetra a hostilidade: é o caso das pessoas que buscam a asfixia, ou que fazem uso de anestésicos, para assim obter um orgasmo; há os que precisam ser amarrados com cordas ou com correntes, ou ser imobilizados por vestimentas excessivamente justas; os que desejam ser espancados, ou cortados; os que se excitam ao receber sobre si urina ou excrementos; os que, invariavelmente, escolhem para si parceiros que os humilham e os abandonam. Nesses casos, a hostilidade fica disfarçada no ato perverso, mas é secretamente mantida nas fantasias daquilo que se está causando ao parceiro, ao se fazer de "vítima". Essas pessoas sentem a volúpia da gratificação dos mártires, que se resume a fórmulas do tipo: "eles vão lamentar quando eu tiver partido", ou "Deus, pelo menos, me ama" ou "comparem-minha-santidade-com-a-dos-que-me-ferem", convertendo a vítima física em vencedor psicológico, que triunfa sobre seu algoz; o ato é executado diante de uma audiência imaginária, cuja função é a de reconhecer que o parceiro, sádico, é um bruto. Além disso, como criador do ato, o masoquista nunca é efetivamente uma vítima, pois ele, na verdade, jamais abre mão do controle; e, nesse sentido, todo cenário que ele constrói (de maneira pré-consciente, se não consciente) reproduz, sabidamente, nada mais do que um sofrimento fraudado. Eu tenho minhas dúvidas de que seja algo frequente que masoquistas — no estrito sentido da perversão sexual — escolham indivíduos sádicos — no estrito sentido da perversão sexual — para seus parceiros sexuais. Estou mais inclinado a acreditar que cada uma das partes intuitivamente sabe, ao observar a excitação do outro, se as fantasias do parceiro coadunam com as suas. O sádico sabe que, se seu parceiro é voluptuoso, então ele não poderá ser aquele sofredor humilhado que sua fantasia exige, não importa quantas chicotadas forem dadas, ou quantos gritos de dor ele puder arrancar. Este é um exemplo do contrato masoquista que Smirnoff descreveu (129).

Há muito tempo (24) Freud já havia percebido que sadismo e masoquismo andam de mãos dadas. E inúmeras pessoas têm sido, no masoquismo — desde os analistas com seus pacientes, até as esposas dos masoquistas — focos de sadismo (retribuição e restituição). Uma paciente me diz com uma tristeza silenciosa, como que se desculpando, e contando com minha grandeza de alma: "Eu não o culpo por não suportar meu suor em seu sofá" (que, sendo de couro, suporta o teste de seu sofrimento). Certamente que o que ela está dizendo é: "Seu idiota; você alega ser um analista — um médico, um curador, alguém solidário, compreensivo e disposto a perdoar a dor natural da humanidade — mas, na verdade, você não consegue fugir de seu passado: você é *homem* e tem nojo das secreções sujas de meu corpo de mulher." Sua fantasia sexual, que durou da adolescência até seu masoquismo ser analisado, era a de que um diretor, um homem extremamente frio e sádico, a forçava a ser estuprada, num frenesi de excitação, por um garanhão sexualmente enlouquecido, numa exibição pública, sobre um palco; e o ato era testemunhado por um círculo de homens, silenciosos e com os membros em ereção.

Finalmente, existem tipos de perversão em que toda forma de hostilidade parece estar ausente: são os fetichismos. Eles vão desde a necrofilia (em que o agente escolhe um cadáver, um corpo que não foi ele quem assassinou), passando pelo uso de objetos inanimados (em geral peças de vestuário, cuja conexão com um objeto humano foi reduzida ao simbólico), até uma forma de fetichismo muito disseminada, e que consiste em tratar as pessoas como se elas se reduzissem a um órgão apenas (por exemplo, seios, ou um pênis) ou funções (bater, trepar, vitimar, se fazer de robô, se fazer de escravo.) Uma vez que a hostilidade frequentemente parece ausente — especialmente nas formas clássicas de fetichismo, que usa objetos inanimados, como vestimentas — essas modalidades deveriam ser testadas, quanto à presença hipotética de hostilidade, com maior rigor do que se faz em relação às perversões do sadismo e do masoquismo, em que a hostilidade é absolutamente flagrante.

Um exame mais acurado do fetichismo demonstra que, nele, o desejo de fazer mal é apenas silencioso, oculto. Ao sermos desafiados com a pergunta: "Onde está a hostilidade, quando se fica excitado com um pedaço de pano?", existe uma resposta possível. No próximo capítulo, examinaremos o mais desumanizador dos artifícios — a pornografia — e analisaremos um caso que torna explícita a minha proposição acerca da hostilidade. Essa paciente nos mostra a raiva que está oculta no fetiche e, além disso (como eu creio ser verdadeiro para todas as perversões), a fonte de sua raiva, que reside em sua vitimização durante a infância, em geral pelos próprios pais, ou por seus substitutos. Através da perversão, a raiva é transformada em vitória sobre seus abusadores; na perversão, o trauma se transforma em triunfo.

Parte II:
Dinâmicas: trauma, hostilidade, perigo e vingança

Capítulo 5

Pornografia e perversão

Se a fantasia é fator determinante para estabelecer se um ato sexual é perverso ou não, deveríamos então examinar com maior atenção aquilo em que pensa determinada pessoa, e o que ela sente, para podermos compreender sua perversão. A pornografia permite que o façamos com facilidade.

A pornografia é um devaneio complexo em que certas atividades, em geral (mas não necessariamente) claramente sexuais, são reproduzidas sob a forma de texto, de imagens e/ou de sons, para assim provocar excitação genital. Nenhuma representação é pornográfica até que adicionemos as fantasias de quem a observa; nada é pornográfico por si mesmo.

Vemos, a seguir, a capa de um livreto pornográfico, ou seja, uma pequena brochura que foi produzida por alguém que acreditou existirem leitores em número suficiente para tornar sua impressão lucrativa. O livreto foi adquirido por um homem que sabia que iria lhe causar excitação sexual. Os que olham para a ilustração podem ser divididos em dois grupos: os que se sentem excitados por ela, e os que não. Este último grupo, em minha opinião, é consideravelmente maior. A maioria dos leitores serão incapazes de compreender por que a imagem, e sua história, são excitantes; eles nem ao menos acreditarão seriamente que o livreto possa ter esse poder.

"O assalto às calcinhas" (imagem de capa do folhetim)

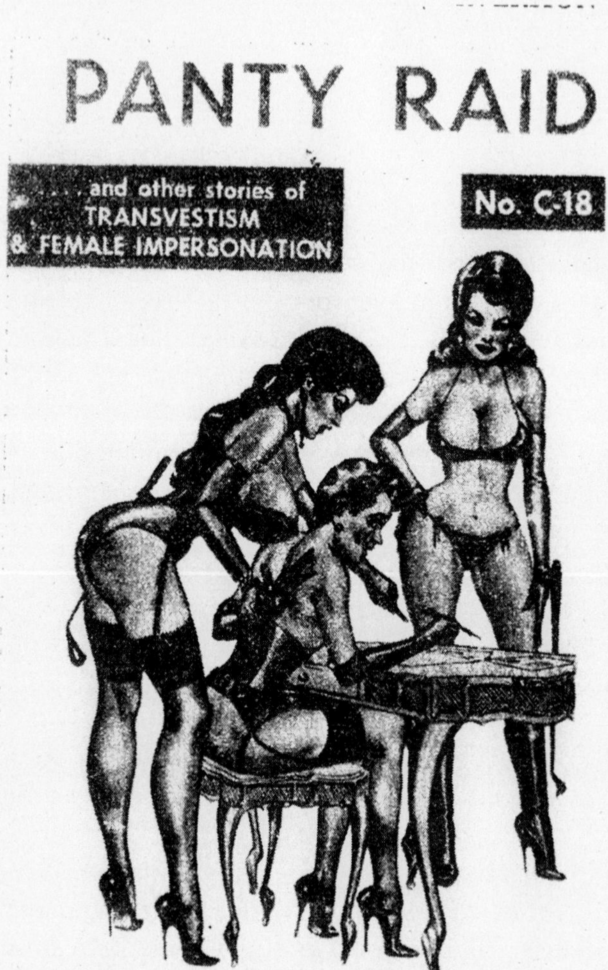

O que — caso você não seja um travesti[1] — você vê na figura? Provavelmente não muito: apenas algumas mulheres, retratadas de modo a passar a ideia de uma beleza poderosa, perigosa, feminina, e que estão agindo de maneira intimidante, opressora, sobre um homem indefeso, encolhido, humilhado, vestindo trajes de mulher.

---

1. Optou-se por traduzir o termo inglês "*transvestite*" por "travesti". Faz-se necessário alguns esclarecimentos a respeito da dificuldade de uma tradução exata, decorrente de mudanças linguísticas ocorridas nos Estados Unidos e no Brasil, desde a publicação deste livro. O sentido que o autor dá a esta palavra circunscreve-se aos sujeitos que se vestem com roupas características do outro sexo, acompanhados ou não de traços de comportamento, gestuais e locutórios, por exemplo, do sexo oposto ao seu. Hoje em dia emprega-se o termo *crossdresser*, inclusive em português, para representar o tipo a que se refere Stoller. Trata-se do sujeito que não se veste o tempo todo com roupas do outro sexo, mas que o faz em momentos específicos com o claro propósito de conjurar uma angústia muitas vezes avassaladora. Tais indivíduos não são necessariamente homossexuais. Podem ter uma vida exclusivamente heterossexual, como certos homens casados que contam com a ajuda da parceira para se produzirem com vestes femininas. O termo "travesti", em seu sentido clássico, consignado em nossos dicionários, não difere de "*crossdresser*". Ocorre que a compreensão mais comum que se tem do travesti hoje é a do homem que assume as vestes femininas de modo mais ou menos definitivo, promovendo mudanças no próprio corpo, como o implante de próteses de silicone, e uso de hormônios femininos que trazem mudanças corporais significativas. Note-se, no entanto, que "travesti", no imaginário popular, está francamente associado à prostituição. Poder-se-ia ter traduzido a palavra "*transvestite*" por "*crossdresser*", de uso recorrente entre nós hoje em dia. Não o fizemos porque o autor não a empregou no original, embora pudesse tê-lo feito. Portanto, em razão de uma maior fidelidade à escolha vocabular do autor, utilizou-se aqui a palavra "travesti", mas na acepção clássica, não distintiva, que consta da maioria de nossos dicionários, isto é, designando o sujeito no momento em que está portando vestes culturalmente peculiares ao sexo biológico oposto ao seu. Veja também a nota a seguir. [Nota da Edição]

Existem muitos gêneros de pornografia, e cada um deles é criado tendo em vista uma necessidade específica de perversão, dando uma atenção muito precisa aos detalhes; cada um deles define uma área de excitação específica, que não terá o mesmo efeito em outras pessoas. Assim, por exemplo, um sádico escolherá representações de atos sádicos, e um travesti fetichista escolherá imagens de travestismo. Como em todas as perversões, a pornografia é uma questão de estética: a delícia de alguns corresponderá ao enfado de outros. Também como acontece com todas as perversões, em seu cerne encontra-se um ato de vingança fantasiado, condensando em si a história da vida sexual do sujeito — suas memórias e fantasias, seus traumas, suas frustrações, suas alegrias. Existe sempre uma vítima, não importa quão disfarçada ela esteja: se não houver vítima, não é pornografia. O uso desse tipo de material é um ato de perversão, com vários componentes. O mais aparente é o voyeurismo. O segundo, oculto (a menos que a pessoa seja um sádico sexual declarado) é o sadismo; o sadismo, entretanto, é bastante fácil de ser demonstrado. O terceiro, mais oculto (a menos que a pessoa seja um masoquista sexual declarado) é o masoquismo; o masoquismo é difícil de ser demonstrado, uma vez que ele está oculto numa identificação inconsciente com a vítima retratada.

Esses três componentes são universais para os consumidores de pornografia. Existe ainda um quarto componente sobre o qual nos debruçaremos neste capítulo, e que é específico a cada consumidor: seu próprio estilo de perversão.

A pornografia é um tipo de reparação; sua criação e seu uso são atos ritualizados e todo desvio que possa ocorrer, e que fuja de uma estreita e determinada trilha, produzirá um decréscimo na excitação sexual. A perversão é necessária como uma espécie de preservador da potência. A verdadeira história de vida sexual — a memória inconsciente de eventos históricos reais — subsiste, nas fantasias conscientes que se expressam na pornografia.

O desenvolvimento do devaneio, complexo, explícito, e que se exterioriza através da pornografia, é uma espécie de crônica que abrange um período de anos de fantasias, sendo que cada uma das elaborações ocorre no momento em que um fragmento de dor (ou de prazer incompleto) é convertido em (maior) prazer, até que todas essas fantasias, como blocos de construção que foram sendo montados para criar a perversão adulta, se apresenta abertamente. Porém, existe um grão de realidade histórica embutido em cada fantasia, e as diferenças entre o que realmente aconteceu nas vidas de diferentes pessoas explicam em boa parte (embora não completamente) as pequenas variações encontradas, até mesmo num grupo homogêneo de pessoas que compartilham o mesmo tipo de perversão. Examinemos a pornografia da perversão do travestismo[2] (travestismo fetichista) para encontrar esses trechos de realidade histórica. Deveria ser vantajoso para nós o uso de uma condição tão bizarra como nosso exemplo, pois ele é relativamente raro, e a pornografia que ele contém só é considerada excitante pelos travestis. (Poder-se-ia sugerir, não muito seriamente, que um teste para estabelecer o diagnóstico de travestismo, ou de qualquer outra perversão, em homens, seria mostrar esse

2. Usarei o termo "travestismo" somente para aquelas pessoas em quem o uso de roupas do sexo oposto causa excitação erótica. Existem outras condições em que o travestismo ocorre (139), mas elas são diferentes do travestismo fetichista, e não devem ser confundidas com ele.

tipo de pornografia a vários indivíduos: somente aqueles cujo fluxo sanguíneo peniano aumentasse se encaixariam no diagnóstico. Não se poderia cogitar um procedimento diagnóstico mais rápido e preciso. Este tipo de teste demonstraria também, da maneira mais concreta possível, que as psicodinâmicas dos travestis são diferentes daquelas das demais pessoas.)

No cardápio da literatura pornográfica destinada aos travestis, existem repetidas histórias com esse mesmo tema: um menino — ou um rapaz — assustado, patético, indefeso, é apanhado, contra sua vontade, por mulheres poderosas, perigosamente atraentes, que o intimidam e o humilham. A pobre vítima — sendo que o ápice dessa vitimização é alcançado quando as mulheres o forçam, fisicamente, a vestir roupas de mulher — dificilmente parece ser um tema criado para induzir excitação sexual. E, no entanto, os homens que precisam desse tipo de material satisfazem sua maior expectativa justamente nesse ponto da história, quando o homem, humilhado, é mostrado justamente no momento em que é exposto à sua maior angústia. A imagem típica, e o texto que a acompanha, mostram-no sentado, encolhido, enquanto de pé, a seu redor, encontram-se mulheres muito fálicas, com seus gestos e feições ameaçadores. (O termo "fálico", aqui, não é simplesmente a aplicação de um conceito: os desenhos mostram repetidamente, como tema, objetos que têm a forma de falo — os saltos em forma de estiletes, as pernas da mesa e da cadeira, chicotes, canetas.)

Aqui estão alguns excertos da pornografia. A Fraternidade determinara que Bruce King, como parte de sua iniciação, deveria assaltar o varal de uma das *Sororities*; em meio à ação, "gritinhos e risos borbulhantes" subitamente o envolveram. Ele é apanhado e amarrado pelas garotas da irmandade, em meio a uma estridente excitação de júbilo.

Ele tentou protestar, mas sua mordaça estava apertada demais; ele se contorceu mas, com isso, tudo quanto conseguiu foi possibilitar que a força das unhas afiadas das garotas penetrassem no tecido muscular de seus quadris e coxas. O que provocou muitas gargalhadas por parte de suas raptoras vitoriosas, que simplesmente exultavam mediante os vãos esforços de seu macho cativo...

A garota de nome Lori, aparentemente a líder do grupo, era uma amazona loiro-platinada. De pé, ela parecia uma estátua, com mais de um metro e oitenta, orgulhosamente ereta, seu peito deliberadamente empinado para frente, o que lhe dava um ar estranhamente arrogante que exigia obediência e respeito. Lori usava um maravilhoso vestido de puro cetim com um cinto afivelado, muito justo, à sua cintura; o traje era composto por uma saia de plissado permanente, que tremeluzia a cada vez que ela se movimentava, como se fosse composta por inúmeras tiras de couro. A blusa, turquesa, ostentava motivos de flores e frutas. Sua cintura estava capturada (*sic*) num enorme e reluzente cinto de verniz preto, cujo contrastante fecho em prata tinha o formato de um cadeado, com um buraquinho minúsculo para a chave, como a desafiar sua entrada e saída. Seus quadris estavam enfiados num corpete, de tal forma que ela caminhava com alguma dificuldade, mas com muito orgulho. E os sapatos de Lori: eles eram o prêmio ideal para qualquer invasor de dormitório feminino. Os saltos agulha, inacreditavelmente finos, deveriam atingir a perfeição dos 18 cm! Feitos de um couro envernizado branco — acreditem ou não — os sapatos tinham tiras, feitas de correntes prateadas, que lhe prendiam os calcanhares, e um debrum de *pou-de-soie* (*sic*) na frente cortada, o dedo para fora, quase agradecido por estar liberado de seu confinamento. A gaspa estava charmosamente decorada por um par de reluzentes olhos de vidro! Sim, e os olhos até mesmo piscavam, com malícia, enquanto Lori movimentava suas pernas esguias. Um couro como esse, em verniz branco, polido a uma perfeição láctea, merecia todo o respeito, era para ser mantido na mais alta estima e admiração! À medida que Lori ia calcando seus pés, delicados e encantadores, mas poderosamente calçados, pequenas faíscas escapavam de seus calcanhares, que pareciam estiletes de 18 cm!

Bruce estremeceu, lutando contra a amarra dos cintos do roupão. "Lori" sua voz tentou ser forte e confiante, "você vai me libertar agora? Tudo bem, eu fracassei no meu assalto às calcinhas. Eu perdi! Os irmãos da fraternidade vão me escorraçar a raquetadas — ele estremeceu com esse pensamento — e isso será tudo. Vamos então, simplesmente, esquecer o assunto?"

"Oh, mas nós não queremos que você seja escorraçado, de jeito nenhum!" disse outra garota. "Lori, o que você acha de lhe darmos... como é mesmo o nome dele?"

"Bruce... Bruce King."

"[...] vamos dar ao Bruce um visual feminino completo, antes de levá-lo de volta aos seus irmãos da fraternidade. Isso sim, será algo de que eles vão se lembrar por muito tempo!" Lori sorriu. O modo como ela cruzou seus longos braços de cisne sobre seu peito, permitiu a Bruce avistar suas unhas compridas, pintadas em um tom de vermelho-sangue, longas feito as garras de algum abutre perverso. "Muito bem, Sandra. Vamos encher o Bruce de artigos frufru, farfalhantes... calcinha, anágua, sutiã, vestido, meias de seda presas por cintas-ligas — que ele vai ganhar também — e um belo par de sapatos de salto alto..."

Antes que Bruce pudesse protestar, ele foi atacado pelas garotas, que lhe arrancaram sua camisa branca, sua calça cáqui de algodão (ele deu graças a Deus por estar vestindo seus calções de treino); seus sapatos lhe foram arrancados também, assim como as meias de lã. "Está frio..." ele reclamou com uma voz trêmula, mais de vergonha e humilhação do que de frio, já que era início da primavera. Ser desnudado, atado, cair cativo de quatro tipos dominadores de mulheres, era certamente uma experiência que aniquilava sua masculinidade. Não dava para prever o que elas poderiam fazer a seguir, ao ouvir a ameaça que Lori anunciava agora: "Vamos lhe ensinar qual dos gêneros da espécie é agressivo *de fato* na raça humana!..."

"Nós vamos vestir você, Bruce", ela ronronou, seus olhos verdes reluzindo com um estranho fascínio, diante do espetáculo de ter um homem ali, amarrado, em cativeiro. "Agora, meninas — fora com esse calção que ele está usando... meninos comportados não deveriam usar trapos como esses. Vamos ensinar a nosso amigo Bruce como se vestir."

"Não, não!, ele protestou; porém, quatro pares de mãos femininas já puxavam seu calção para baixo. Com um suspiro de alívio, ele se lembrou de estar usando seu minúsculo protetor atlético sob o calção, detalhe que as garotas ridicularizaram com gargalhadas, 'Olhem — ele está de tapa-sexo!' "

Lori então disse: "Está bem, garotas, desamarrem-no. Será mais fácil para vesti-lo. Mas Bruce, amiguinho", ela disse em tom de falsete, "você não vai muito longe nesse tapa-sexo. Então comporte-se, ou ele também será tirado de você."

Bruce enrubesceu e, assim que percebeu que tinha braços e pernas libertados, tentou se cobrir com as mãos; mas sua estranha posição, que denunciava um profundo embaraço — com os joelhos muito juntos, os pés afastados e os ombros recurvados — só provocaram mais risos. "Muito engraçado! Muito engraçado!" ele arfou. "Vamos lá, garotas", riu-se Lori. "Eu mal posso esperar para ver como ele ficará, usando roupas realmente elegantes. Primeiro, essa calcinha..."

Lori ergueu então alguns sutiãs, e finalmente escolheu um item charmoso. "Veja, Bruce", ela o balançava diante dele, como que ameaçando sua masculinidade, "este sutiã tem enchimento, para aumentar o volume dos seios e erguê-los. Sua frente, cavadíssima, é o que há de melhor para dar protuberância aos seios; em uma garota, ele é delirantemente pecaminoso. Em você", e deu uma gargalhada profunda, "ficará bem obsceno..."

Ele não protestaria. Isso só iria enfurecê-las — e, talvez, elas intensificassem seu ódio contra ele. E, agora... sim... aqui estava: o vestido que Bruce deveria usar.

"Você gosta?" Lori perguntou, já às gargalhadas, junto com as demais garotas, prelibando a visão de como ele ficaria dentro do vestido. "É importado da França. É um modelo exclusivo." O vestido ostentava um encaixe em "V" de seda transparente, com um forro cor da pele, ornamentado com tachinhas que produziam um efeito *sexy*; e um debrum de passamanaria. As costas, eram decotadíssimas. As mangas eram feitas de uma seda muito macia, como um *voile*, num tom esfumaçado de vermelho. Na cintura, um cinto de camurça, justíssimo; sua fivela era uma enorme réplica da figura de Satanás, com seus dois dentes fazendo as vezes de pinos para o fecho. Um minúsculo tridente despontava da fivela de prata polida. A saia desse vestido incomum cintilava, com suas três fileiras de franjas de couro, de uns 15 cm de comprimento. Cada franja era delicada como um cadarço de sapato, porém forte como rédeas de montaria capazes de obrigar um grupo de cavalos a obedecer ao comando do condutor. A cada movimento dos quadris, as três camadas de franjas dançavam em todas as direções, como um grupo de adoradores primitivos em transe diante de um estranho Deus-fetiche.

À medida que a roupa foi sendo vestida em Bruce, ele notou que seu coração batia, enlouquecido; suas emoções transbordavam, ele estava sem fôlego, num frenesi de antecipação. Ele não ousava admitir seus reais sentimentos para quem quer que fosse; nem mesmo para si mesmo! Afinal, ele havia sido FORÇADO a tudo isso... pelos irmãos da fraternidade; em seguida, ele tinha sido CAPTURADO E AMARRADO PELAS MULHERES, e obrigado a cumprir as suas ordens...

Como é possível que a humilhação, produzida por ser forçado por mulheres hostis a vestir roupas femininas, cause excitação sexual? Existem alguns elementos que conseguem (quase) explicar a causa dessa excitação.[3]

Em primeiro lugar, embora o homem, na ilustração, seja humilhado, o homem que lê o livro é humilhado só em efígie; embora se identifique com o personagem, ao mesmo tempo também ele está claramente em posição segura: a identificação não é tão grande assim. Ele sabe que essa experiência, que lhe acontece via pornografia, é só uma fantasia.

Em segundo lugar, a excitação é acompanhada por um estratagema de eliminação de culpa que é inerente à história: uma vez que o garoto-homem está sendo forçado a vestir aquelas roupas pelas mulheres malvadas, ele não pode ser acusado de querer, ele mesmo, fazer isso. (Na pornografia, como no humor, existe sempre um estratagema para diminuir a culpa. Isto poderia ser verdadeiro também para muitas outras atividades sublimadas com componentes hostis, como, por exemplo, o teatro, as artes visuais, as relações sexuais "normais"... Imaginem considerar a relação heterossexual uma "atividade sublimada"!)

---

3. Na verdade, não sabemos de que maneira a excitação sexual se produz nas pessoas em geral, não apenas nos perversos. Como uma mulher (ou um corpo de mulher) excita um homem heterossexual? O que foi que ele aprendeu, desde seus tempos de lactente? E como as respostas, não genitais, da infância e da primeira infância, se convertem na resposta genital do adulto? Será que a explicação é meramente fisiológica? (Não me parece.) Será que a ansiedade desempenha algum papel, tanto nas pessoas normais quanto no perverso? Assim como Masters e Johnson levaram a cabo a tarefa naturalista de revelar a aparência física bruta da excitação sexual, assim também os mecanismos da experiência psicológica da excitação sexual deveriam ser descobertos — o que faz com que se instale? O que a mantém e protege? O que faz com que diminua, transformando-se, finalmente, em enfado?

Entretanto, as duas razões acima são apenas estratagemas secundários para *proteger* a excitação — não são causas em si mesmas. Chegaremos mais perto se estudarmos a história de vida que estiver presente na pornografia, de maneira tão condensada.

O homem que primeiramente me mostrou essas dinâmicas — e que também trouxe o livreto que acabo de citar — havia sido forçado, por mulheres, a se vestir de menina na infância. Eu contei sua história em outras obras (137, 142).

Felizmente para a pesquisa (e desgraçadamente para ele), ele posou para fotografias, que foram abertamente colocadas no álbum de família, traçando o desenvolvimento de seu travestismo. Ademais, as mulheres que fizeram isso com ele estão vivas; embora eu não tenha podido entrevistá-las, elas deram informações a ele e à sua mulher, completando a história que as fotos assinalavam.

O paciente é um homem biologicamente normal, na casa de seus trinta e poucos anos, casado e pai de filhos. O interesse dominante em sua vida é a excitação sexual produzida pelas roupas de mulher; ele é masculino no comportamento, na escolha de roupas — sempre que não está expressando sua perversão — e na profissão.

Pelos primeiros quase três anos de sua vida, ele foi tratado pela mãe e pelo pai como sendo o que era, um menino normal, que eles esperavam que viesse a se tornar um homem. Ele foi batizado com um nome inequivocamente masculino, e não foram emitidas mensagens encobertas a contradizer o reconhecimento de que sua atribuição ao sexo masculino era correta. Como resultado, ele desenvolveu, como quase todos os menininhos o fazem, a convicção de pertencer ao sexo masculino — um primeiro estágio, necessário, no desenvolvimento da masculinidade em todos os homens. Foi então que sua mãe foi vitimada por uma doença crônica que a afastou de casa, e que culminou com sua morte pouco menos de dois anos depois. Durante o período em que a mãe esteve hospitalizada, o pai mobilizou a tia do garoto, com sua filha adolescente, para cuidar da criança. Essas duas mulheres, infelizmente, nutriam um imenso ódio pelos homens e pela masculinidade. Dada a liberdade com que lhes foi possível atuar sobre o garoto, elas triunfaram em atacar, sem serem incomodadas, sua masculinidade em desenvolvimento. E fizeram-no alterando sua aparência. É fácil: as mulheres podem simplesmente vestir os meninos com roupas pouco masculinas, ou até mesmo com roupas de mulher. O que as incitou a fazê-lo, eu sublinho, foi sua já presente masculinidade; era isso o que elas odiavam, e que pôde ser melhor atacado — elas tinham consciência disso — causando-lhe danos, e não tentando destruí-la. O que essas mulheres queriam não era que o menino deixasse de ser homem; antes, elas queriam aliviar sua inveja, afirmando que a masculinidade é coisa sem importância e inferior. Para fazê-lo, elas deixaram claro, para si mesmas e para o garoto, que elas queriam humilhá-lo — o que requeria que ele conservasse para sempre seu desejo de ser homem, e a consciência de que podia ser humilhado.

Em seu quarto aniversário, poucas semanas antes de morrer, sua mãe esteve em casa para visitá-lo. Nessa ocasião, a tia e a prima apresentaram à mãe "uma nova menina da vizinhança" que era, de fato, o filho da moribunda; e tiraram fotos, para registrar a brincadeira. O homem que esse garoto foi um dia não guarda memória do evento traumático — que só foi descoberto pela mulher dele, num álbum da família, durante o período em que se trataram comigo. A história foi, então, corroborada pela tia.

Até onde sabemos, a excitação sexual teve início dois ou três anos mais tarde. Só a essa altura a memória do paciente, no que diz respeito ao travestismo, se inicia. Naquele tempo, como punição, ele era forçado — era uma forma de castigo — por outra mulher, a vestir suas meias. Ele foi instantaneamente tomado por um sentimento voluptuoso, que ele tem certeza não haver jamais ter experimentado antes. Por mais prazeroso que fosse, ele sentia também uma aura de culpa; e assim, por muitos anos, repetiu a experiência somente algumas vezes. Na puberdade, entretanto, ela se tornou vinculada ao orgasmo; desde então, e até os dias de hoje, essa tem sido sua forma dominante de prazer. Mesmo durante o coito, ele só consegue ficar completamente potente quando está travestido. (Talvez não coincidentemente, a mulher que o travestia, como castigo, teve um filho, a quem dispensou o mesmo tratamento; eu tenho comigo um retrato dele, vestido como Shirley Temple.)

No decorrer dos anos da infância, e a partir dali até a adolescência e a idade adulta, e até os dias de hoje, sua masculinidade não foi destruída, só avariada. É exatamente como as mulheres que o atacaram teriam desejado: caso ele tivesse assumido completamente uma aparência normal de "mulher" elas teriam perdido sua vítima. Ao invés disso, ele lutou secretamente contra elas, de modo a proteger essa essência de seu *self*.

Discuti em outra obra (137) a evidência de que o cerne da identidade de gênero de cada pessoa — o sentimento de ser homem ou mulher — se instala durante os primeiros três anos de vida, sendo, a partir daí, virtualmente inalterável, como aconteceu com esse menino. Se alguém já tiver desenvolvido esse sentimento de maneira inequívoca, experiências posteriores poderão ameaçá-lo, forçando modificações sobre a pessoa enquanto ela tenta proteger este cerne, que permanecerá.

Examinamos, até o momento, o esforço que a criança traumatizada faz para salvar a si mesma. O caso acima exemplifica essa luta; mas também, ao introduzir a questão da ameaça à masculinidade ou à feminilidade da pessoa, expande a nossa compreensão a respeito da natureza exata daquela vitimização: o medo de que a noção de pertencimento a um determinado sexo, já constituída, possa ser destruída. Nos círculos analíticos, chamamos a isto "angústia da castração";[4] mas o termo é muito estreito, pois a pessoa teme mais do que a perda de seus genitais. Significa, antes, que se a pessoa perder seus genitais, isto poderá significar uma perda mais profunda: a pessoa não pertencerá mais à classe masculina, convicção que está enraizada no âmago de seu ser. Homens adultos, cujos genitais tenham sofrido algum dano, ou mesmo no caso de os terem perdido, não perdem seu senso de masculinidade, muito menos sua certeza de que ela existe; embora a experiência seja traumática, ela não cria perversão, nem — nas pessoas com identidade de gênero ilesa — psicose.

Contudo, eu tendo a discordar da explicação behaviorista, de que o ato perverso está vinculado apenas de forma fortuita — condicionado — ao devaneio, ou à representação do devaneio (no travesti, por exemplo, quando ele se veste com roupas de mulher pela primeira vez). A

---

4. Fenichel resumiu, em linguagem clássica: "O pervertido é uma pessoa cujo prazer sexual está bloqueado pela ideia de castração. Através da perversão, ele tenta provar a inexistência da castração. Desde que ele acredite nessa prova, o prazer sexual e o orgasmo tornam-se novamente possíveis" (18, p. 327).

explicação behaviorista tenta remover a infância e as dinâmicas psíquicas da pessoa; ela parece atestar que *qualquer* objeto ou evento que ocorra por ocasião da primeira vez em que se obtém o máximo de sensação prazerosa marcaria o ponto de partida daquela forma de excitação sexual. Os analistas, ao contrário, acreditam tratar-se do ponto de chegada, e que o agente da excitação, digamos, roupas femininas, não foi acidental mas consequente, previsível e até mesmo escolhido. Procedendo-se a uma anamnese cuidadosa do paciente, essa posição analítica se confirmará.

Voltando a nosso caso: o paciente foi capaz de manter um senso de virilidade e de masculinidade através dos anos, a despeito da ameaça feita por seus carrascos. Os travestis são famosos de longa data por terem — assim como esse homem — uma aparência masculina, exceto quando sexualmente excitados. Ele não costumam, como os homossexuais afeminados, caricaturar constantemente as mulheres. Quase sempre eles são abertamente heterossexuais, geralmente casados e com filhos, e capazes de se comportar de maneira masculina sem esforço.

Porém, em nosso paciente, onde é que está a hostilidade, a vingança e o triunfo que são de se esperar, por minhas observações anteriores? Se a tese está correta, esses componentes aparecerão na fantasia sexual do travesti. Presumimos que, quando forçado a um papel não masculino, por ter vestido roupas de mulher, o garoto tenha se sentido ameaçado em seu âmago; e é de se esperar que ele tenha tentado se proteger, como todas as crianças o fazem, criando um devaneio reconfortante. Ficamos a par desses devaneios porque os travestis os contam, reagem a ele quando a pornografia de que se utilizam assim o sugerem, e os atuam, ao se vestirem de mulher. Recapitulemos.

Todos os acontecimentos da história que passaremos a contar encontram-se integrados na trama da pornografia.

História. Da infância até a idade dos três anos, o garoto teve um desenvolvimento masculino.

Pornografia. A história tem início com um homem, masculino, heterossexual, que até o momento não havia manifestado nenhum interesse em roupas de mulher ou em quaisquer outros maneirismos femininos ou afeminados.

História. Quando o menino tinha três anos, a mãe deixou a família e sua "maternagem" foi transferida para uma tia e sua filha, prima mais velha do menino, sendo que ambas nutriam desprezo pelos homens.

Pornografia. O homem cai cativo de um grupo de mulheres, que desdenham sua virilidade e imediatamente o subjugam.

História. Seu pai quase nunca se encontrava em casa, de dia ou de noite, por muitos anos; efetivamente, ele abandonou o garoto, deixando-o nas mãos das duas mulheres.

Pornografia. Ele também é o único homem na história.

História. Essas duas mulheres providenciaram roupas novas para o garoto, roupas com pregas, roupas afeminadas. Mais tarde chegaram a vesti-lo não somente de forma afeminada mas com verdadeiras roupas de menina, "como diversão".

Pornografia. As perigosas mulheres forçam o homem, envergonhado e humilhado ao extremo, a vestir roupas de mulher. Além do mais, a pornografia mostra o quanto elas se divertem, como riem.

História. As mulheres, por serem mais velhas e maiores, psicologicamente eram extremamente poderosas, e podiam exercer seu domínio sobre ele sem ter que lutar.

Pornografia. O homem não tem forças para lutar, muito menos para escapar.

História. Não obstante, o garotinho necessitava e queria, até mesmo amava, essas mulheres. Que escolha ele tinha aos três, quatro, até os cinco anos de idade? Elas não só lhe serviram como modelo para identificação mas como objeto heterossexuais de desejo, pois agora elas eram a sua "mãe".

Pornografia. As mulheres estão desenhadas como fálicas e perigosas, mas também como belas e femininas.

História. Apesar de o vestirem ocasionalmente em roupas de menina, essas mulheres sempre passaram a ele a noção de que ele era menino e tinha masculinidade. Exceto pelas raras ocasiões em que o travestiam, ele usava roupas masculinas. Suas brincadeiras e jogos sempre foram masculinos. Hoje em dia, ele lidera outros homens num negócio tipicamente masculino. A tia e a prima, para tornarem completo seu prazer, deveriam provar que a masculinidade era algo desprovido de valor, muito abaixo de seu desejo. Para conseguir seu intento, elas deveriam assegurar que essa masculinidade não fosse destruída, mas apenas debochada. Assim, o garoto não foi feminizado ao ponto de desejar que seu corpo se transformasse num corpo de mulher, nem perdeu o prazer que podia extrair de seu pênis.

Pornografia. O homem está claramente identificado como homem; isto nunca é negado. Seu nome é definitivamente masculino, e não é alterado no decorrer da história. As mulheres expressam reconhecimento em relação à sua masculinidade. O ataque é cuidadosamente endereçado, não visando prejudicar sua masculinidade, mas sua identidade, seus atributos masculinos, dos quais os mais visíveis são as roupas. Na pornografia dos travestis, um homem não se transforma numa mulher.

História. O desastre se transforma em triunfo. Com a idade de seis anos, o menino ficava sexualmente excitado ao vestir roupas femininas.

Pornografia. O homem, ao final da história, encontra-se completamente vestido de mulher.

História. Ele encontrou uma mulher aparentemente afável, gentil, que se casou com ele apesar de ter conhecimento de (na verdade, fiquei sabendo alguns anos depois, movida por) seu travestismo. Ela gostava de ajudá-lo a comprar roupas e perucas de mulher, e o ensinou a se vestir com estilo, assim como a maneira correta de se maquiar e de se comportar como mulher. (Esse tipo de mulher e seu relacionamento com o travestismo foi discutido em outra obra [137].)

Pornografia. As megeras agora são gentis, amistosas, benevolentes, totalmente femininas; se comportam de maneira bastante jovial.

História. Ele, atualmente, vive normalmente sua vida, passando, de vez em quando, por mulher.

Pornografia. Eles saem juntos, e o rapaz aparenta ser uma mulher normal; as moças lhe prometem que, em breve, tornariam a repetir a brincadeira, dessa vez como amigas.

O que falta no enredo pornográfico, mas que se verifica em meio aos travestis, é um período de latência após o trauma, questão de meses ou anos, durante os quais inexiste evidência de um travestismo aberto; após este período, a primeira manifestação superficial da perversão se faz notar (qual seja, excitação sexual ao vestir roupas de mulher). Este período de latência, sendo silencioso, jamais foi estudado. Portanto, podemos apenas conjecturar que, durante ele, o menino está desenvolvendo um sistema de fantasias, para assim preservar sua masculinidade contra a investida à sua identidade, que lhe foi perpetrada por aquelas mulheres, carregadas de ódio e que realmente comprometeram seu senso de virilidade e sua masculinidade.

Não se trata de coincidência ele ter criado seu sucesso exatamente na iminência do desastre. Ou seja, ele se utiliza de agentes do trauma — roupas de mulher e a aparência de feminilidade — para preservar sua masculinidade e sua potência. O que não significa que isso é tudo de que se necessita para criar a perversão, pois, embora o pavor de ser emasculado seja crucial, também o é a construção (defensiva) de que as mulheres todo- poderosas são dotadas de pênis, e de um poder de super-homens (18, 32, 35). Como observamos, isto também está indicado no enredo pornográfico.

Tentei precisar — tanto aqui como em outras obras (137, 147) — a natureza desse trauma específico (tentativa de feminização por parte de mulheres mais velhas, poderosas) narrando casos que demonstram o papel de mães (e suas substitutas) e de pais na criação do travesti. Esses dados sugerem que *no travestismo fetichista a negação da angústia da castração e as mulheres fálicas imaginadas baseiam-se numa realidade histórica.* Nesses pacientes, realmente aconteceu de o garoto ter sido ameaçado com a perda da masculinidade, e humilhado por mulheres mais poderosas do que ele — não somente de alguma forma vaga, mas de maneira muito precisa, já que ele foi vestido com roupas de mulheres. (Embora sem evidência para comprová-lo, suspeito que o travestismo de um garotinho só seja profundamente traumático caso ele tenha sido ameaçado em seus anos de desenvolvimento, antes da primeira humilhação patente. Devem existir também garotinhos que, depois de terem sido travestidos por alguma menina ou mulher, simplesmente não são suscetíveis o suficiente para que levem a sério essa forma de vitimização.)

Em que ponto nos encontramos para encontrar o suposto triunfo que preserva a potência do travesti? Ele não pode vir simplesmente do alívio de um trauma. Se o trauma é recapitulado na perversão, como o prazer vem a substituir a angústia? Eu presumo, como ocorre em outros episódios de dominação, que ele venha das seguintes fontes: seja por descobrir que, em verdade, vez após vez, sobreviveu-se ao trauma, ou das infinitas vezes em que se pôde fazer uso da repressão e da negação. Mais especificamente, entretanto, sugere-se o que segue: (1) Conversão de um sentimento de ser inferior e desvalorizado em fantasias exibicionistas ("vejam em que linda mulher eu me transformo!"). (2) "Auto realização" a criação gradual e consciente de um papel "feminino" desenvolvido em grau máximo: alguns travestis aprendem a atuar tão bem como mulheres que podem fazer aparições públicas como se o fossem, sem serem detectados.

Mais importante: (3) Fantasias (conscientes, pré-conscientes e inconscientes) de vingança contra mulheres, sendo que tais fantasias criam um sentimento exultante de ter revertido a questão. (4) Identificando-se, nos enredos da pornografia e também em outras formas fantasias, não somente com os homens humilhados, mas também com as agressoras dominadoras, as mulheres fálicas.

A vítima se transforma em vencedor. O garotinho foi humilhado, mas agora quem manda é o adulto perverso, vestido em roupas de mulher. Essas vestimentas, antes agentes do trauma, agora fazem sua delícia — ele está forte, sequioso, plenamente potente, e estão inteiros, tanto seu pênis quanto seu *self*, cheios de vigor e prontos para o orgasmo. Que melhor maneira pode haver de comprovar seu triunfo, do que comprovar sua potência na presença daquilo que, originalmente, o traumatizou? Assim, ele se vinga. As mulheres, tão misteriosamente poderosas na infância — embora não percam nada de sua força — agora não são capazes de sobrepujá-lo: ele o comprova a cada vez que se veste com suas roupas. Em cada uma dessas ocasiões, seu pênis demonstra que elas fracassaram: ele conseguiu triunfar em defesa própria e, portanto, frustrou o intento delas.

Mas infelizmente ele precisa repetir a ação *ad infinitum*, pois de alguma forma ele sabe que a perversão é somente um construto, uma fantasia; ela não pode jamais provar que ele venceu. Ela só o faz momentaneamente; e a cada vez, no decorrer de sua vida, que emergem as circunstâncias que fazem eco à situação traumática original, ele pode aplacar sua ansiedade somente através da repetição do ato perverso, cuja função é assegurar-lhe, mais uma vez: ele é um vencedor e está ileso.

Uma qualidade essencial na pornografia (e na perversão) é o sadismo — vingança por um trauma que foi passivamente vivenciado. Não estou me referindo às bem conhecidas fantasias de vingança e de atos sexuais, que se encontram também nos homens que não são travestis, como aquelas de envenenar ou de humilhar seu parceiro com a ejaculação, ou de causar dano físico a alguém com uma investida fálica. Suponho que algumas vezes tais fantasias estejam presentes entre os travestis; mas, somado a isto, e mais importante, o travesti consegue sua vingança pelo simples fato de ser capaz de uma ereção. Ou seja, ele consegue a vitória sobre a mulher justamente quando acreditava que falharia. Ainda de forma mais triunfal, ele consegue essa vitória exatamente naquele que deveria ser o momento de seu maior fracasso, quando ele está vestido de mulher e deveria ser humilhado. Naturalmente, um fato crucial o sustenta, ao estar vestido assim: sua consciência constante de ter um pênis sob aquelas roupas de mulher — o que o torna, também, uma mulher fálica. Freud e a maioria dos analistas que o seguiram acreditam que a fantasia da mulher dotada de falo é sempre a invenção que um menino (homem) acredita ser necessária para negar que o fato terrível da castração poderia lhe acontecer. Nessa teoria, as mulheres são fundamentalmente — anatomicamente — inferiores, a menos que ganhem uma prótese. Acredito que nem sempre seja o caso, nem que o seja exclusivamente. Quando os homens fantasiam dar às mulheres um falo, pode ser que o façam para negar não a inferioridade feminina, e sim a sua superioridade; o falo substitui, para os homens, um medo do mistério da capacidade feminina de gerar — um poder interno, oculto, como o que reside na procriação, ou na onipotência sobre a vida e a morte de seu bebê — com o que lhes é familiar, um pênis. Adiante (caps. 6 e 8) voltaremos a esta questão.

Na pornografia, a expectativa de prazer atinge seu ápice no momento em que a vítima fica sabendo, pelas poderosas mulheres, que seu castigo será ser vestido em roupas de mulher (ou após justamente ter sido vestido com elas). Não se trata, portanto, de coincidência, que a fantasia escolha o momento do maior trauma para aquilo que, agora, é o momento da maior excitação. Não existe triunfo mais perfeito do que obter a vitória após ter justamente passado pelos mesmos perigos que o teriam vencido quando criança. (Existem similaridades entre este triunfo contrafóbico e outros, tais como corridas de automóvel, atuar num palco, saltar de paraquedas, competições desportivas e tantas outras situações que promovem, de forma aguçada, a ansiedade, pela perspectiva da vitória em potencial.)

Quem é a vítima nessa fantasia de travestismo? No devaneio manifesto, é o travesti em transformação retratado, com que o travesti observador conscientemente se identifica. Mas de modo adicional e inconsciente, a vítima é a cruel mulher fálica retratada, pois o travesti, na realidade de sua masturbação, está obtendo sua vitória final sobre esta mulher. Apesar de tudo o que ela lhe fez, em sua infância, para acabar com sua virilidade, ele conseguiu escapar dela — embora por um triz, e ao preço de uma potência gravemente comprometida, que só consegue triunfar por meio da perversão.

Mesmo assim, ele vence: ele sobreviveu. Seu pênis não apenas foi preservado; agora, quando ele celebra seu sacramento, ele não se sente mais cindido, mas concentradamente unificado em sua excitação sexual.

Ele se identifica com o agressor, e então (como pode ser frequentemente o caso com o uso desse mecanismo) ele acredita (ou tenta acreditar) ser melhor do que o agressor: uma mulher melhor do que qualquer outra mulher, pois ele possui o melhor dos dois sexos. Ele está sempre consciente de sua masculinidade (parte essencial no travestismo), e também está ciente de sua feminilidade.

Ele sente que, tendo sido homem, e tendo vivido intermitentemente como homem, ele tem um olho clínico para aquilo que é o mais apreciado pelas mulheres, e ser uma "mulher" permite-lhe colocar essa sabedoria em ação. Num nível mais profundo, ele se acredita (trabalha constantemente para fazer com que ele mesmo acredite) ser uma mulher melhor do que qualquer outra; porque, definitivamente, ele é a única mulher dotada de um pênis. E agora, identificado com as poderosas mulheres, ele não é mais o menininho humilhado; ele não vivencia mais, conscientemente, aquela sua parte durante o ato perverso. Abertamente, ele apenas existe no *script*. Ele encontrou um modo de ser sádico, expressando essa satisfação ao se convencer de que não é o rapaz assustado retratado na história. Cindindo sua identificação entre o vitorioso e a vítima, ele é capaz de satisfazer, como se existissem, a duas pessoas diferentes, dentro dele mesmo.

Apesar de os travestis serem, em sua grande maioria, abertamente heterossexuais, e ansiarem por heterossexualidade, eles precisam trabalhar contra um impulso inconsciente que os conduz em direção à identificação com as mulheres. Considerando que a intimidade com uma mulher de carne e osso é desejável, mas perigosa, eles substituem as roupas femininas, inertes, por sua pele viva. Note essas descrições, tiradas do livreto, sobre essas roupas: "As alças eram de um branco leitoso; a transparência do tecido enfeitiçava"; "pura seda"; "puro cetim"; "calças de um branco virginal"; "colada à pele"; "verde transparente, como espuma do mar"; "fresca, com a suavidade da seda, sensualmente íntima"; "leve como uma película"; "de conformação suave"; "de um rosa corado"; "delicadamente moldado"; "uma seda suave, macia, transparente" e assim por diante, por muitas páginas.

A experiência é bissexual: não apenas o travesti está estabelecendo contato, através do fetiche (de maneira segura, de forma indireta) com a pele da mulher (tomando a mulher como objeto heterossexual), mas ele também está se vestindo com ela (identificando-se com a mulher).

Esta descrição deixa de fora muita coisa importante — e especulativa — tal como uma investigação mais completa da crença do travesti em mulheres fálicas, tanto do tipo poderoso, que originalmente o atacou, quanto do tipo que ele representa, com seu pênis ereto por debaixo das roupas de mulher; ou os significados simbólicos que as roupas têm para ele (por exemplo, um pênis intacto); ou a angústia da castração; ou os adornos como objetos transicionais entre sua mãe e o estar separado dela; e uma legião de formulações psicanalíticas adicionais. Elas não serão detalhadas aqui, pois a tarefa de que estamos nos ocupando é, simplesmente, a de definir o conceito de perversão.[5]

---

5. Existem explicações em demasia. A teoria psicanalítica é o sistema mais sincrético desde o Panteão romano; um novo Logos pode ser adicionado sem deslocar nenhum dos antigos elementos: os trajes do outro sexo presumivelmente simbolizam também o pênis do pai; ou entrar dentro da pele materna, estando, assim, protegido dentro de seu útero ou (caso você pertença a uma escola diferente) seu pênis; ou, sendo ela mesma mãe, quer uma mãe provida de falo, ou desprovida, ou ambas simultaneamente; ou os trajes servindo para proteger a mãe da destruição; ou sendo o pênis do pai dentro da vagina materna; ou a necessidade de proteger o pênis introjetado do pai no útero materno (do qual existe um conhecimento atávico no inconsciente coletivo) de ataques orais e anais. Conseguir, dentro disso tudo, fazer a distinção entre metapsicologia, especulação, fantasias, pomposidades, fraudes, absurdos, opiniões ultrajantes embora incontestes, sugestões maravilhosas, *insights* brilhantes, e descobertas originais e demonstráveis, isto exigiria um trabalho de dedicação obsessivo-compulsiva que não tenho o desejo, nem a paciência, de

O leitor poderá perguntar se este é um estudo da pornografia ou do travestismo, pois a matéria aqui abordada salta de uma perspectiva para a outra. Isto, já por si, salienta um ponto óbvio: que a pornografia, assim como o assunto padrão do devaneio do sujeito, em termos de psicodinâmica, gira em torno da mesma coisa que a sua perversão. Ela é a história altamente condensada de sua perversão: suas origens históricas na realidade, suas elaborações na fantasia, seu conteúdo manifesto que disfarça e revela o conteúdo latente. Sem a pornografia pode-se ainda, obviamente, estudar as dinâmicas das perversões; porém, com a pornografia, obtemos uma ferramenta especial, que eventualmente irá nos fornecer pistas que, de outra maneira, poderíamos deixar escapar. Especialmente de ajuda é o fato — uma vez que a pornografia, para seu criador, é produzida para fazer dinheiro — de que esse criador estará motivado ao máximo para desenvolver uma fantasia que não seja idiossincrática. Já que sua pornografia deverá ser paga, ele precisará, intuitivamente, extrair daquilo que sabe sobre sua audiência aqueles elementos que todos compartilham, de modo geral. Se ele não agir dessa forma, correrá o risco de vender uma cópia apenas. Assim, ele precisará criar um trabalho suficientemente preciso para excitar, e geral o bastante para

---

empreender. Poucas palavras-chave de nossa linguagem são definíveis — a menos que seja por intermédio de outras palavras-chave, indefiníveis elas mesmas (por exemplo, "narcisismo é a catexia do *self*"); pouco é afirmado como uma proposição que pode ser testada no mundo observável, mas apenas recorrendo à autoridade, ou manipulando mais teoria. E, mesmo após ter corrido todos esses riscos desnecessários, somos frequentemente deixados com apenas uma exposição extremamente complicada do óbvio. O leitor que assim o desejar, encontrará essa evidência na devastadora e muito pouco conhecida obra de Leites (86).

excitar a muitos. Portanto, a pornografia é, para o pesquisador, um tipo de estudo estatístico das psicodinâmicas — um método mais colorido e mais poderoso do que a sondagem de opinião, que algumas vezes nos é impingida como rigorosa pesquisa.

Com o relaxamento das leis que restringiam a produção da pornografia, o mercado cresceu; tem sido financeiramente possível, para os produtores, fornecer, com maior precisão, em conformidade ao gosto de seus seletos leitores. E assim, onde, antigamente, todos os travestis, independentemente de seus múltiplos interesses dentro do gênero, tinham que se contentar com a mesma história, cada um agora poderá encontrar formas variadas, projetadas mais precisamente para o *seu* gosto em particular. Portanto, nem todos os homens que se trasvestem de maneira intermitente, e que se excitam sexualmente com roupas femininas, vão escolher o enredo pornográfico que citamos aqui como sendo sua primeira escolha. Eles dizem que, no passado, eles se contentavam com ele, compravam cada livro que saísse com essa descrição, mas que ela não se encaixava exatamente dentro da sua predileção. Portanto, para aqueles travestis que consideram o flagrante sadomasoquismo daquela história demasiadamente intenso, hoje em dia existem histórias mais charmosas à disposição, sobre o homem feliz, tímido, e a mulher, feliz e competente, alegremente comprando roupas de mulher; e, então, a feliz mulher vestindo as adoráveis roupas no não menos feliz homem.

O que vem a seguir é uma história de uma revista para travestis. Um homem masculino, sem prévios interesses no travestismo, foi aconselhado por uma amiga a ir se vestir:

Havia chegado o momento de preparar-se para o churrasco e Lynn [o homem que vai se transformar num travesti] escolheu uma túnica florida e um par de sapatos cujo saltinho era mínimo, para a ocasião. Dispensou mais tempo do que o habitual para a aplicação da maquiagem, dos olhos e da boca. Como ela se deliciava ao fazer o contorno aos lábios, aquela maravilhosa curvatura com que a natureza a contemplara. Atenção especial foi dada ao penteado, até atingir a perfeição, e na seleção dos colares, no comprimento exato, para combinar com sua indumentária colorida. Millie [a mulher que o está encorajando a travestir-se] se vestiu de modo parecido, mas adicionou duas flores artificiais sobre as orelhas.

"Você está simplesmente linda", elogiou Millie, "garota mais linda simplesmente não existe. Entretanto, tente não falar demais esta noite; prefira observar o que os outros fazem e dizem, está bem?"

Logo, as duas moças misturaram-se com os outros hóspedes, em volta da piscina, e a estreia de Lynn teve, assim, o seu início. Millie pôde notar, enquanto observava Lynn movendo-se para lá e para cá, o quanto a sua amiga parecia graciosa e feminina.

Mais tarde:

"Que noite maravilhosa", Millie exclamou com entusiasmo. "Bill é mesmo encantador e sabe cativar as mulheres! Você também se divertiu?"

"Sim e não", Lynn respondeu. "Para ser honesta, eu me senti por fora dos acontecimentos, mas não quis me envolver demais, o que poderia fazer com que eu me denunciasse."

"Não seja tonta, fique segura e seja você mesma da próxima vez em que sairmos. Ainda assim posso entender por que você não se sentiu totalmente à vontade", Millie respondeu, "embora não houvesse como alguém suspeitar que você não é o que aparenta ser."

"Para você é fácil me dizer que seja eu mesma, mas lembre-se de que o "eu" que existia até dois meses atrás era completamente homem. Negócios e esportes não seria a conversa que se poderia esperar que eu mantivesse com os homens, não é mesmo?" Lynn redarguiu. "Posso me sentir perfeitamente bem quando estou cercada apenas por mulheres. Deus sabe que a quantidade de matérias versando sobre assuntos femininos que li nos últimos meses deve corresponder ao material de leitura delas por toda uma década... e as conversas que nós duas temos tido deram-me a confiança necessária para estar em meio a elas, mas o mesmo não se dá em relação aos homens."

"Não preocupe a sua linda cabecinha com isso agora", Millie diz. "Resolveremos esse problema também, em seu devido tempo. Descanse um pouco, pois amanhã devemos ter um dia cheio." Beijou Lynn na testa e saiu.

Mais tarde:

Millie estava completamente vestida, e logo elas estavam conversando sobre todas aquelas pequenas coisas que a maioria das mulheres tanto apreciam. Ao terminarem, Millie insistiu que se ocuparia dos pratos, para que Lynn pudesse ir logo se vestir. "Use o *tailleur* bege e aquela adorável blusa coral de que você tanto gosta" ordenou. "Não quero que você tenha uma aparência muito chamativa hoje, pois passaremos a maior parte do dia fora."

Mais tarde:

As senhoras foram logo atendidas, e Lynn estava encantada com o modo como o garçom as ajudou a se sentarem. Durante sua frugal refeição, Millie contou a Lynn os planos que fizera para ambas, no decorrer do dia: "Vamos ambas nos inscrever na Escola de Charme de John Robert Powers, onde elas não somente receberão instruções sobre maquiagem e roupas, quesitos em que você tem se saído muito bem, mas também na arte da conversação e no desenvolvimento de sua personalidade feminina. A maioria das mulheres que frequentam esses cursos também deixam a desejar neste quesito, e da próxima vez em que formos estar em grupos mistos, entre homens e mulheres, como aconteceu naquele churrasco, quero que você se sinta à vontade; o curso vai ajudá-la a aperfeiçoar-se com relação a isto".

Na extremidade oposta do espectro estão as histórias em que o sadomasoquismo é intenso, e em que ele se coloca mais em primeiro plano do que o travestismo. Nesta modalidade, a história é tão violentamente instantânea que é frequentemente representada simplesmente por fotografias, sem texto. Mostram uma "mulher" amarrada em cordas e correntes, em posições desconfortáveis — na realidade, um homem em roupas de mulher; mas o que é excitante, neste tipo de pornografia, não é simplesmente o homem estar em roupas de mulher, mas o fato de "ela" estar acorrentada. Com a pornografia se tornando suficientemente específica para cada tipo de homem, há menos necessidade de adquirir a pornografia do passado — que era aceitável, mas não ideal.

Eu tenho a impressão (os casos não são suficientes para que se possa ter certeza) de que aqueles que, em sua infância, foram tratados de maneira menos cruel por uma mulher (ou mulheres), preferem um tipo de pornografia mais alegre, em que a humilhação sem rodeios, ou mesmo um flagrante sadismo físico, não faz parte evidente da história.

Contudo, essas pornografias diversificadas têm em comum a evocação de um perigo que é superado (humilhação, angústia, medo, frustração). Neste sentido, toda pornografia provavelmente contenha a psicodinâmica das perversões. Eu defendo a tese de que não existe pornografia que não seja perversa, ou seja, conteúdo sexualmente excitante em que a hostilidade não seja empregada como finalidade. A maior parte das produções pornográficas é endereçada a um público heterossexual, masculino, e como existe uma clientela tão grande, e uma quantidade tão grande dessa pornografia de segundo escalão, este tipo de literatura é "normal" no sentido estatístico de agradar a muitos homens. Portanto, para a maioria dos homens, em nossa sociedade, a pornografia consiste de fotografias de mulheres nuas e de atos sexuais retratando a penetração entre homens e mulheres. O fato de essas formas serem comuns, não significa que elas não surjam como soluções para conflito, angústia, frustração e raiva. Caso elas fossem "normais" no sentido de serem universais, uma expressão biológica da busca por prazer, sem nenhum conflito, então a nudez deveria ser sexualmente fetichista em todas as sociedades (o que não acontece), e não apenas nas sociedades como as nossas, em que ela se torna tantalizante, em função da frustração.

A pornografia poupa o indivíduo da ansiedade de depender de outra pessoa para poder ter sexo; as pessoas, na página impressa, sabem seu lugar, e agem conforme as instruções.

Apesar de ser popular, a pornografia pode, contudo, não ser simplesmente (embora possa, especialmente na adolescência, sê-lo parcialmente) um substituto, em função da falta de objetos sexuais mais adequados. Ela existe porque satisfaz a necessidades voyeurísticas e sadomasoquistas, que, em algumas pessoas, não podem ser satisfeitas, não importando a quantidade de parceiros sexuais à disposição e que, de boa vontade, se candidatariam. Apesar de o orgasmo genital ser a desembocadura comum para o prazer e para o alívio da tensão da necessidade perversa, as perversões frequentemente se utilizam de atos que são executados sobre objetos, ou sobre partes do corpo que, simplesmente, não são passíveis de serem completamente aliviados pelo orgasmo (cf. 152, p. 316). Os órgãos não genitais — por exemplo olhos, pele, ânus — e outros afetos, que não o amor — por exemplo a raiva, a angústia, a depressão — podem, sabemos, ser erotizados; mas a tensão não pode ser facilmente liberada, como acontece na genitália. Isto concede à perversão, a meu ver, uma intensidade, uma compulsividade — uma desesperança. A teoria analítica, que vincula a perversão à neurose e aos transtornos psicossomáticos, há muito tempo vem sugerindo que, caso seja criada uma tensão erótica sobre um órgão incapaz de descarregar-se de forma adequada, um processo de alteração celular crônica passa a ocorrer.

Se, na pornografia, as atividades sexuais estão retratadas de uma forma em que sempre há uma vítima, quem é a vítima nos filmes e nas descrições de penetração heterossexual? Quem é a vítima, e o que é a atividade sexual, numa fotografia que exibe nudez?

Ao passo que muito da excitação, na pornografia da heterossexualidade, pode advir simplesmente da identificação com os participantes retratados, que estão ali a demonstrar sua agilidade (e que não sentem angústia, ou medo de disfunção erétil, como o espectador poderia sentir) é possível, também, que um quê de picante seja acrescentado, pela fantasia da cena primal de uma criança que consegue levar a melhor e assistir ao que não deveria; e, talvez, um sentimento de superioridade, por fazer parte da audiência e, portanto, não estar exposta a nenhum perigo. As vítimas então são os "adultos" cuja ausência de onipotência se comprova, uma vez que não sabem que estão sendo observados.

São muito populares as descrições de uma mulher que, no início, é fria, superior, sofisticada e desinteressada; mas é transportada, pelas ações precisamente descritas do homem, a um estado de luxúria, com uma monumental perda de controle. Vê-se facilmente, aí, uma luta de poder disfarçada como sexualidade: a mulher perigosa que é reduzida a vítima, e o garoto que, através da pornografia, por um momento, na ilusão do poder, torna-se homem (106).

Eu disse que uma dinâmica essencial na pornografia é a hostilidade. Talvez a diferença mais importante entre a pornografia mais perversa e a menos perversa ("normal"), assim como entre perversão e "normalidade" seja o grau de hostilidade (fantasias de ódio e vingança) que está contido, ou que é liberado, na atividade sexual. Podemos levantar a talvez controversa questão de saber se nos humanos (e especialmente nos homens) uma poderosa excitação sexual poderá jamais existir sem que a brutalidade também esteja presente (seja ela mínima, reprimida, distorcida por formação reativa, atenuada, ou flagrante, nos casos mais patológicos). Isto pode ser comparável a indagar se uma peça de humor pode existir sem hostilidade (25). No humor, a hostilidade não é simplesmente anexada, ela é condição *sine qua non* (apesar de não ser a única). Será possível que, na excitação sexual não perversa, a hostilidade inconsciente seja também essencial, e não simplesmente anaclítica?

Será que alguém poderia fornecer exemplos de comportamentos, na excitação sexual, em que, pelos menos em humanos do sexo masculino, a hostilidade, disfarçada na fantasia, não seja parte da potência? Já nos habituamos com uma situação familiar em que a hostilidade sobrepujada é essencial para funções normais, pois sabemos que o desenvolvimento normal exige que os bebês sejam cada vez mais frustrados, a fim de possibilitar a separação, que resultará nas funções egoicas e na identidade do ego, necessárias para se lidar com o mundo externo. Este processo, que usa a frustração como ferramenta essencial, cria um reservatório de raiva inconsciente; saber lidar com esta raiva ajuda a determinar o desenvolvimento da personalidade, se bem sucedida ou se mal ajustada. A dominação, a mais gratificante das experiências, e que frequentemente acontece como um acerto de contas, uma compensação pela frustração que foi passivamente suportada, atua através da criação de fantasias, de estruturas de caráter ou de modos de atividade que, em sua forma mais primitiva, são brutais; mas que, filtradas por um processo de sublimação, podem terminar consideravelmente destituídas de seu ódio original.

Se a hostilidade pudesse ser totalmente excluída da excitação sexual, não existiriam perversões; mas que quantidade de sexualidade amorosa poderia ser possível? As diferenças entre cada uma das perversões, e entre os diferentes tipos de perversão e o comportamento sexual mais comum, pode ser que se encontre nas diferenças específicas, em termos de frustrações e gratificações (frequentemente determinadas pela sociedade, mas aplicadas pelos pais, e especialmente pela mãe) que foram vivenciadas pelo bebê, na primeira infância, e pela criança, na infância.

Algumas poucas palavras podem vir a calhar, em relação ao fato enigmático de que, se alguém fosse tentar vender pornografia às mulheres, acabaria morrendo de fome. Por quê? Existe informação no próprio questionamento, e não, simplesmente, na resposta. A pergunta é como "o mistério ancestral" — colocando-o em sua forma mais madura — "O que é a Mulher"? Só os homens se preocupam com o mistério da mulher; as mulheres não, porque para elas não existe mistificação. Isto não significa necessariamente que elas compreendam as dinâmicas de sua própria sexualidade, mas simplesmente que, por experimentá-la, não a consideram como sendo misteriosa. Se as mulheres quisessem, poderiam colocar questões sobre o mistério da sexualidade dos homens, assunto que poderia não ser tão claro quanto alguns nos levariam a acreditar. Poderíamos tomar como pressuposto nossa compreensão sobre a sexualidade masculina, pelo fato de a maioria dos trabalhos que trataram do assunto ter sido feita por homens que, por vivenciá-la, não necessitam ser tão curiosos, nem mistificar a questão.

Com relação à questão de saber por que as mulheres não respondem à pornografia tão intensamente quanto os homens, talvez a pergunta esteja incorreta. Os homens tendem a igualar a pornografia em geral com aquilo que é pornográfico para eles, em particular; mas, por exemplo, uma representação precisa do ato sexual, do coito, apesar de excitante, é menos irresistível para as mulheres. São poucas as mulheres que compram revistas que exibem nus masculinos, o que não significa que elas não tenham sua própria forma de pornografia — elas a têm. Em virtude de suas experiência da infância, em nossa sociedade, serem diferentes, as mulheres precisam que alguns aspectos de sua pornografia sejam diferentes da dos homens. Hoje em dia, sabemos que as mulheres estão repletas de suas próprias fantasias sexuais, e que são atiçadas pela pornografia (ver, por exemplo, 36, 69).[6] Os homens, ao julgar a pornografia das mulheres, cometem o mesmo erro que ao julgar a pornografia de qualquer indivíduo com dinâmicas diferentes; dado que aquilo não os excita, não conseguem perceber que o material poderia ser excitante para outrem. Ao ler as histórias românticas, de fundo masoquista, que em anos recentes têm sido produzidas para excitar as mulheres, os homens podem considerar aquilo sem valor, já que lhes parece tão pouco sensual. É o tipo de literatura que pode aparecer *ad libitum*, não sendo reconhecida — nem mesmo pela legislação — como obscena.

Além disso, a maioria de nós acredita (cf. 78) que, embora elas possam ser atiçadas pela pornografia, as mulheres são menos *voyeurísticas*, e o voyeurismo é uma qualidade essencial da pornografia. Embora algumas mulheres, hoje em dia, admitam que apreciam admirar as calças masculinas, as mulheres não são verdadeiramente voyeuses. Pode ser que isto não reflita uma diferença biológica entre os sexos, e sim as inibições que são impostas por nossa sociedade ao direito que um garotinho possa ter de lançar olhares sensuais, e o treinamento, imposto às meninas, para que não permitam que esse tipo de olhar lhes seja dirigido — o que implica que, em relação a si mesma, não faz muita diferença que ela olhe ou não. Pode também decorrer daí que, à medida que a pornografia heterossexual rotineira se torne mais acessível também para

---

6. Minha impressão neste ponto, antes de estudar cuidadosamente a questão, é a de que menos *tipos* de perversão são representados na pornografia para mulheres, que, além dos delicados romances de sadomasoquismo, parece consistir mais frequentemente em infinitas variações do conto edípico-masoquista a-garota-predileta-do-harém-do-sultão ou a fantasia sádico-reparadora da "supermulher que frustra hordas de garanhões fogosos."

ela, numa sociedade mais condescendente, mais mulheres passem a descobrir um gosto por esse tipo de produtos. Se acontecer de a visão de órgãos sexuais masculinos se tornar uma coisa proibida, mas que as garotas apreciam — assim como a visão dos seios, para os meninos — as mulheres se sentirão atraídas pela pornografia que os exiba.

Eu sublinhei o óbvio: que o que é pornografia para uma pessoa pode não o ser para outra, que tenha uma história de vida diferente, um outro psicodinamismo. Ao ler as histórias repetitivas, sempre iguais, dos travestis, os que não são travestis rapidamente se distraem, a mente vagueia, e eles rapidamente perdem o interesse, não conseguem ler mais. Um dia eu pedi a um travesti que me trouxesse um exemplo de pornografia que fosse adequada a seu tipo de travestismo; ele me respondeu que as histórias que ele já havia me mostrado, e que eu havia considerado muito enfadonhas para que as pudesse ler eram, de fato, o seu tipo de pornografia. Da mesma maneira, o que as mulheres consideram excitante, nos livros e nos filmes, causará inquietação nos homens da plateia, que ficarão aguardando que a história evolua para novamente conquistar o seu interesse.

É óbvio, também, que os políticos de hoje, ao legislarem sobre a pornografia, tenderão a definir como sendo pornográficas somente aquelas coisas que os excitam e, como obscenas, apenas as produções que lhes causam repugnância.

As sociedades temem a pornografia em virtude de temerem a sexualidade; mas, talvez, exista também uma razão menos doentia: elas respondem, intuitivamente, às fantasias hostis, disfarçadas, mas ainda ativas, na pornografia. E assim, a pornografia será asquerosa para a pessoa que responde a ela (é, na verdade, a reação da pessoa que transforma uma lengalenga em pornografia); a palavra "asquerosa" assim como "repugnante" implica não apenas uma sensualidade proibida, mas, também, o medo de que a hostilidade possa vir à tona.

Capítulo 6

Hostilidade e mistério na perversão

Para que a perversão se constitua, são necessários também outros fatores, além da hostilidade, do perigo e da reversão do trauma em triunfo — em que este estudo se concentra. Seria, por exemplo, de valor inestimável um livro inteiro a respeito do papel da culpa, consciente e inconsciente. Mas não faz sentido repetir o que já foi estabelecido, ou especular sobre a especulação alheia; todas essas ideias terão que ficar como pano de fundo para a discussão a que este livro se limita. Gostaria apenas de sublinhar que o estudo da perversão é o estudo da hostilidade, mais do que o estudo da libido. Este livro não revela — e não pretende fazê-lo — uma teoria completa da perversão. Minha decisão, por exemplo, de não comentar em detalhe algumas obras de outros autores sobre a importância do conflito edípico na criação da perversão tem seu propósito; faz com que eu possa ganhar tempo, permitindo concentrar-me em questões mais controversas do período pré-edípico.

Ainda assim, poderá ser útil rever rapidamente a tese freudiana a respeito da perversão e, então, continuar com nossa discussão anterior (cap. 2) acerca dos argumentos que foram aventados contra ela, nesses novos tempos de avanço da pesquisa sexual. Freud dizia que a aberração sexual era produto de fatores constitucionais (biológicos) e acidentais (interpessoais). Ele acreditava existirem alguns raros casos em que o comportamento aberrante era quase que puramente produto de fatores biológicos; e outros, em que seria um produto de influências não biológicas, psíquicas; mas que, em seu maior número, devia-se a uma mescla desses dois elementos (24). Reconhecendo que a compreensão dos fatores inatos se situava fora do escopo da psicanálise e além do alcance do laboratório, seu principal interesse — que constituiu, também, sua maior contribuição — era descobrir como o fator "acidental" conduzia à perversão. Ele o faz, Freud afirma, do mesmo modo como os sintomas neuróticos se produzem: uma pulsão instintiva do id encontra um "não" imperativo, no superego ou na realidade; isto faz com que o ego elabore um acordo de conciliação que gratificará (parcialmente) o desejo instintivo, ao mesmo tempo que aplacará a exigência do superego, ou da realidade, de que o desejo se extinga. O "não" se escora em ameaça: Freud postulou também que a perversão era — para usar meu conceito — um transtorno de gênero; ou seja, a perversão resultava seja da tentativa de evitar a castração ou, nas mulheres, como compensação pelo "fato" da castração. E, assim, o conflito edípico e sua resolução, tanto nos homens quanto nas mulheres, fazia parte da explicação; com o tempo, alguma elaboração inicial sobre a importância dos desejos pré-edípicos também foi introduzida. Das muitas adições e refinamentos que vieram a complementar esta explanação, talvez a de maior importância histórica seja o conceito de "clivagem". Freud descreve como a criança, em meio a um conflito entre "um poderosa pulsão do instinto" e "um perigo real quase intolerável", "responde ao conflito com duas reações contrárias, ambas válidas e efetivas. Por um lado, com a ajuda de certos mecanismos, ela rejeita a realidade e se recusa a aceitar qualquer proibição; por outro lado, e simultaneamente, ela reconhece o perigo da realidade, assume o medo que sente daquele perigo como um sintoma patológico e tenta, em seguida, se despojar desse medo. É preciso confessar que esta é uma solução bastante engenhosa da dificuldade. Ambas as partes da disputa obtêm o seu quinhão: o instinto ganha permissão para manter sua satisfação, e um devido respeito é demonstrado pela realidade. Mas existe um preço para tudo, de um modo ou de outro; e este êxito é alcançado ao preço de uma rachadura, uma fenda no ego que nunca cicatriza, mas que aumenta, com o passar do tempo. As duas reações contrárias ao conflito se mantêm, constituindo o cerne de uma clivagem do ego" (35).

Embora, aqui, Freud esteja falando apenas sobre fetichismo, existe razão, tanto no que ele diz quanto no trabalho subsequente de outros autores, para estender o conceito da clivagem para todas as perversões.[1]

A IMPLICAÇÃO DA RESPONSABILIDADE MORAL

Antes de examinar melhor o papel da hostilidade, é preciso que eu aborde uma questão moral que é inerente a cada aspecto da teoria psicanalítica, mas que é especialmente visível nas discussões sobre comportamentos

---

1. Isto se compreende quando, ao falar sobre o modo como a vítima se torna o vencedor, eu mencionei as identificações múltiplas — algumas vezes com o masoquista, outras com o sádico — que estão simultaneamente presentes, em diferentes níveis de consciência, na fantasia perversa. Outro exemplo é a demonstração de Williams (154) sobre como a clivagem é usada naquilo que ele chama de assassinatos sexuais (com o que ele não se refere às pessoas que matam para satisfação genital, e sim aos homens que assassinam mulheres, tornando, deste modo, nebuloso, para mim, o significado de "sexual").

flagrantemente sexuais e flagrantemente agressivos: a questão do livre-arbítrio; ela se encontra na raiz das conotações do termo "perversão" e, portanto, nos acompanhará, à medida que criamos a teoria. Explicar o comportamento patológico como originado pelo conflito, e dizer que ele emprega mecanismos tais como a repressão, a negação, o repúdio ou a clivagem, isto equivale a dizer, por intermédio do conceito de superego, que as decisões voluntárias — decisões informadas — estão sendo logicamente tomadas por "instâncias" psíquicas, que desempenham as funções para as quais foram construídas. Muito dessa atividade ocorre de modo inconsciente, o que mitiga, mas não elimina, a responsabilidade. Que, a princípio, os conflitos emerjam dos perigos do mundo externo — os costumes que a sociedade transmitiu através das idiossincrasias neuróticas dos pais — mais uma vez apenas mitiga o senso de responsabilidade. Quando — é o que nossa teoria diz — somos atacados por esses perigos externos na primeira infância, nós escolhemos proteger nossos prazeres instintuais, disfarçamos nossas intenções reais, ludibriamos as pessoas do ambiente externo, que são a origem dos perigos, e distraímos a nós mesmos de tal maneira a perder (recalcar) nosso conhecimento sobre o que aconteceu conosco e o porquê de nosso comportamento. Desta forma, nossa teoria da motivação mistura determinismo e livre-arbítrio na mesma poção.

Para complicar essa visão objetiva (cientificista) das origens da motivação psíquica, temos nossa crença subjetiva, onipotente (narcisística) de que nosso comportamento não é determinado (nossas escolhas não são determinadas) e sim, quase sempre, resultado de nossa livre escolha; esta é a mensagem do austero superego. Em resumo, portanto, quer de forma consciente ou inconsciente, a pessoa acredita que escolhe a sua perversão; é assim que ela sente. Em consequência, e em que pese o observador objetivo poder não concordar, a pessoa perversa está certa de que foi ela mesma quem criou, foi conivente, encorajou, disfarçou, manipulou: ela considera sua perversão sua própria produção magistral. A prática analítica baseia-se na tese de que tal *insight* pode ser conquistado — que o paciente acabará por compreender como acabou acreditando ter desejado sua própria perversão — desde que a técnica do analista seja suficientemente boa.

A este respeito, os conceitos de Winnicott sobre o "*self* verdadeiro" e o "*self* falso" (155) são da maior ajuda em termos clínicos, e um avanço necessário sobre "ego" "id" e "superego" em considerável parte de nosso discurso. Mas seus conceitos fazem com que mergulhemos mais profundamente na questão do livre-arbítrio e do determinismo, pois o "*self* verdadeiro" é visto como aquela parte de nós em que se pode confiar, que não falsifica nosso conhecimento fundamental — ele é nossa convicção subjetiva suprema (a onisciência) — e o "falso *self*" é uma pessoa interna que se recusa a lidar com a verdade. O "*self* verdadeiro" é, portanto, a consciência do superego. Como diferenciei entre "perversão" e "variação" na primeira o nosso *self* verdadeiro conhece o seu próprio mal, enquanto na segunda isso não acontece.

Opositores da teoria psicanalítica da perversão tomam uma posição oposta, qual seja, amoral (a posição é amoral, não os seus proponentes). Embora possam discordar entre eles mesmos, eles se unem ao concordar, como vimos, que o comportamento sexual aberrante não é produto de conflito (moral, ou seja, do superego).

O MISTÉRIO E O PAPEL DA HOSTILIDADE NA PERVERSÃO

Deixem-me adicionar outro componente que, em nossa sociedade, é também fator de frustração, com potencial para trauma na infância: a mistificação da anatomia, das funções e dos prazeres da sexualidade. Com suas punições, sua promessa de maravilhas na vida adulta, sua transmissão dos tabus e das preocupações ligadas à sexualidade por parte da sociedade (muito frequentemente pelas perturbações culposas, dissimuladas, dos pais), essa mistificação pode contribuir para a perversão, caso sejam muito intensas ou bizarras. Pois isso vitimiza as crianças, atraindo fortemente sua atenção com a insinuação de prazeres perigosos que, sendo misteriosos, clamam sempre por solução, embora não exista solução possível para eles. Por exemplo, as diferenças anatômicas entre os sexos pode promover perversão — voyeurismo — em sociedades que sexualizam as roupas e a nudez. A pornografia que envolve a nudez será onipresente quando uma classe — em nossa sociedade, os homens — é incessantemente informada, de forma aberta e subliminar, desde a infância, que é proibido olhar, mas que, caso o fizessem, a visão seria de atordoar os sentidos.

Freud deixou bem claro o fato (24, 29, 30) de que a instabilidade pulsional é resultado da hostilidade, que pode ser de dois tipos:[2] a saber, aquela que nos é infligida de fora e a que é gerada de maneira intrapsíquica, como forma de reação. A maioria dos pesquisadores analíticos examinou mais de perto as dinâmicas intrapsíquicas da hostilidade ao procurar pela etiologia das perversões,

2. De dois tipos com os quais estou de acordo; quanto a um terceiro, que em sua forma final é chamado de "instinto de morte", este é demasiadamente religioso para o meu gosto.

pois este é o processo analítico tradicional de descoberta. Descobriu-se que a hostilidade se dividia naquela que é dirigida contra a própria pessoa (culpa, punição) e a que se dirigia para fora (raiva, vingança). A perversão foi estudada pela análise do perverso.

Considerando que a visão exclusivamente a partir do interior do neurótico sexual, embora da maior importância, não é suficiente para contar a história completa relativa às origens da perversão, andei me interessando também pelas pressões, especialmente na hostilidade, que eram dirigidas pelos pais à criança, agora perversa. A etiologia da perversão abre-se, então, à nossa observação: a pessoa perversa é verdadeiramente incapaz de ver o que seus pais lhe fizeram, quando o fizeram ou por que. (Será que o estudo da etiologia de todas as neuroses também não sofreria progressos assim? Esta não é uma sugestão nova, com certeza, mas é uma pela qual poucos teóricos têm demonstrado muito entusiasmo.)

Por esta perspectiva, que situa a hostilidade no centro, a perversão se encontra no significado do ato em que existe ódio e uma necessidade de machucar, e não de amar, o companheiro. Certamente nós agora nos complicamos, pois corremos o risco de descobrir que existe muito pouca coisa, inclusive grande parte do comportamento heterossexual, que poderia não conter algum toque de perversão. Freud faz alusão a isso em sua descrição do conflito edípico e das armadilhas do desenvolvimento libidinal.

Tais proposições poderão ser testadas com máximo vigor nas circunstâncias menos perversas: as maiores perversões não são muito desafiadoras, pois nelas as dinâmicas são demasiadamente visíveis.

Para que possamos ilustrar essas dinâmicas e testar os argumentos que emergem ao conservarmos o termo "perversão" podemos voltar nossa atenção ao olhar sexual,[3] um dos comportamentos sexuais mais normativos de nossa sociedade. Nenhum analista discordará do fato de que a ânsia sexual frenética de olhar, ou seja, o voyeurismo, é uma perversão. Mas será que podemos chamar o onipresente olhar sexual dos homens, em nossa sociedade, de perversão? Será que isso não destrói o significado do termo?

Uma evidência já se estabelece, de cara. Nas sociedades em que a nudez é comum, ninguém está vivamente interessado em olhar para a anatomia que está por ali livremente, à disposição. Por outro lado, numa sociedade como a nossa, em que certas partes do corpo são interditas, a curiosidade sexual é atiçada justamente em relação a essas partes. As sutilezas e as mudanças, em grau, e em termos de partes proibidas, criam modas na vestimenta, no comportamento, na fantasia e na pornografia. Em nosso tempo e em nossa cultura, olhar é um ato bem mais intrincado e estilizado para os homens (o sadismo é o tema mítico na masculinidade) e ser olhado é mais para as mulheres (para quem o tema é o masoquismo).

Nosso assunto, portanto, é o mistério, uma qualidade tão importante para a excitação sexual que ambos são quase sinônimos. Tal mistério deriva da infância, e da maneira sinuosa pela qual nossa sociedade obscurece a descoberta das diferenças anatômicas entre os sexos. Nosso conhecimento de que a angústia é um elemento essencial do mistério se confirma, como Freud o demonstrou

3. Prefiro usar esse termo preferivelmente a "voyeurismo" que já por si só tem uma conotação perversa.

há muito tempo, no desenvolvimento edípico e naquelas angústias que estão nele contidas, e que derivam das diferenças anatômicas.

Mas as crianças de ambos os sexos desenvolvem angústia sobre as diferenças genitais: por que o diminuído sentido de mistério — e por que existe menos perversão — entre as mulheres? Até certo ponto, será que este fato pode se explicar pelas restrições impostas aos meninos, que não podem investigar livremente os corpos das meninas? Interdição que se funda, reforçando-o, no medo ancestral que os órgãos genitais femininos suscitam, com sua capacidade reprodutora? Um falo é perigoso, mas não é misterioso; o perigo do útero advém do silêncio, do secreto, e do crescimento na escuridão — que é mistério. Mas, por detrás desses fatores, podem ser encontradas questões que, surgindo nos primeiros meses de vida, estarão em atividade ainda anos depois, enterradas nas profundezas de nossas identidades.

A versão freudiana do conflito edípico é enigmática em muitos sentidos (143), um dos quais vem agora. Ele acreditava que a linha natural de desenvolvimento fosse a do menino que, no inconsciente da humanidade e nas hierarquias das sociedades, presumivelmente é heterossexual desde o nascimento, com genitais e status superiores. Se assim for, por que as perversões são mais frequentes, e muitas vezes de uma bizarrice feroz, nos homens? Poderemos encontrar uma pista no próprio mistério.

Examinemos a identificação. Talvez nenhum outro mecanismo mental resulte no desenvolvimento de uma estrutura de caráter tão egossintônica, tão inalterável. Portanto, a identificação é posse: outra pessoa, ou pelo menos algum aspecto dela, torna-se próprio. Este é o último estado que provoca nossa sensação de mistério.

(Meu corpo, e aqueles iguais ao meu, não são misteriosos; deste modo, por exemplo, forma-se um dos vínculos em alguns homossexuais, para quem o mistério — o da existência de um outro sexo — é assustador demais para que o suportem.) O primeiro objeto que se apreende, pelo processo de identificação, é a própria mãe, a pessoa cuja psique e cujo corpo são iguais ao da menininha, mas tão diferentes dos do menino. Ele precisa aprender essas diferenças e, em seu devido tempo, terá que aceitá-las. Então, para se tornar masculino, precisará se separar do corpo feminino de sua mãe no mundo exterior, e em seu mundo interno terá que se separar da sua própria, já formada, primeira identificação com a *femininidade* e com a feminilidade (61, 135). Essa grande tarefa muitas vezes não é completada — e isto, eu sugiro muito timidamente, é a mola propulsora da perversão. (Analisaremos esta hipótese em maior detalhe no capítulo 8.) Nos homens, a perversão pode estar na base de um transtorno de gênero (ou seja, um transtorno no desenvolvimento da masculinidade e da feminilidade) e que se constitui a partir de uma tríade de hostilidade: *raiva* por ter que abrir mão de sua antiga experiência oceânica e identificação com a mãe, *medo* de não ser capaz de escapar à sua órbita e uma necessidade de *vingança*, por ela tê-lo colocado nessa situação.

Não é novidade que o mistério é excitante, e a maioria dos analistas provavelmente estão cientes de que ele é um elemento em todas as perversões. Como é o seu funcionamento?

1. Ao completar um ano de vida, aproximadamente, a criança começa a acreditar que pertence a um sexo ou ao outro.

2. Então, as diferenças anatômicas entre os sexos são descobertas; atitudes expressas, no âmbito familiar e na sociedade, informam ao garoto e à menina, de maneiras diferentes, que este é um assunto da mais crucial importância (24).

3. O desejo de satisfazer a si mesmo quanto à natureza, e especialmente quanto à aparência, dessas diferenças, é grande, em virtude das implicações de perigo, para o próprio senso de masculinidade ou feminilidade, que elas engendram. Na infância, os genitais são a única maneira através da qual a anatomia comunica as diferenças cruciais do sexo a que se pertence. (O comprimento do cabelo pode comunicar essas diferenças, e até onde o faz, cortá-lo é encarado como uma ameaça de castração. Os seios também o fazem, porém para outra categoria de seres: os adultos.) Mas a necessidade de explorar para descobrir (ou seja, para pôr fim ao temor de que as diferenças de sexo existem, ou de que são perigosas) é, em nossa sociedade, mais frustrada nos meninos do que nas meninas. Para ser mais preciso, podemos dizer tanto aos meninos quanto às meninas que é feio examinar os genitais do sexo oposto, ou exibir assim os próprios genitais. As mensagens são sutilmente diferentes, entretanto. O menino aprende que ninguém fica surpreso quando ele age assim; se ele for ser considerado masculino, em nossa cultura, espera-se mesmo que ele seja um tanto mau, arrogante, um tanto sádico. A menina, por outro lado, aprende a já contar com a tentativa dos meninos, aprendendo também que dela, o que se espera, é que resista. Es-

sas atitudes, inculcadas em cada sexo, estão refletidas em alguns automatismos, como cruzar devidamente as pernas, ou o "hábito" de puxar as saias para baixo, por parte das meninas, sempre que homens estiverem por perto. Assim, o desejo de olhar e a promessa de que valerá a pena são elevadas pelo próprio comportamento usado para impedir isso. Quanto mais impedimento, maior a supervalorização e a distorção. A curiosidade fica muito atiçada.

4. Neste estágio, a importância fálica, devida ao aumento da sensação erótica, tanto no pênis como no clitóris e, simultaneamente, aos desejos e perigos edípicos, torna essa curiosidade ainda mais excitante e frustrante. Deste campo fértil cresce a fantasia do falo feminino, uma tentativa da criança de explicar um mistério que só faz com que ele aumente. ("Em todas as perversões, a negação da castração, dramatizada ou ritualizada, é atuada através de um reviver regressivo da fantasia do falo materno ou feminino [1, p. 16]. A angústia da castração, com sua especificidade ao longo das diferentes fases, até a fase fálica, desempenham um papel central na perversão" [1, p. 28].)

5. Uma frustração crônica, intensa — uma essência de mistério — somada às ameaças, já internalizadas, ao se tentar buscar a autossatisfação, funcionam como um trauma cumulativo. Mas reduzir a tensão do desejo "instintivo" com olhares, cuja finalidade é sexual, é arriscado. Assim, o mistério aumenta — embora, até aqui, sem que haja perversão pois, até este ponto, não houve gratificação. A perversão, como observamos, é constituída por ambos os

fatores, perigo e gratificação. O problema que se coloca diante da criança é o de como evitar o perigo (a punição) e de como conseguir o prazer (a recompensa) que emerge a partir de três atividades: decréscimo da frustração, conseguir fazer o que é proibido e ter seu corpo eroticamente estimulado.

6. Uma solução, inadequada, mas pelo menos parcial, pode ser alcançada pela criação de uma estrutura psíquica neurótica (instável quando expressa como sintomas neuróticos, mais estável na estrutura do caráter); "as neuroses são, por assim dizer, o negativo da perversão" (24). Algo assim. O que nos parece mais plausível é que, em vez de ser uma categoria de reação diferente da neurose, a perversão é uma neurose erótica. Com esse aforismo, Freud estava observando que, nas neuroses, as fantasias sexualmente perversas estão disfarçadas, ocultas nos sintomas neuróticos, enquanto que as perversões expressam seu desejo de forma inequívoca. Entretanto, outros autores têm, desde então, demonstrado que isso não é exato;[4] as dinâmicas da per-

4. Anna Freud (22, p. 80) nos dá a bem conhecida fórmula que reveste a formação da neurose em geral — e ela certamente reveste também a maioria das teses analíticas sobre a perversão, incluindo a minha: "conflito, seguido por regressão; objetivos regressivos suscitando ansiedade; ansiedade, repelida por mecanismos defensivos; solução de conflito por intermédio de acordo de conciliação; formação do sintoma." E, no entanto, os analistas continuam afirmando que a perversão é uma categoria diferente da neurose; eles o fazem, aparentemente em virtude do manifesto prazer que marca a perversão e, talvez, em virtude da antiga crença de Freud, de que a perversão é, simplesmente, a transferência para a vida adulta de uma parte, fixada, da sexualidade infantil. Gillespie (44; 45, pp. 129–131) revê esta questão e demonstra o quanto Freud, que foi o primeiro a colocar a

neurose e a perversão em polos opostos (24), oportunamente, (30) demonstrou que "os dois extremos, de fato, encontram-se no complexo de Édipo." Gillespie enfatiza especialmente a contribuição de H. Sachs (1923), que descreveu a perversão como sendo produto de uma distorção devida ao conflito edípico, e não somente como um componente não modificado da sexualidade infantil. Gillespie conclui que a diferença essencial entre neurose e perversão consiste apenas em que "na neurose, a fantasia recalcada irrompe para a expressão consciente somente sob a forma de um sintoma indesejado para o ego, tipicamente acompanhado por sofrimento neurótico, enquanto, na perversão, a fantasia permanece consciente, sendo bem-vinda pelo ego e agradável. A diferença parece situar-se na atitude e no posicionamento egoico, ou na sinalização emocional negativa, mais do que uma diferença em termos de conteúdo." Se essa for a única diferença e, especialmente, uma vez que a fantasia está tão recalcada na perversão quanto na neurose — sendo que basta o irromper de um fragmento para formar o cenário consciente da perversão — não deveríamos abrir mão da dicotomia artificial, teórica? Tudo quanto perderíamos seria a frase espirituosa de Freud, de que tanto a neurose quanto a perversão são negativas. Em um trabalho anterior (43), Gillespie diferenciou a neurose da perversão pelo fato de a última resultar de clivagem, que é considerada um mecanismo mais primitivo. Em virtude de os kleinianos enfatizarem ser a clivagem uma parte do desenvolvimento de todas as pessoas, e por ser descrita como sendo essencial em todos os pacientes a quem se referem, será útil utilizar a clivagem como maneira de diferenciar entre a neurose e a perversão? Não deveríamos nos agarrar a uma crença clínica que é facilmente refutável pela observação: simplesmente não é verdade que a perversão adulta seja a persistência, inalterada, de um fragmento do comportamento sexual infantil (24; 19 [por exemplo, p. 358]; 46, p. 181) uma ideia que Freud declarou em 1905 mas que já não aceitava em 1919. Glover se posiciona de maneira similar: "Eu sugeriria que ele coloca o problema dos desvios numa perspectiva mais satisfatória se os considerarmos como equivalentes das formações de sintomas que, enquanto tais, podem ser ordenados em encadeamentos de desenvolvimento, de acordo com a prioridade histórica dos estágios libidinais e sádicos e com a quantidade de agressão que é liberada pelas frustrações em cada uma dessas fases" (47, p. 156). É interessante notar versão e da neurose diferem, realmente, apenas quanto ao aspecto de que a primeira conduz ao prazer e a segunda ao sofrimento, ambos conscientes.

Se a solução vai ou não na direção da sintomatologia neurótica, sem um contorno nítido a acompanhá-la, o prazer erótico subjetivo depende, creio, da natureza exata do sistema sutil, complicado, de recompensa e punição que cada família, em geral sobretudo a mãe, desenvolve. Nas perversões — as neuroses eróticas — a sensação de mistério e de perigo se acentua, pois a criança foi traumatizada ou superestimulada exatamente no ponto do mistério: os genitais, ou o desejo de investigá-los. Fenichel sugere algo assim ao dizer que "indivíduos em quem a angústia da castração foi provocada muito subitamente, e de modo intenso, são candidatos a um posterior desenvolvi-

---

que isso contradiz sua posição que diz que "as perversões sexuais da adolescência e da vida adulta [...] apesar de mais sistematizadas do que os componentes infantis da sexualidade, são da mesma natureza. A respeito do [exibicionismo perverso] é preciso que se diga apenas que ele não difere, em nenhum aspecto descritivo, do exibicionismo que é praticado por crianças pequenas" (46, p. 181). O pênis murcho de uma criança é igual ao pênis ereto de um adulto? As fantasias infantis são iguais às dos adultos? Anos atrás, Straus acreditava (como está descrito em 7, p.21) que o que se acrescentava ao adulto perverso, em relação à sua atividade sexual infantil, era "decadência", uma palavra totalmente impregnada de hostilidade. Esses últimos autores indicam também que o hedonismo infantil não pode ser equiparado com a luxúria do adulto. Um bebê que se compraz em brincar com as fezes simplesmente não está tendo a mesma experiência do que um adulto coprófilo, sobre cuja boca se acocora uma prostituta que nela defeca. Um último murmúrio, desesperançado: qual é a importância prática de se classificar as perversões como neuroses ou como outra coisa qualquer?

mento de fetichismo" (19, p. 342); ele indica assim, tal qual Freud fez antes, que a perversão pode resultar como uma "cura" para a angústia provocada pela conscientização da existência da possibilidade de que se venha a perder o próprio sexo. (Ver também 1, 53–55, 57, 58; 137, capítulo 19.)

7. Eu disse que a perversão é constituída por perigo, com seus dolorosos afetos, mais prazer, alguns componentes dos quais são alívio e sensação erótica. Falta, ainda, entretanto, um fragmento explicativo. Quando se está angustiado em relação ao mistério, e frustrado e irritado com as tentativas de adivinhar um fim para ele, o que é que converte esses dolorosos afetos em prazer?

De algum modo, o perigo precisa ser desfeito. O medo não pode, por si só, produzir prazer, nem a raiva. Algo de novo precisa ser acrescentado, que libere o corpo para a resposta erótica. A psicofisiologia do medo e da raiva precisa ser transferida para novos canais, para que a excitação possa alterar sua qualidade e seu curso, dos músculos e das entranhas, para os genitais.

O final para o mistério (com sua angústia de castração somada ao medo, mais primitivo, de aniquilação da identidade) advém pela criação do ato perverso totalmente desabrochado, consciente (ou pela fantasia do ato). Nele, o mistério se resolve por artifícios, tais como a mulher fálica, a negação, a clivagem, o evitamento, a fetichização, a idealização, uvas que "estavam verdes" – como na fábula –, adoração fálica, teorias sobre a superioridade masculina e assim por diante – uma vasta seleção de fantasias e artifícios, todos servindo para anunciar a inexistência do mistério. Eles o fazem quer pela negação da diferença entre os sexos, quer salientando a superioridade de seu próprio equipamento, o que significa que a diferença não é ameaça. (Greenacre, por exemplo, seguindo Freud, afirma que o fetiche "serve como uma ponte que ao mesmo tempo negaria e afirmaria as diferenças sexuais" [59, p. 150].) Assim, acreditando em mulheres com pênis, nega-se a existência de todo um conjunto de humanos que são castrados; ou, voltando a própria fascinação para um fetiche, como uma roupa de mulher, consegue-se continuar afirmando, com a equação simbólica fetiche = pênis, que a mulher não é castrada; ou, acreditando-se que os homens são o melhor sexo em todas as atividades que importam, um homem pode dizer que não se importa pelo fato de as mulheres serem destituídas de pênis uma vez que ele — felizmente — não é mulher. Mas certamente o mistério não foi solucionado; ele permanece ali, inconsciente, pronto. Cada episódio de excitação sexual alicia o retorno à superfície da questão e das fantasias que corporificam o mistério. A angústia resultante pode agora ser reduzida somente pelo ato perverso que, entretanto, em seu desempenho, ou em sua condição fantasiada, levanta outra vez as questões do mistério. E, mais uma vez, o mistério tem que ser solucionado. Não é de surpreender que as pessoas perversas sintam-se tão perseguidas por suas necessidades sexuais.[5] A mais estável solução possível, face às reais ameaças feitas pelos pais e pela sociedade, e face à nova forma que esses perigos adquirem quando

5. Talvez aqui entre em jogo também um fator (condicionado) intensificador, ligado às principais zonas de prazer do sistema nervoso central (113), fator esse que se soma ao aspecto desesperado, coativo, da busca por prazer que caracteriza as perversões e as toxicomanias. Este fato não contradiz a explicação analítica, que enfatiza a redução da ansiedade. Os dois aspectos se potencializam mutuamente.

incorporados ao superego, é a perversão. E, indissoluvelmente fixada em seu lugar pela experiência do prazer físico, ela é excessivamente estável e, portanto, em geral não é passível de ser alterada, seja pelas experiências de vida do indivíduo, seja pela terapia.

Como primeira linha de defesa, as crianças fantasiam situações que fazem reverter os traumas e as frustrações (é assim com os contos de fada, com os brinquedos, com os filmes e devaneios gratificantes). Com o tempo, as ações, que antes eram somente fantasiadas, são postas em ação, com modificações e disfarces, em situações reais, com pessoas que não se consideram simplesmente atores que seguem um roteiro. As pessoas perversas, entretanto, lidam com seus parceiros como se eles não fossem pessoas reais, mas fantoches manipulados no palco em que a perversão é atuada. No ato perverso, a pessoa revive *ad infinitum* a situação traumática ou frustrante que deflagrou o processo, só que agora o resultado é maravilhoso, em vez de horrendo, porque não somente se escapa da ameaça, como finalmente se obtém uma gratificação sensual imensa, atrelada à consumação do ato. A história completa, construída com precisão por cada uma das pessoas, para se encaixar exatamente às suas experiências particulares dolorosas, jaz ali, oculta, mas acessível, para que possa ser estudada, na fantasia sexual da perversão.

Existem duas hipóteses que precisarão ser testadas *a posteriori*, para as quais ainda não se dispõe de dados comprobatórios e que complementam esta parte da explicação. A primeira, é que o trauma ou a frustração da infância tenha sido dirigida especificamente ao aparato sexual anatômico, ou às suas funções; ou à masculinidade ou feminilidade da pessoa. Caso o alvo tenha sido outras partes, ou outras funções do corpo ou da psique não relacionadas à sexualidade, o resultado deveria ser uma das neuroses não eróticas (por exemplo, a personalidade compulsiva, quando o controle, especialmente o excretório, é forçado muito cedo à criança, de maneira demasiadamente dura, ou por tempo excessivo.)

A segunda hipótese é a de que a excitação sexual seja mais passível de acontecer no momento em que a realidade adulta apresente semelhanças com o trauma ou com a frustração da infância. Isto implica que uma ansiedade maior se faz sentir durante o ato sexual perverso do que aquela que está presente numa sexualidade menos perversa. Esta ansiedade — a antecipação do perigo — eu acredito que seja vivenciada como excitação, palavra usada não tanto para descrever sensações voluptuosas, e sim como uma rápida vibração entre o medo do trauma e a esperança de triunfar.

A perversão, no entanto (ou seja, a fantasia, que é mais uma vez criada) faz mais do que solucionar o mistério. O tema central, que permite este avanço em direção ao prazer, é a vingança.[6] Ela reverte as posições dos atores no drama e, deste modo, reverte também seus afetos.

---

6. "A sexualidade da maioria dos seres humanos contém um elemento de agressividade — um desejo de subjugar." (24, p. 157). "O fetiche [...] contém uma raiva congelada, nascida do pânico da castração" (59, p. 162). Ao escrever sobre o sadismo, embora não sobre a perversão em geral, Fenichel (19, p. 354) diz: "Qualquer fator que tenda a aumentar o poder ou o prestígio do sujeito poderá ser usado como uma garantia contra a angústia. Aquilo que poderia acontecer, de forma passiva, ao sujeito, é ativamente executado por ele, como uma antecipação do ataque, sobre os outros. ... A ideia "Antes que eu possa desfrutar da sexualidade, é preciso que eu convença a mim mesmo de que sou poderoso" não é, com certeza, ainda idêntica a: "Eu obtenho prazer sexual torturando as pessoas"; contudo, este é o ponto de partida para um desenvolvimento sádico. O tipo "ameaça-

A pessoa passa de vítima a vencedor, de objeto passivo da hostilidade e do poder alheios a diretor, comandante; seu algoz passou a ser sua vítima. Com este mecanismo, a criança imagina a si mesma no lugar de um dos pais, o impotente que se torna poderoso. Não se teme mais o mistério, ou a consciência, ou o mundo exterior. A perversão é mais uma obra-prima do intelecto humano.[7] A vida pode prosseguir, a criança pode ir adiante em seu desenvolvimento, a autoestima e a esperança por gratificação são preservadas, e o triunfo é colocado, oportunamente (quando as ereções e o orgasmo se tornam possíveis) fora de perigo, desde que o ritual (a vigilância eterna) seja mantido e se torne autônomo.

---

dor" de exibicionista, o cortador de tranças e o homem que mostra retratos pornográficos para seu "inocente" parceiro, desfruta da impotência deste parceiro porque ela significa que ele não precisa temê-lo, tornando assim possível o prazer que, de outro modo, ficaria bloqueado pelo medo. Sádicos deste tipo, ao ameaçar seus objetos, demonstram estarem preocupados com a ideia de que eles podem, eles mesmos, ser ameaçados." Boss (7, p. 21) cita Kunz (H. Kunz, "Zur Theorie der Perversion" Monatsschr. f. Psychiatrie, 105:24, 1942): "A inclusão de impulsos destrutivos nas atividades sexuais não podem ser encaradas como sendo específicas apenas do sadismo, é preciso que eles sejam típicos, também, de todas as outras formas de perversões"; mas Boss se queixa também, e com razão (p. 22) de que "nenhuma explicação é fornecida para explicar como "o desmembramento e a deformação destrutivos", "ações que atentam contra a vida" ou "a mais evidente destruição do significado erótico do amor" (von Gebstattel) podem ser o conteúdo sexualmente excitante da ação perversa." É a isto que estou tentando responder: de onde vem o prazer erótico?

7. Assim como em outras neuroses, ela serve também a propósitos evolutivos, ao fornecer um mecanismo através do qual as espécies podem sobreviver e se reproduzir, apesar dos problemas que ele (nosso desenvolvimento cerebral) nos trouxe ao nos proporcionar a civilização (cf. 24, p. 156). Ver, também, capítulo 12.

Na excitação sexual, que agora se tornou possível, a consciência subliminar da recompensa e da punição é consequente ao desejo sexual. É desse modo que, ao ficar excitada, a pessoa se move entre a sensação de perigo e a expectativa de escapar dele — o que a conduzirá diretamente à gratificação sexual. O risco foi assumido e superado. O orgasmo, então, não é meramente um alívio da tensão, ou até mesmo só uma ejaculação: é uma explosão de gozo, uma explosão megalomaníaca de libertação da angústia (como acontece quando se solta uma gargalhada ao final de uma piada lindamente contada, em que a construção da intenção hostil é subitamente fraturada, resultando em gargalhadas [25]). Entretanto, a linha divisória entre a explosão do triunfo e a impotência é muito frágil. O tipo errado de incursão em risco (como por exemplo, aquela que ameaça revelar suas origens) enfraquece a excitação. Não admira que qualquer alteração no cerimonial seja capaz de reduzir a excitação sexual.

Para tornar corriqueira a questão, eis uma prostituta que tece comentários sobre o mistério e o enfado, depois de um ano na profissão:

"O que me incomoda no que faço é que ver os caras, a visão dos corpos dos homens, acaba por se tornar entediante. Parte da excitação era ver os genitais do cara, ou senti-los. Mas agora, eu já não tenho a mesma reação que costumava ter antes, quando a coisa toda ainda estava meio que envolvida em mistério para mim. Não sei se é somente em função do trabalho — ver os caras nus, o tempo todo, e me envolver em relações sexuais com eles. Porque algumas vezes eu gozo, até mesmo com meus clientes. Porque vários deles são realmente bem bonitos, e muitos deles me satisfazem. Em certo sentido, eu quase que uso essa coisa do meu trabalho como uma desculpa para ter relações sexuais. A hora que fica bom é quando você fica tão completamente envolvida em sua própria satisfação; então, você se torna completamente egoísta.

Você tem todos esses homens, e vê todos esses homens; no começo, você realmente fica excitada, simplesmente pelo fato de que são homens. Só isso, por si só, te excita e te faz gozar, simplesmente pela sensação de estar com alguém. Mas, então, eles começam a te sufocar. Eu experimentei todo tipo de viagem sexual que existe, de masoquistas a sádicos; tudo, até mulheres. Nem se trata da questão de serem homens. Mas agora, para conseguir um orgasmo, para mim, é quase como ter que batalhar por ele; ele realmente já não acontece com facilidade, pela simples excitação que a coisa toda te dá. Muitas vezes, eu fico mais excitada quando estou vestida — e o cliente também — e a gente fica só se agarrando, fica só nas preliminares. Aí, eu fico mesmo excitada. Mas depois, quando ele tira a roupa e a gente vai pra cama, e de repente a coisa toda se torna... — algumas vezes, chega a ser engraçado. Algumas vezes me dá vontade de rir, porque é como um jogo, uma piada... eu fico lá e o cara fica naquilo de *bang, bang* — sabe né? — *bang, bang*. Com um monte de caras, talvez eu tenha até mesmo sido bem injusta: "Nós não vamos transformar isto em atletismo, vamos?"

Acredito que não seja um problema só meu. Acho que é dos homens também. O sexo se tornou tão acessível para os homens, hoje em dia, que eles começaram a se desinteressar dele. Para eles, atualmente, é só uma questão de ficar em cima da mulher e gozar.

A excitação causada pelo olhar eivado de sexualidade tem, até aqui, a seguinte explicação: quando a inevitável curiosidade sobre as diferenças entre os sexos surge na criancinha, o desejo de olhar se torna intenso, insaciável e permanente, uma vez que as partes do corpo para as quais deveríamos olhar são proibidas — ao mesmo tempo em que são consideradas partes desejáveis pelos pais; com sua proibição, os pais transmitem aos filhos a noção de que o prazer perigoso é possível. Portanto, em nossa sociedade, em que a anatomia da fêmea é mais proibida, mas muito sedutora, os homens tenderão a supervalorizar e a ficar excitados por olhar, e as mulheres, por serem olhadas.

Agora, uma das principais maneiras para que o olhar seja sexualmente excitante — caso a tese esteja correta — para um homem, é ele acreditar que está agindo de maneira forçada, sádica, impondo-se sobre uma mulher que não o quer. Ele está fazendo aquilo — assim prossegue sua fantasia — que ela decididamente não quer. Se ele conseguir, ele a derrota; ele obtém sua vingança pela frustração do passado. Finalmente, é a vez da mulher sofrer; a excitação, na pornografia, exige que uma vítima seja retratada — embora quanto mais normativa a perversão, menos óbvia a descrição (por exemplo, o retrato de uma mulher agradavelmente nua oculta essa dinâmica mais do que o retrato de uma mulher sendo torturada). Inerente ao olhar sexual existe um desejo de degradar as mulheres, ao qual as mulheres poderão responder com seu próprio ataque (roupas "sedutoras", posturas "provocativas"); as regras do jogo, hoje em dia, em nossa sociedade, exigem que isso tome a *forma* (mas não a substância) da passividade.[8] Socarides (132) observou o quanto "é fre-

8. Talvez aquilo que nós frequentemente consideramos como sexualmente atraente, em certas mulheres provocativas, nada mais seja do que uma produção compacta do sadomasoquismo, do exibicionismo, uma insidiosa exibição de vulnerabilidade sexual mesclada a

quente que impulsos sádicos se encontrem vinculados à escopofilia". O indivíduo quer ver para poder destruir com o olhar; ou para obter garantias de que o objeto ainda não foi destruído; ou, ainda, o próprio olhar é inconscientemente encarado como um substituto para a destruição. "Eu não destruí, só olhei" (Fenichel, 1945)." (A inveja do sexo oposto que está encerrada aí — na pessoa que olha e na que é olhada — não será discutida aqui.)

Não precisamos usar aquelas perversões óbvias, tais como o estupro, o exibicionismo, o sadismo ou a homossexualidade como formas de confirmação. Podemos, mais uma vez, voltarmo-nos para o trivial. Numa sala de visitas, uma mulher investe com um imenso valor[9] a privacidade de cada centímetro de coxa[10] que possa ser exibido além do que lhe é permitido. Porém, na praia, a visão anteriormente contestada não passa de pele, simplesmente porque o homem sabe que, lá, ela não se importa. Do mesmo modo, uma mulher estranha é excitante, enquanto que, para um grande número de homens, o que é familiar é entediante. A visão pela qual ele estaria disposto a sacrificar tanto, rapidamente se torna desinteressante, quando o homem percebe que, para a mu-

---

um ataque erótico através da postura, das expressões faciais e da nudez parcial. Quais são as fantasias da garota que posa para fotos em revistas que lhe expõem a nudez? Uma compreensão mais completa da perversão poderá ser obtida a partir da análise dos parceiros que, voluntariamente, se submetem ao indivíduo perverso.

9. Ou age para os outros, e talvez para si mesma, como se investisse esse grande valor. Sob certas circunstâncias, quando ela intuitivamente percebe essas dinâmicas de hostilidade num homem que a observa, sua própria exibição vai excitá-la, pois ela também está empenhada em obter vingança e triunfo.

10. Antigamente isso acontecia em relação aos tornozelos; as dinâmicas são mais permanentes do que as fronteiras.

lher, pouco se lhe dá, se ele a olha ou não. Para consertar esta falha, baseada na psicodinâmica, as mulheres recorrem à moda; o desenho da moda informa aos homens que ainda existe, realmente, um mistério, que só poderá ser penetrado se ele conseguir vencer a resistência. A moda atende à fantasia masculina, de que ele poderia tomar à força aquilo que não lhe seria dado com facilidade.

No indivíduo, esse mecanismo é perverso, ou seja, neurótico; na sociedade, é normativo, uma vez que a frustração é quase universalmente aplicada. (Tocaremos em breve no problema que envolve o que o normal e o que é o normativo.)

Neste material, quero apenas destacar essa perspectiva da frustração pelos pais, e como ela resulta em raiva. As coisas supersexualizadas são, precisamente, determinadas pelos pais; eles o fazem através desse processo de impor frustração (nervosamente chamando a atenção para seu próprio prazer secreto), o que, de outro modo, nada mais seria que — caso eles se conservassem alheios a isso, como algumas sociedades fazem — apenas uma experiência ou atitude levemente erótica.

PERVERSÃO E NORMALIDADE

A discussão em torno de se usar ou não os termos "perversão" ou "variação" e "normal" ou "normativo" creio que pode ser abordada mais uma vez aqui, desde que sejamos cuidadosos. "Perversão" depende de uma conotação de anormalidade; embora eu tenha descrito um mecanismo de perversão — ou será que poderíamos dizer "*pervértico*", um neologismo reminiscente de "neurótico"? — que talvez seja utilizado por todos os humanos. De tal forma que retornamos aqui com uma questão que tem estado na psicanálise por décadas: assim como podemos perguntar se existe alguém que não seja neurótico, alguns de nós perguntam se existe alguém que não seja perverso. Obviamente, as respostas envolverão graus, em vez de serem um sim ou um não absolutos.

Deveria tornar aqui manifesto que o termo "perversão" foi usado de duas maneiras diferentes neste capítulo. Uma delas significando um diagnóstico, um estado da personalidade em que a fantasia sexual motiva a maior parte do comportamento da pessoa. A outra, rotula um mecanismo. Assim como uma neurose é diferente de um mecanismo neurótico, do mesmo modo uma perversão é diferente de um mecanismo perverso. Enquanto ambos servem para preservar a gratificação sexual contra o trauma de infância, no primeiro caso (perversão) esse trauma era um ataque, no segundo (o mecanismo) uma condição civilizatória. De uma maneira ou de outra, dado que o impulso sexual original necessita ser frustrado, disfarçado e reinventado, e todo o processo perpetuado, uma vez que a angústia e o arriscar-se, a violência e a vingança estão ocultos na sintomatologia, precisamos usar uma palavra que conote essa intensa tensão dinâmica. "Variação" simplesmente não o faz, especialmente porque é a palavra de preferência daqueles que negam tais dinâmicas. Ainda assim, para a descrição de um mecanismo onipresente, "perversão" é demasiado forte, ela não consegue se livrar de uma mancha moral. A própria normatividade exige que se dê importância ao significado das palavras. A este respeito, eis aqui uma observação de Freud: "Nenhuma pessoa saudável, ao que parece, consegue deixar de somar alguma coisa que pode ser chamada de 'perversa' ao objetivo sexual normal; e a universalidade dessa descoberta é, em si mesma, suficiente para mostrar quão inapropriado é o uso da palavra 'perversão' como termo de reprovação" (24, p. 160).

Devereux nos dá uma importante assistência, ao ressaltar que as preliminares (com seu uso de mecanismos perversos) servem para aumentar a tensão e elevar o envolvimento entre os parceiros, ao passo que a própria perversão objetiva o alívio da tensão, ignorando a individualidade do parceiro. Uma crítica à posição de Devereux diz que "uma relação sexual em que o comportamento é normal, mas a relação objetal é defeituosa, é essencialmente pervertida". Se se tomar essa definição para abranger a ampla maioria das relações sexuais humanas, e colocá-las sob a categoria de relações pervertidas, Devereux sustenta que, então, assim seja. Pode ser lamentável, ele insiste, mas

> apenas uma fração infinitesimal da humanidade é capaz de se comportar e vivenciar a sexualidade, até mesmo ocasionalmente, de maneira madura, em conformidade com suas características genitais (14).

O termo "perversão", creio, é necessário — em que pese o seu significado tradicional pejorativo e sua definição dicionarizada — para certos transtornos de caráter em que as dinâmicas de hostilidade forçam a pessoa a atos sexuais aberrantes. Mas é falho, em termos de lógica, e clinicamente inexato dizer que, independentemente do grau em que um mecanismo é usado, a pessoa a usá-lo sofre de um transtorno de caráter, ou que aqueles cujas práticas decididamente não sejam de nosso (dos definidores) gosto são perversos, sem qualquer vestígio do mecanismo. Talvez possamos pensar no mecanismo da perversão (como todos os mecanismos neuróticos) como análogo a mecanismos fisiológicos tais como a febre. O grau importa; a qualidade e a quantidade de outros sinais e sintomas que acompanham a febre são importantes, assim como a duração, a evolução clínica, as variações na etiologia, ou o sucesso ou o fracasso do mecanismo de restauração da homeostase. *Mas o mecanismo, por si só, nos diz muito pouco sobre as condições gerais do organismo.*

Não podemos compreender a sexualidade humana (quão tentador é dizer "sexualidade humana normal") se não compreendermos o mecanismo da perversão. Talvez o que o calor faça para o corpo, o mecanismo da perversão faça para a psique na vida humana.

A velha questão: a repressão, o deslocamento, a simbolização, a inibição — e assim por diante — são fatores normais ou anormais? A este ponto, deveríamos saber que se trata de mecanismos, não de julgamentos. Nós provavelmente não precisamos da palavra "normal" no discurso científico; ela só é útil quando queremos transmitir julgamentos de valor.

AGRESSÃO

Estão em voga grandes discussões sobre a agressão, e grandes e empolados pensadores estão vindo à tona para nos trazer iluminação. Territorialidade, desejo de morte, pecado original, herança animal, um cérebro intermediário não exatamente conectado ao córtex, capitalismo, luta de classes, distorção de moléculas, chauvinismo: cada um desses fatores pretensamente explica a crueldade humana. E, no entanto, talvez não fosse o pior a fazer, voltarmos ao estudo analítico de casos individuais, para obter respostas do tipo: como a agressão (atividade) se converte em hostilidade (ódio e violência)?

O estudo do mecanismo da perversão, e das perversões, deverá ajudar.

Capítulo 7

Perversão: perigo *versus* enfado

Quero, agora, abordar a questão do relacionamento essencial entre a hostilidade e a perversão partindo de uma perspectiva diferente: examinar a função do arriscar-se consciente e, principalmente, do arriscar-se inconscientemente como um componente essencial da sensação de excitação e do prazer sexual na perversão; e fazer uma análise cruzada da tese, examinando o enfado sexual. Da mesma maneira como acontece com a hostilidade, algumas vezes o perigo faz parte do conteúdo manifesto do ato perverso — nas perversões francamente sádicas ou masoquistas — e, outras vezes, só o faz de maneira latente, como nos fetichismos. O perigo é inerente à dinâmica da vingança. Já vimos que o que acontece é que a pessoa reproduz, na fantasia, um trauma ou uma frustração do passado com um novo desfecho: o triunfo. Acrescentemos agora que essa tentativa de reviravolta depende da sorte; pode acontecer de a pessoa se ver novamente atolada no trauma. Para que o prazer seja possível, o perigo não pode ser muito grande; a possibilidade de se vivenciar o mesmo trauma outra vez deve ser baixa. Entretanto, a perversão deve simular o perigo de outrora. É este o fator excitante e, desde que se mantenha o controle — o que é fácil, quando se trata apenas da fantasia da pessoa — já se pode antever, mesmo que não fique claro na história, que o perigo será sobrepujado.

Não nos deixemos confundir por aquelas perversões nas quais grandes perigos são efetivamente assumidos. Precisamos ter certeza de que tipo de perigo estamos falando. O perigo que consiste em vivenciar toda a experiência do trauma da infância é o primeiro a energizar a formação da perversão e, para alguns, ele é pior do que arriscar a própria vida, ou ser preso.

A FANTASIA SEXUAL

Assim como todo grupamento humano tem seu mito, talvez para cada pessoa exista a fantasia sexual (perversão?). Nela, está resumida a própria vida sexual da pessoa — o desenvolvimento de seu erotismo e de sua masculinidade e feminilidade. No conteúdo manifesto da fantasia, estão imersas as chaves para os traumas e para as frustrações que foram infligidas pelo mundo exterior contra os desejos sexuais da infância, os mecanismos criados para aliviar a tensão daí resultante e a estrutura de caráter utilizada para obter satisfação, de seu próprio corpo e do mundo exterior (de onde sairão os objetos da pessoa.)[1] O

1. "É preciso que se entenda que cada indivíduo, através da operação conjunta de sua disposição inata e das influências sofridas durante a infância, acaba por adquirir um método específico, próprio, para a condução de sua vida erótica — ou seja, os pressupostos para se apaixonar que ele estabelece, os instintos que ele satisfaz e os objetivos que impõe a si mesmo no decorrer da vida" (28, p. 99). Essa compactação pode ocorrer em outros estados, quando os mecanismos de defesa são construídos numa estrutura complexa, como as neuroses e os transtornos de caráter. Por exemplo, Khan diz (74, p. 434) a respeito das pessoas com personalidade esquizoide, "poderíamos quase dizer que seus mecanismos de defesa carregam, cristalizadas dentro deles, memórias de experiências e de traumas reais que o ego infantil, na ocasião, não dispunha de outros meios para registrar psiquicamente."

analista tem a oportunidade de estudar essa fantasia sexual, e de desvendar suas origens. As descobertas feitas meramente a partir da análise, conforme sugeri em outro local, podem ser confirmadas, de forma maciça, pela pornografia. A pornografia consiste em comunicar a fantasia sexual de um grupo de pessoas interligadas pela mesma dinâmica. Raramente a fantasia pode deixar de assumir algum tipo de forma cognitiva, podendo ser conscientemente manifestada apenas no ritual que se utiliza para a masturbação (105, p. 826).

Poderemos encontrar pistas sobre a excitação sexual em seu oposto — o enfado sexual. Excetuando o aumento da excitação resultante de alterações fisiológicas (tais como abstinência prolongada, puberdade ou outras causas de alterações nos níveis hormonais e na função do sistema nervoso central), é possível que o aumento da excitação ocorra sempre que as circunstâncias se aproximem *da* fantasia sexual. Perguntamo-nos se esta equação é possível: um aumento da excitação ser equivalente a um aumento no impacto de (nossos próprios) elementos perversos — ou seja, crueldade? Uma excitação moderada (salvo pelas alterações fisiológicas) significaria, então, menos elementos perversos, e um mínimo de excitação — ou enfado — significaria menos (ou ausência de) elementos perversos resvalando a consciência (podendo estar ausentes ou em estado de inibição). Ainda assim, o ponto-chave não é se o ato sexual que se fantasiou ou vivenciou tem os elementos perversos presentes, e sim se eles estão realmente presentes, ou seja, se são capazes de agir.

Com "realmente" eu quero dizer algo que requer algumas palavras explicativas. Tomem o uso da pornografia, com os elementos perversos que lhe são inerentes. A indústria pornográfica está construída em torno da questão de proteger seus consumidores do enfado. O material pornográfico tem uma meia-vida curta;[2] o material que excita logo se torna enfadonho (121, p. 28). A pseudoexplicação é "familiaridade" mas isto pouco mais faz do que lhe conceder um nome. Não explica por que a familiaridade, na maioria das arenas do comportamento erótico, reduz a excitação; sem a compreensão das dinâmicas, ou sem ter vivido no mundo, pode ser que alguém pudesse esperar que a familiaridade produzisse um prazer maior; e isto às vezes acontece, entre os casais felizes.

Creio que o enfado sexual resulte especialmente da perda da sensação de perigo. Sendo assim, mesmo os outros elementos adequados estando presentes na fantasia ou na pornografia, ela não funcionará bem a menos que possamos estar ainda um pouco temerosos, incertos em relação a um resultado feliz. (A mesma dinâmica do perigo se aplica em outra esfera. Eu mencionei as piadas. E deve estar também na base da avaliação artística, na rapidez com que os estilos de arte saem de moda; experientes críticos de arte, assim como peritos em pornografia, são honesta e profundamente incapazes de responder a um diferente conjunto de expressões dinâmicas. E, dentro de seu gênero preferido, eles necessitam de um constante fluxo de trabalhos perimetrais que lhes permita imaginar-se a si próprios em risco, por estarem experimentando algo novo. Seu inimigo natural, o artista, tem, contudo,

---

2. Isto é verdade também para outros estímulos sexuais, como muitos casais sabem muito bem, assim como estupradores, masturbadores contumazes, os que têm como objeto de fetichismo os sapatos ou a maioria dos outros tipos de material capaz de causar excitação sexual em humanos: a variedade dos detalhes, dentro de uma constância temática, conserva a pessoa potente, ao mesmo tempo que o protege dos rigores da intimidade.

uma dinâmica semelhante: uma necessidade de mistério e perigo simulado. A essa altura, eu definiria a arte — assim como a excitação sexual — como a busca pela ambiguidade controlada, administrada.)

Estou me referindo aqui a dois tipos de perigo. O primeiro, em geral não o central nas perversões, é o aumento de excitação que algumas pessoas obtêm ao praticar o ato sexual em locais onde poderiam ser apanhadas (quebrando um costume, um tabu ou uma regra); trata-se de um arriscar-se consciente, que é usado para apimentar uma iguaria.[3] O outro perigo, mais importante para nossa discussão, está relacionado aos depósitos inconscientes da situação edípica, tais como o mistério da diferença anatômica entre os sexos. O conflito edípico, não solucionado nos adultos, coloca a possibilidade de fracasso no centro de seu ato sexual. A excitação sexual (além de suas sensações meramente físicas) é, então, o produto de uma oscilação entre a possibilidade de fracasso (pequena) e o prelibar do triunfo (maior). A perversão é a complexa trilha que costura seu caminho através dos perigos, até alcançar o triunfo da gratificação sexual.

McDougall (103, p. 378) já observou a esse respeito:

> Em todos os casos, a trama [da perversão] é a mesma: a castração não dói e é, na verdade, a própria condição da excitação erótica e do prazer... Há sempre um espectador para essa peça teatral — o indivíduo frequentemente fará o papel de si mesmo e ao mesmo tempo acompanhará, no espelho, a produção de sua cena sexual especial. [Pense no relacionamento disto com a pornografia, em que o leitor, ou o espectador, é o diretor, com

3. Nem sempre; algumas vezes pode ser o elemento principal no ato sexual, como no ritual sexual sadomasoquista, ou no caso das pessoas que se enforcam, ou que se anestesiam, para assim produzir o orgasmo.

os participantes retratados como crianças traumatizadas cujos pais são os perpetradores do trauma. – R. J. S.] Existe uma importante reversão de papeis aqui; a criança, antes vítima da angústia da castração, é agora seu agente, o comerciante da castração. [...] a criança excitada, então o indefeso espectador do relacionamento dos pais, ou a vítima de uma estimulação incomum, com a qual não pôde lidar, está agora no controle e produz a excitação, seja a sua própria ou a de seu parceiro. Com efeito, muitos pervertidos estão interessados unicamente na manipulação da resposta sexual da outra pessoa (assim como os adultos um dia fizeram a eles; [conf. cap. 5].

Uma vez que uma parte tão grande do desenvolvimento e, especialmente, da diferenciação, consiste em perigo, especialmente na primeira infância, eu posso estar passando a impressão de ter tornado minha tarefa demasiadamente fácil, proclamando que o perigo está no cerne da perversão; na verdade, ele está no cerne de muitas coisas, nas estruturas de caráter e na sintomatologia — só que nós o chamamos de angústia. Mas aquilo a que me refiro aqui é algo de mais preciso. Primeiramente, sabemos que o perigo não é exatamente a mesma coisa que a angústia. O perigo implica ter dado um passo além da mera experiência do medo ou da expectativa do perigo, e que as chances de sucesso versus fracasso estão sendo avaliadas. E assim, um novo e complexo efeito — a excitação — é adicionado à mistura; a excitação introduz a possibilidade do prazer. Em segundo lugar, na perversão, descobrimos que a angústia não é um estado generalizado de alerta edípico. Ao invés disto — esta é minha hipótese — na infância, nossa sexualidade foi efetivamente ameaçada, seja em relação a partes do corpo capazes de produzir prazer erótico (não apenas prazer sensual), seja à nossa masculinidade ou feminilidade. A pessoa que disferiu o golpe visava somente — pelo menos, a pessoa tem o sentimento de que ela visava somente — o sexo ou a identidade sexual da criança. O ataque foi diretamente dirigido aos órgãos ou à função que assegura a diferenciação sexual, ou à liberdade de se usar aqueles órgãos para chegar a uma clara distinção dos sexos. Este foi um trauma muito sério, e com isto quero dizer (como na neurose traumática) que ele foi muito prolongado, ou então foi um golpe muito súbito, ou a pessoa era nova demais para poder se defender adequadamente. A intensidade, a brusquidão, o caráter incompreensível de um perigo que ameaça nosso aparato psíquico sexual, tudo isso nos predispõe a algum tipo de perversão (1, 54). Uma perversão — eu o repito — é uma neurose sexual, erotizada. Nas outras neuroses — aquelas em que os principais sintomas são angústia, depressão, fobias, compulsões e assim por diante — o ataque é dirigido a outras partes do corpo ou da psique, e não àquelas que distinguem os sexos. (Aqui, provavelmente, pagamos o preço pela insistência de Freud em afirmar que, na criança, sensualidade e sexualidade são a mesma coisa, em virtude de elas frequentemente convergirem. Se ele não tivesse insistido tanto, as perversões poderiam ter sido, já há muito tempo, consideradas como mais uma entre as categorias de neuroses.) E nas perversões, contrastando com as outras neuroses, a resolução é sensacionalmente recompensada: por um grande prazer erótico.

Talvez, se o trauma for total (se é que isto é possível) não resulte qualquer tipo de perversão; talvez simplesmente ocorra de uma função ser completamente varrida. (Existem pessoas fisicamente intactas que nunca sentiram excitação sexual.) Quanto à perversão, podemos supor que ela é resultado de uma avaria, não de uma destruição; restam esperanças. O "perigo" implica isso. O perigo indica probabilidades, em prol e contra o sucesso; a ingenuidade humana pode encontrar um desvio, ou um substituto; ou, eventualmente, perpetrar um ato verdadeiramente criativo, elevando a perversão à categoria de arte.

O trauma original, a batalha que aconteceu fora das vistas por anos, na infância, e que ainda está à tona de modo manifesto, a perversão genitalmente descarregada, tudo isso está registrado nos detalhes do ato (capítulo 5). Da mesma forma está também a raiva que o trauma produziu na criança, e que precisou ser superada, para que a vida pudesse prosseguir. Podemos, portanto, pressupor a existência de fantasias de vingança contra quem causou o trauma — em geral a mãe, algumas vezes o pai. (O indivíduo perverso se constitui em ameaça menor aos outros, na medida em que diferencia o objeto imediato do desejo de hoje do objeto original que frustrou os grandes impulsos da primeira infância e da infância. Obviamente, quanto mais ele igualar o objeto imediato ao objeto que originalmente o forçou a criar as dinâmicas perversas, mais perigosa a perversão. O homem que tem um fetiche por roupas apenas mancha seu objeto imediato, uma peça do vestuário; um estuprador ou assassino sexual disfarça muito pouco — conserva inconsciente — a imensidão de seu ódio por seu objeto original.) Nisto jaz outra fonte de sensação de perigo, pois não se pode ter certeza de que as representações subsequentes do traumatizador, que se tornarão os objetos sexuais posteriores da perversão, não perceberão os motivos do ato (como aconteceu com os objetos primitivos, que agora estão integrados ao superego) e infligir punição pelo pecado da vingança. A execução do ato e da fantasia sexuais para reencenar a situação de perigo — mas, dessa vez, sem que o antigo trauma volte a ocorrer, sem que haja punição para a arrogância desse ato audacioso (a perversão) ou sem que aflore à consciência a raiva que está ali, oculta, contra os que causaram o trauma — desemboca numa explosão de gozo, que é manifestada pelo orgasmo. (Freud [32, p. 154]: "O fetiche ... permanece sendo um símbolo de triunfo sobre a ameaça da castração, e uma proteção contra ela.") É típico que esses pacientes descrevam seus orgasmos como imensamente prazerosos, o que se poderia supor um exagero para justificar a perversão. Contudo, tenho tido a impressão, ao ouvir tais descrições, de que as experiências que os pacientes descreveram eram, efetivamente, das mais intensas.

Para resumir os perigos pertinentes a esta discussão:[4]

Primeiramente, perigo consciente: o que estou fazendo me coloca em risco com a sociedade (a realidade exterior e minha avaliação dessa realidade). Se eu for apanhado, haverá problemas.

Em segundo lugar, também consciente: o que estou fazendo vai contra meus princípios (consciência). Se eu for apanhado, vou me odiar.

Terceiro (pode ser consciente ou inconsciente): Isto, que estou fazendo, meus pais me disseram que era feio, quando eu era criança. Crianças boazinhas não agem dessa maneira.

---

4. Outras formas de perigo, especialmente aquelas com as quais já estamos familiarizados há tempo em nossos estudos sobre os perigos inerentes à situação edípica, serão ignorados agora, caso contrário esta apresentação se tornaria infindável. Analisar um material com o qual muitos leitores, especialmente os analistas, já estão familiarizados, iria emaranhar a linha do presente argumento.

Até aqui, os perigos que estão à tona, ou próximos da superfície, são aqueles que todos conhecem e sempre compreenderam. Não são específicos à perversão. O perigo é percebido como sendo decorrente do fato de se estar envolvendo com uma anatomia proibida: parte proibida da pessoa, ou sexo proibido.

Mas, à medida que vamos nos aproximando das coisas mais ancestralmente proibidas, abandonamos então o simples erotismo pela hostilidade, pela raiva, pela vingança, pela violência e pela destruição. Trata-se, agora, de perigos que são percebidos como ameaçadores à vida, à própria e à alheia (inconscientemente em algumas perversões, conscientemente nas perversões que consideramos bizarras; nosso sentido de grau de bizarrice funciona, comumente, como uma forma de intuição com relação à intensidade do ódio).

Quarto. Estou repleto de ódio e é preciso que eu não o saiba. Por eles (os adultos) terem me frustrado (mistificado) a este ponto, minha liberdade sexual foi tirada de mim. Não apenas houve restrições que me foram impostas mas, o que é mais avassalador, eu fui acusado de ser responsável por elas: é preciso que eu sinta a tentação e evite minhas próprias ações. Por tudo isso, eu devo amá-los e respeitá-los. Odiar é errado e eu serei punido.

Quinto. Meus desejos sexuais são maus; meu ódio é pior ainda.[5] Caso eles soubessem sua extensão, teriam que me destruir. Mas essa violência é minha, ela faz parte

5. Ele é, em última instância, assassino. Mas quando não chega a tanto, ele é ainda fabuloso. Para se libertar daquele primeiro objeto, mãe, e se constituir a si mesmo, isto requer que uma barreira seja erigida, para ajudar a evitar que se sucumba ao anseio de se fundir com ela. Este traço da estrutura de caráter pode ser sustentado pelas fantasias de causar dano à mãe; mais uma vez, um negócio arriscado. Diz McDougall: "A fantasia que se dirige à castração fálica da ima-

do eu essencial que é mau e que, entretanto, precisa ser protegido, preservado. Ela está escondida nos meus desejos eróticos.

Sexto. Eu me vingarei disso tudo que me fizeram, e essa vingança acontecerá também no ato sexual. Mas, se pretendo danificar meu objeto, pode ser que ele o pressinta, e faça comigo pelo menos a mesma coisa que pretendo fazer com ele. O que é bem mais arriscado, efetivamente.

A perversão é ódio, ódio erotizado.

---

gem paterna oculta outra, que é a castração da mãe que amamenta. Se, do primeiro desejo, se pode dizer que ele ameaça o próprio indivíduo com a castração, o segundo produz uma angústia que se liga à depressão, ao medo da desintegração psíquica e à morte. Esses desejos agressivos-castrativos, com as angústias que os acompanham, são mantidos em cheque através de comportamentos sexuais compulsivos que assumem as características de um jogo ou brincadeira, com regras rígidas, conduzindo a uma forma de relação objetal dominada pelos mesmos mecanismos defensivos: repúdio e negação, clivagem e projeção, regressão instintiva, defesa maníaca. Como na infância, o jogo se destina a dominar eventos e condições traumáticos, permitindo que o indivíduo brinque com coisas que ele não levará à ação (desejos libidinosos e agressivos); ele permite, também, uma reversão de papeis que, frequentemente, toma a forma de um controle da resposta orgástica do parceiro, sendo que essa "perda de controle" é encarada como uma castração do parceiro, ou uma redução de sua condição à de uma criança indefesa. Em sua fantasia, ele se julga o único que desfruta dos seios maternos: consequentemente, ele pode possuir e punir tais objetos. Assim sendo, esse desesperado jogo sexual permite a recuperação, na fantasia, de objetos perdidos, assim como a erotização das defesas dirigidas contra os desejos proibidos." (103, pp. 373–374)

FATORES DE SEGURANÇA

O triunfo requer que as probabilidades estejam a favor; mas se o perigo, na vida adulta, fosse tão sério como o foi na infância, o prazer estaria ausente e, assim, não haveria perversão. Então artifícios — fatores de segurança — precisam ser adicionados à fantasia, para reduzir a angústia e garantir que as probabilidades estão, efetivamente, a favor do triunfo. Seus traços estão por todo lado, nos microelementos que constituem a fantasia ou o comportamento perverso. Citarei alguns exemplos aleatórios. Peguem o fetiche: ele é absolutamente passivo e, assim, não pode ameaçar, interferir, testemunhar ou acusar; ele pode ser atacado, emporcalhado, odiado, destruído e, ainda assim, ser infinitamente renovável... O autor de telefonemas obscenos não tem que confrontar sua vítima para se conscientizar, assim, de que se trata apenas de um ser humano... A prostituta é paga para ser agradável e tolerar atos que, em outras circunstâncias, ela trataria com desprezo... O travesti espera convencer sua mulher a ajudá-lo a se vestir de mulher...

MATERIAL CLÍNICO

O caso a seguir exemplifica como o perigo e a vingança se transformam em excitação na perversão. Mesmo para esse homem, muitas das dinâmicas de sua hostilidade são óbvias. (Ele não é um paciente, e as origens desse comportamento são desconhecidas.)

Trata-se de um homossexual que se prostitui e que tem modos nitidamente masculinos. Ele tem uma maneira de operar nas ruas que se mantém sempre inalterável. Ele só se manifestará quando um cliente em potencial demonstrar interesse por ele, de dentro de seu carro.[6] Então ele vem até o carro, mas não o toca, nem mesmo para abrir a porta. Ele simplesmente fica ali, de pé, aguardando que seu cliente dê o próximo passo; ele só entra no carro quando é convidado. Ele se senta, espera que lhe seja dirigida a palavra e então, em aparente passividade, deixa-se conduzir para onde o cliente deseja. Ele não sugere preço, duração, lugar ou tipo de atos sexuais; ele aguarda que o cliente peça; então, responde. Dotado de muita experiência e muito esperto, ele escolhe, com base nas perguntas e nas observações que o cliente faz, quais fantasias ele porá em ação. Quando, por exemplo, espera-se dele que seja um animal ignorante mas forte, sem educação, o cliente o indicará correspondentemente, ao fazer observações sobre seu físico, ao lhe perguntar se ele é um trabalhador braçal; ele concorda e inventa alguns detalhes a respeito, para agradar seu cliente. Em outras palavras, ele colabora com seu parceiro nas fantasias dele, deixando claro que foi contratado e, portanto, não faz o papel de instigador. Como ele raramente tem orgasmos quando está a serviço, é capaz, assim, de atender a muitos clientes sem ficar sexualmente exausto, podendo se dedicar à atividade indefinidamente.

Agora, dizer que ele é perverso só em função de sua homossexualidade, é perder os detalhes essenciais — e, com isto, as dinâmicas. É importante notar que todo o processo citado corporifica a perversão, e não só o ato homossexual anatômico. Ele revela isso ao observar que, sempre que tem problemas para conseguir a ereção — e

---

6. Em Los Angeles, como o automóvel desempenha um papel fundamental no estilo de vida, em algumas áreas, em certos horários do dia, o procedimento padrão de operação é os clientes cruzarem as ruas em seus automóveis, e não a pé.

é importante que ele a tenha, ou o cliente se sentirá trapaceado — tudo quanto tem que fazer é pensar no preâmbulo, para renovar-se. Esse preâmbulo é o ritual em que o cliente demonstra estar atraído por ele, o prostituto, o serviçal. (A vítima, a pessoa inferior se transforma, assim, em superior, em vencedor.) Sua maior excitação, entretanto, é ao lembrar-se de que o dinheiro mudou de mãos; algumas vezes, quando se sente esgotado, ele pedirá por pagamento adiantado, para poder ter a visão do dinheiro ali, guardado, durante o ato sexual. Pode ser até que ele o ponha em local visível, para poder visualizá-lo durante o ato sexual; o dinheiro que o cliente lhe deu passa a ser o elemento mais excitante. Seria, contudo, negligência chamarmos esse dinheiro de fetiche; embora seja inanimado, e embora sua visão faça com que ele se sinta excitado, não é o dinheiro em si que provoca isso. Ele não fica excitado com dinheiro a qualquer momento como ficaria, por exemplo, um travesti, ao ver roupas femininas. É antes o conhecimento consciente daquilo que aquele dinheiro representa que lhe causa a excitação.

Essa excitação, estimulada pela visão do dinheiro, vem da hostilidade. O que o observador desatento poderia chamar de passividade nesse ritual, não o é, em absoluto. Quando rastreamos o que se passou, quando entramos em contato com o que esse homem, o profissional do sexo, estava pensando, descobrimos que ele está usando a aparente passividade como um ato de hostilidade, especificamente para a vingança. Cada movimento que ele faz, a partir do primeiro momento de contato em potencial até o final do ato sexual, é um esforço vitorioso para forçar o outro homem a demonstrar carência, excitação, fraqueza e, portanto, dependência em relação a ele. Portanto, o outro tem que perguntar; ele apenas concorda, ou confirma. O cliente está sexualmente excitado e carente; ele faz de seu cliente um mendigo. O símbolo supremo da fraqueza do cliente, portanto, é o dinheiro que muda de mãos.

A necessidade que ele tem dessa vingança é tão grande que ele precisa continuar desempenhando esse papel; ele nem ao menos ainda racionaliza que a prostituição é apenas pelo dinheiro. Ele passa a maior parte de seu dia repetindo esse comportamento e, algumas vezes, nem mesmo isso é suficiente. Ele tem episódios, que chegam a durar alguns dias, em que precisa apanhar o maior número de homens que consegue; nessas ocasiões, ele não desempenha todo o complicado ritual do acordo financeiro mas, simplesmente, rapidamente, conduz um homem ao orgasmo em algum beco, ou em outro local escondido, partindo imediatamente para o próximo, fazendo isto a quinze, vinte ou até mais homens, em poucas horas.

Mesmo nos raros relacionamentos que ele tem, nos quais ele busca satisfação sexual (nesses dois estilos descritos acima, seu próprio prazer sexual não exerce nenhum papel em sua motivação), ele precisa desempenhar cada fragmento de atividade sexual e expressar sua excitação de modo a demonstrar que ele está menos comprometido, menos ávido, menos desesperado, menos envolvido do que o seu parceiro.

Ele conta, magoado, os raríssimos episódios de fracasso pelos quais passou, na prática de sua perversão. Houve, por exemplo, homens que insistiram em serem reembolsados, dizendo que ele não havia feito um bom trabalho; ou o homem que o desafiou, apostando como ele seria incapaz de conseguir uma ereção; sabendo que esse homem era mais forte do que ele, acabou ficando mesmo impotente; ou o homem que, depois de fazê-lo passar por um elaborado ritual para chegar ao ato sexual, inclusive levá-lo a seu suntuoso, lindo apartamento (para, assim, demonstrar sua superioridade, sua força), disse não considerá-lo excitante; mas que ficaria contente de contratá-lo, por uma tarifa menor — dez dólares — para que ele lhe limpasse a casa.

O profissional do sexo sabe que está impotente; reconhece ter uma vantagem sobre a maioria de seus clientes: ele não está tão excitado quanto eles. Mas sabe, também, que essa batalha pelo poder acontece dos dois lados; seus clientes estão fazendo a mesma coisa com ele. Ele observa que, dos profissionais do sexo, se espera que sejam fortes e burros; os clientes precisam de homens inferiores para seus parceiros sexuais. (Uma vez, em seus dias de inocência, sem compreender as dinâmicas, ele disse a um cliente que estudava no colégio; o homem imediatamente perdeu sua ereção — e seu interesse também.) Ele está consciente de que, muito de vez em quando, encontrará homens que o manipularão.

Em outras palavras, a luta pelo poder, na prostituição masculina, é mais ou menos a mesma que tememos em relação às prostitutas e às *strippers*.

Vemos, aqui, dinâmicas de hostilidade comparáveis àquelas encontradas na ninfomania e na satiríase, em que também (embora com uma aparência heterossexual) são necessários inúmeros parceiros para que a pessoa continue atestando sua superioridade. Em todas essas situações — em todas as perversões — o objeto sexual é vitimizado, engrandecendo assim o neurótico sexual. Apesar de suas experiências sexuais traumáticas viverem eternamente dentro dele, suas vitórias duram apenas um curto espaço de tempo, precisando de repetições infinitas. Nas situações em que o sentimento de desespero e de inferioridade se aproxima demais da superfície, a pessoa precisa repetir *ad infinitum* e rapidamente, como no caso do homem que descrevemos acima.

Ele diz que o relacionamento entre o cliente e o profissional do sexo termina instantaneamente, depois que o cliente obtém seu prazer; pois, seja qual for a hostilidade que tenha pairado durante o ato sexual, ela é liberada quando ele atinge seu fim. A equação de poder alterou-se; o cliente não se deixa mais humilhar. O homem rico despacha o amante num táxi — devolvendo o servo sexual para as ruas — e acende um charuto em sua sala de estar. Ambos guardam, ao final, reminiscências do episódio maníaco que foi vivenciado, em particular, por cada um; ambos experimentam a ilusão de que só o outro foi trapaceado e humilhado. Ambos correram o risco de fracassar e, exceto nos casos tristes, em que o fracasso realmente ocorre (tais como os que descrevemos mais acima) cada um se convence de haver triunfado. O que espera por esse homem é o suicídio, pensa ele, quando sua aparência, galhardia e potência sexual o abandonarem, e quando o desgaste, causado pela vida sexual frenética que leva, cobrar seu preço.

(Observação: Este homem não tipifica todos os profissionais do sexo; ele está lutando, até mais do que a maioria, para refrear sua raiva; a excitação que o dinheiro lhe transmite, e sua frenética busca por parceiros, dão testemunho disso. Sua perversão, apesar de apresentar semelhanças com a de outros, é estritamente a sua — embora isto possa, igualmente, ser dito da relação entre todas as pessoas perversas e da categoria de diagnóstico em que elas possam ser classificadas.)

Alguns anos atrás, Khan apontou para essas questões, com dados clínicos semelhantes, que descreviam um homem homossexual para quem o perigo e a vingança desempenhavam um papel essencial.

"Ele esquadrinhou cada nuance de sentimento e de tensão em sua fisionomia e em sua postura (de seus parceiros), até obter deles uma 'colossal ereção'. A essa altura, sua sensação de conquista, de triunfo e de domínio sobre o objeto fetichista deveria ser completa. Ele iria agora, de maneira solícita e compassiva, se oferecer para chupá-los e/ou masturbá-los. A excitação indefesa desses jovens rudes, fortes, agressivos, exerciam um impacto especialmente prazeroso sobre o paciente. Aqui, um elemento claramente sádico-agressivo entrou em jogo em sua relação com eles. Ele iria gozar, secretamente, em cima deles: eles estavam em seu poder. Quanto mais se excitavam e ficavam frenéticos de tesão, mais imperturbavelmente quieto e gentil ele se tornava em suas maneiras. Ele frequentemente os obrigava a observar, enquanto o assistiam masturbá-los e fazê-los ejacular. [...] Ele tinha sempre uma apreensão culposa, de que esse estado de excitação sexual não fosse prazeroso para os jovens. (75, p. 69)"

O perigo prepara o terreno para a promulgação do triunfo, embora os indivíduos perversos, a cada episódio, carreguem fortemente os dados a favor do sucesso; nos devaneios e em suas extensões — a pornografia — o perigo é apenas simulado, e assim o enfado interfere com rapidez. No ato verdadeiramente perverso, contudo, o perigo é parte da realidade que, acredito, contribui para aumentar a excitação de tais encontros.

Essas dinâmicas de perigo, vingança e triunfo presumivelmente alimentam outros tipos de derrotas e de frustrações infantis, que não envolvem o gênero nem os genitais. As tensões de cada estágio libidinal — oral, anal e urinário, fálico e, finalmente, o Édipo plenamente desenvolvido — com suas exigências de controle biológico (de maneira sádica, na opinião da criança) feitas pelos pais, são batalhas em que o triunfo, para a criança, consistiria em estar no controle, enquanto a outra pessoa o perde.[7] Creio ser esta a questão central nas perversões. Essa luta por controle, e o perigo a ela subordinado, podem incrementar a excitação — mas podem, também, ser exaustivos.

Mais uma vez testamos, com maior rigor, as hipóteses, ao examinar uma condição, o exibicionismo, em que o mecanismo é menos manifesto; descobriremos que ele requer ainda menos habilidade clínica — ou capacidade de criar teorias — para que percebamos como o ato perverso procura, entre os perigos, o tipo adequado para criar excitação.

Por que é tão comum que os exibicionistas sejam apanhados? Dispondo, como dispõem, de um adequado grau de inteligência, não sendo psicóticos, conscientes da possibilidade de que podem ser presos e, em muitos casos, já tendo sido expostos a graves consequências sociais, por

---

7. Não creio, entretanto, que a teoria da libido segundo a qual as perversões são fixações ou regressões a pontos de fixação em certos estágios de desenvolvimento — oral, anal, fálico — seja de muita ajuda para nossa compreensão. Primeiramente porque, nos perversos, existem fixações em todos os estágios. Em segundo lugar, não fica explicado por que ocorre a perversão, ao invés de outra forma de neurose; e o reconhecido fracasso em encontrar essa explicação atira os teóricos de volta a especulações como algum tipo de vulnerabilidade orgânica, para explicar a especificidade dos atos perversos, ou a disparates, frases pomposas do tipo "hipercatexia da libido anal" enfim, explicações pseudocientíficas.

que insistem em seu comportamento perigoso?[8] Obteremos as explicações ao examinarmos a estrutura da perversão.

Para fazê-lo, entretanto, é preciso estar atento, conduzir nossas investigações a partir de nossa definição prévia: ela diz que, na perversão sexual, o indivíduo expressa suas técnicas eróticas prediletas, costumeiras. Sem esta compreensão, os múltiplos usos do termo "exibicionismo" vão nos confundir, pois ele tem outros significados: (1) O desejo, não sexualmente excitante, não genital, de se mostrar, em crianças ou adultos, homens ou mulheres; (2) o prazer feminino de mostrar partes de seu corpo, inclusive (menos frequente que outras partes) seus genitais, a fim de se tornar sexualmente excitante para outrem, sendo que este tipo de exibicionismo não é

---

8. O grupo de Kinsey relata, acerca dos exibicionistas: "De todos os que atentam contra a sexualidade, sua maior proporção (72%) era por delitos sexuais e, reciprocamente, a menor proporção (28%) eram delitos não sexuais. [...] Em termos de condenações per capita eles são, novamente, notórios [...] e ficam em primeiro lugar no número de contravenções que resultam em prisão. [...] Nenhum outro grupo se aproxima deles no número per capita de condenações por delito sexual (3, 12). Com relação àquilo que denominamos de delitos sexuais 'específicos' — ou seja, exibicionismo, no caso dos exibicionistas, estupro de menores, onde temos agressores versus menores, etc. — os exibicionistas tiveram, de longe, o maior percentual per capita de delitos sexuais específicos: 2.13. [...] Em resumo, os exibicionistas cometeram mais delitos sexuais (medindo com base nas condenações) do que qualquer outro grupo. [...] Os exibicionistas costumam reincidir muito. São relativamente poucos (13%) os que contam com somente uma condenação; cerca de um terço, a segunda maior proporção registrada, tinha de quatro a seis condenações; e eles exibem a terceira maior porcentagem entre os que são condenados sete vezes ou mais (16%). Um grupo que pode se gabar sete vezes mais do que os fracotes com apenas uma condenação, pode, com justiça, se rotular de reincidente". (41, pp. 393–394)

um fim em si mesmo; (3) a exibição, por parte de homens homossexuais, de seus pênis, para a publicidade. Assim, reduzido por nossa definição, descobrimos que o exibicionismo como perversão — a necessidade de mostrar seus genitais a outrem, com a finalidade de se excitar — só existe nos homens.

Esse homem, casado, francamente heterossexual durante toda a sua vida, irrepreensivelmente masculino em suas maneiras, com uma profissão masculina, foi condenado três vezes por exibicionismo. Embora ele tivesse estado preso anteriormente, e esteja agora em liberdade condicional, ele arrisca seu casamento, sua profissão e sua reputação reincidindo no desempenho de seu ato perverso uma ou duas vezes a cada quinze dias. Isto, em geral, ocorre após alguma humilhação que ele tenha sofrido, mais frequentemente no trabalho, ou em casa, por parte de sua mulher. Ele é então levado às ruas por uma tensão que ele não percebe como erótica, para procurar, num bairro estranho, por alguma mulher ou garota para quem ele possa exibir seu pênis. Ele escolhe desconhecidos; ele nunca fez tal demonstração para alguma mulher conhecida. Em realidade, ele é tímido, sente-se constrangido quando é avistado nu por sua mulher, que tem a ele — e a seu pênis — como coisas certas. (Ele diz que ela não o respeita; ela concorda.) Ele espera chocar a desconhecida, não mostra seu pênis como introdução ao ato sexual; ele não sabe por que age assim: simplesmente, sente-se compelido a fazê-lo. Em algumas ocasiões, quando as mulheres não estão aborrecidas com ele, quando brincam com ele, fingindo estarem interessadas, ele foge. Mas quando a mulher está zangada e chama a polícia — que é quando ele sente estar correndo o maior perigo — ele sente relutância em se afastar rapidamente. Apesar de ser envolvido pelo medo, a sensação que toma conta dele se mescla com um sentimento de confusão que desliza para a imobilidade. Quando essa excitação letárgica demora muito, é quando ele é capturado.

O não exibicionista, incapaz de compreender, acredita que esse homem é idiota. Quão mais estranho então é o humor que invade esse homem, ao ser fichado: no âmago de seus sentimentos de catástrofe, existe uma quietude absurda, pacífica, agradável. Acredito que é possível compreender: o risco foi corrido e superado; o trauma converteu-se em triunfo. O fato de estar sendo derrotado pelo policial significa menos, para ele, do que a vitória que ele conquistou diante dessa mulher desconhecida.

Nosso erro seria pensar que o perigo era a polícia; não é. Os policiais são, quando muito, agentes do triunfo. O perigo verdadeiro, do ponto de vista da perversão, brota da humilhação que aconteceu antes, naquele mesmo dia: uma repetição da humilhação infantil que o deixou com uma linha de fratura, um medo de que ele não seja um homem independente, potente, formidável.

E assim o perigo — o perigo de toda uma vida — não é porque poderá ser preso, e sim o perigo de que a humilhação persista. Exibindo seu pênis, ele demonstra, do modo mais concreto, que ele não foi humilhado, que ele não é castrado, que ele não foi derrotado pelas mulheres; esse é o modo como ele protesta, insistindo em ainda ser homem. Compreendemos seu comportamento ao percebermos que ele está preocupado em exibir sua virilidade (seu *self* ideal) mais do que sua masculinidade (anatomia). Por isso, a mulher que se choca, que fica zangada e, melhor que tudo, assustada, que fica tão perturbada que chama a polícia, prova que ele conseguiu reverter a situação da infância. Ela está colaborando com uma parte necessária de sua perversão: ela, agora, é a atacada e ele, o atacante. Mesmo sendo preso, está singularmente tranquilo, pois a prisão indica — embora de forma breve — que, de fato, ele realmente tem um belo pênis, poderoso o suficiente para criar tal confusão na sociedade. Portanto, não nos surpreendemos ao descobrir que o índice de detenção, no exibicionismo, é mais alto do que em todas as outras perversões.

Não deveríamos ficar perplexos com o fato de os exibicionistas organizarem as probabilidades de tal maneira, que sua detenção é mais comum do que a dos autores de quaisquer outros atos de perversão. Ele aspira a se livrar não da polícia, e sim da ameaça interna de ser inadequado como homem. A detenção ratifica a importância da pessoa; consiste em sua vitória sobre o medo de ser insignificante — como o faz, também, a já esperada reação de choque, por parte das mulheres para quem ele se expõe.

Repito mais uma vez: ao examinar as minúcias da fantasia sexual, provavelmente descobriremos que nada, ali, é fortuito. Tudo tem seu lugar e desempenha a função de assegurar ao perverso que ele, agora, está a salvo. Desta vez, o ataque que lhe foi perpetrado, e que é reencenado na fantasia, transformar-se-á numa ofensiva contra seu antigo vencedor; desta vez, ele obterá uma vingança precisa: o então agressor terá que sofrer precisamente aquelas sensações que afligiram a criança, então vítima. Mas a história não pode sair dos trilhos; senão, como um comediante cuja hostilidade fugiu ao controle, e que começa a destruir seu humor, a excitação da perversão se transforma em angústia, ou em raiva, com a perda do prazer e da potência.

CLIVAGEM, DESUMANIZAÇÃO, FETICHIZAÇÃO, IDEALIZAÇÃO: ANULAÇÃO

Como Bak (1) sugeriu, o fetichismo é o modelo para todas as perversões.[9] Aquele que é incapaz de tolerar a totalidade do outro fragmentará — por clivagem (35) e desumanização (67) — esse objeto, em conformidade aos traumas e às fugas do passado; ele é, então, capaz de isolar um fragmento neutro — um aspecto — daquela pessoa, e deslocar sua resposta sexual em potencial, de seu todo, para aquela parte que a representa com maior segurança (fetichização). Quando o processo de fetichização é benigno, como costuma sê-lo nas preliminares, ou nas variações dos costumes sexuais, de lugar para lugar e de tempos em tempos, o objeto inteiro é finalmente restaurado, relativamente intacto. Isto significa um mínimo de vingança e um mínimo enfrentamento de perigo; infelizmente, a satisfação sexual plena, sem muito recurso a mecanismos perversos, para a maioria, parece uma conquista difícil.

Uma vez que a parte do corpo (ou um objeto inanimado equivalente, como uma peça de vestimenta) tenha sido destacada do objeto humano em sua forma inteira, é necessário um outro processo — idealização — para reinventar o novo objeto.[10] A hostilidade (destruição potencial do objeto) que paira nas fantasias latentes que energizam a perversão deve ser neutralizada e introduzida de maneira positiva, prazerosa, erótica, caso contrário não

---

9. E muito antes disso, Freud disse: "Nenhuma outra variação do instinto sexual que beira o patológico é capaz de reivindicar tanto o nosso interesse como esta [o fetichismo]" (24, p. 153). Até que ponto a fetichização sexual é sinônimo de perversão?

10. A transferência positiva é outra instância óbvia dessa reinvenção.

existirá perversão. A essa altura do processo, as qualidades destrutivas orais, anais e fálicas, tão bem conhecidas nas perversões, deverão ser mantidas dentro de seus limiares. O que é remotamente possível em estados de descontrole, como acontece na personalidade *borderline* e nas psicoses declaradas, condições que se destacam por seus atos sexuais primitivos, francamente hostis (e, portanto, bizarros). Descobrimos, então, que esses objetos precisam verdadeiramente — e não simbolicamente — sofrer contusões, ou até mesmo destruição; ser maculados com excrementos (ou palavras), ou espancados, feridos e fisicamente brutalizados.

Examinando a pornografia, encontramos desumanização, fetichização e reinvenção. Nela, escolhem-se aspectos da sexualidade nos quais são focalizados os temas essenciais das dinâmicas perversas; por exemplo: nas formas mais suaves da pornografia heterossexual masculina, as fotografias de nus. Ela reduz a mulher verdadeira a uma criatura bidimensional, congelada, indefesa, incrustada na página, de tal modo que ela não pode se defender ou revidar, como, no mundo real, poderia. Mesmo no caso de exibir uma imagem perigosa, o perigo se anula por seu encarceramento no papel. Ela pode ser insultada, suja, forçada a agir conforme o desejo do espectador e permanecer ali, sem reclamar, sorrindo, ou até em atitude fálica — o que seja necessário — mas imóvel. E ela não está ali somente se exibindo, passível de ser hostilizada por qualquer tipo de fantasia; ela é, também, idealizada. Ela não causa mágoas; satisfaz o espectador e é esteticamente perfeita (caso não o seja, outra fotografia é escolhida); ela é retocada, restaura-se indefinidamente, não clama por vingança, é absolutamente cooperativa e guarda os segredos; não custa nada, em termos de tempo ou dinheiro, não precisa ser compreendida, não tem necessidades próprias: é ideal (conf. 42). Não é de se admirar que se torne enfadonha (121).

Embora seja mais difícil obter-se a mesma submissão quando se está efetivamente desempenhando uma perversão do que ao imaginá-la, a perversão, na pornografia ou nos devaneios, quando corretamente planejada, ainda permite que a pessoa escolha objetos do mundo real, que poderão ser tratados da mesma forma. Assim, por exemplo, o fetichismo (a utilização de objetos inanimados), ou o recurso às prostitutas (mulheres contratadas para agirem com fantoches), ou a escolha de pessoas, como a esposa indulgente do travesti, cujas próprias neuroses complementam — ou seja, encontram utilidade para — o ato perverso.

Khan discute como, através da

> "técnica da intimidade [...] o perverso induz e coage a outra pessoa a se tornar cúmplice [criando] uma situação de faz de conta que envolve, na maioria dos casos, a cooperação solícita, obtida por sedução, de um objeto exterior. [...] Existe sempre, entretanto, uma condição. O próprio perverso não pode se abandonar à experiência e seu ego mantém um controle clivado, dissociado, manipulativo da situação." (76, pp. 399, 402.)

(A descrição de Khan é, de fato, uma descrição acurada de todo ato de sedução, que muito frequentemente é uma atividade hostil, fetichista, que gira em torno da busca do poder.) Aquele que transforma seus objetos em fetiches reduz sua capacidade de intimidade a ponto de sua própria dimensão humana acabar por não ser maior do que a do fetiche que ele cria (escolhe criar).

A clivagem, a desumanização, a fetichização e a idealização são resultado do fracasso da empatia, e da dificuldade ou da impossibilidade de se identificar com os demais. Ou será ao contrário? A condição natural dos humanos poderia, talvez, resumir-se a uma baixa capacidade para a empatia, sendo que analistas, artistas, santos e psicóticos sofreriam de uma aberrante hipertrofia desse mecanismo masoquista.

Para que uma hipótese se confirme não basta teorizar, citar autoridades e criar jargões clínicos. Acredito ainda assim que, aplicando a nossos pacientes as sugestões sobre o papel essencial de autopreservação somada à hostilidade — perigo, vingança e triunfo — quer essas sugestões sejam de nossa autoria ou já publicadas, as ideias se confirmarão. Isto será aplicado aos comportamentos em que o perigo faça parte do conteúdo manifesto, como o exibicionismo genital, o masoquismo físico, o travestismo, a promiscuidade compulsiva ou o voyeurismo; também naqueles em que a vingança é patente, tais como o estupro, o sadismo, o emporcalhamento de seus objetos, com excrementos ou palavras; ou, ainda, naqueles em que ambos, perigo e vingança, estejam ocultos, como ocorre com o paradigma do gênero, o fetichismo.

Capítulo 8

A angústia da simbiose e o desenvolvimento da masculinidade

Mencionei, na Introdução, que minha reflexão sobre a perversão foi se construindo a partir da pesquisa sobre o desenvolvimento da masculinidade e da feminilidade. O presente capítulo entra em maiores detalhes sobre a maneira como essas duas áreas de estudo podem estar entrelaçadas nos primórdios da vida. A partir daí, o capítulo passa a investigar por que a maioria das perversões é praticada por homens e não por mulheres. O desenvolvimento das mulheres, desde a primeira infância, é certamente repleto de trauma, frustração, ansiedade e conflito. A vanguarda da explicação psicanalítica contemporânea é capaz de explicar por que as mulheres são tão perversas quantos os homens; contudo, ela carece de argumentos que expliquem por que não é isso o que acontece.

Poderíamos apelar para respostas biológicas generalizantes — os homens são diferentes das mulheres. Isto sempre poderá servir como argumento a ser usado, em vez de entrarmos em especificidades. Porém, acredito que uma explicação mais completa possa ser encontrada no mundo dos relacionamentos interpessoais, em dinâmicas intrapsíquicas e no estudo das forças culturais; só quando derrotados é que precisamos retroceder ao campo do incomprovado — o biologismo.

Embora o psicanalista raramente tenha a chance de percebê-lo, até mesmo o bem pode ser excessivo. Investimos a maior parte de nosso tempo, na teoria e na prática, lutando contra os efeitos do trauma, da frustração e da privação; sabemos que cuidados maternos negligentes, desastrados, que se limitam ao mínimo, ou permeados de hostilidade, causam danos à criança. Contudo, nem mesmo os trabalhos de importantes analistas teóricos, ao chamarem nossa atenção para os processos mais benéficos no desenvolvimento da personalidade, serviram como alerta suficiente contra os poderosos efeitos que a gratificação em excesso pode causar sobre certos aspectos do desenvolvimento.

O sentimento de bem-estar simbiótico da primeira infância, que tanto a mãe quanto o bebê vivenciam, pode não apenas dar a base, mas podem também ameaçar o desenvolvimento psíquico: esta simbiose, quando excessivamente intensa ou prolongada, pode comprometer o desenvolvimento da masculinidade. Até mesmo a maternagem mais competente impõe um fardo sobre o bebê do sexo masculino; uma mãe que queira tentar poupar seu filho desse fardo poderá sufocar completamente seus potenciais inatos para a masculinidade.

DUAS TEORIAS SOBRE O DESENVOLVIMENTO MASCULINO

A masculinidade nos homens, de acordo com Freud, advém de três principais fontes: fatores biológicos, heterossexualidade primária (desejo pela mãe) — que começa imediatamente após o nascimento, tão logo o processo de compreensão se inicie — e identificação com a masculinidade do pai, à medida que o conflito edípico é resolvido (24). Um dos corolários desta teoria é que a masculinidade é a condição superior na compreensão humana — sendo o pênis o órgão sexual mais respeitado e a ambição e as conquistas masculinas as atividades mais desejadas, para ambos os sexos. Outro corolário é que as mulheres são inferiores, pois seus genitais são inferiores; e que elas, desde o início, são homossexualmente orientadas, uma vez que seu primeiro amor tem o mesmo sexo que o seu (33).

No capítulo 2, fiz menção à minha crença de que esta teoria está parcialmente errada, em virtude de a segunda fonte citada acima — a heterossexualidade primária dos homens — necessitar de correção. A simbiose entre mãe e bebê, mais do que qualquer outro fator, fornece a medida desse erro.

Percorramos uma vez mais, brevemente, a teoria, adicionando a ela o fator da simbiose. Apesar de ser verdade que a mãe é o primeiro objeto de amor do bebê menino, existe uma fase anterior, durante a qual ele está amalgamado a ela, antes que ela exista como objeto separado; ou seja, ele ainda não fez a distinção de seu próprio corpo e psique como diferentes dos dela — e ela é uma mulher, com identidade de gênero feminina. É, então, possível, que o menino não comece heterossexual, como Freud presumiu, e sim que ele precise se separar do corpo de mulher e da feminilidade da mãe, vivenciando um processo de individuação em direção à masculinidade. A heterossexualidade, nos homens, é uma conquista e, portanto, não, como disse Freud, um pressuposto; se esta hipótese puder ser confirmada, então a masculinidade não é a condição de ocorrência natural que Freud dizia ser. Existe uma forma embrionária de feminilidade. Precisamos verificar, portanto, se não é isso o que acontece: a primeira, a mais primitiva das fases, no desenvolvimento da masculinidade, é uma fase feminina.

Eu não acredito que a sensação de unidade com a mãe encoraje nem ao menos uma noção primitiva de virilidade, nos primeiros meses de vida; acredito, antes, que tal sentimento de unidade com uma mãe mulher precise ser antagonizado. Somente quando a mãe dá suporte ao desenvolvimento da masculinidade essa união será rapidamente suplantada, à medida que o desenvolvimento do ego procede. Ela fará isso, em primeiro lugar, porque deseja e se sente feliz com um filho homem; ocorrendo esta motivação fundamental, ela encorajará o desenvolvimento de um comportamento que considere masculino, e desencorajará os que forem considerados femininos — um processo que tem lugar incessantemente, em todos os momentos do dia e da noite. Mas na medida em que ela se sinta pouco entusiasmada com a perspectiva de seu filho se masculinizar, ela lhe comunicará sua desaprovação em relação àqueles comportamentos que ela considera masculinos. (Não precisamos, aqui, nos preocupar com uma definição de masculinidade que seja adequada a nós; o que conta é o que essa mãe, como resultado de sua história de vida e de suas dinâmicas atuais, encara como sendo masculino na criança.) Os estilos específicos que ela usar para recompensar e para punir o comportamento do filho moldarão as perturbações dele em relação à masculinidade, da mesma maneira que outros estilos de maternagem moldam qualidades, nos bebês, que se tornam traços de personalidade nas crianças (por exemplo: 17, 38, 39, 90–93, 95, 96).

Se alguma masculinidade se desenvolve — e ela começará a ser detectável a partir de um ano de idade — então o estágio anterior e hipotético, com sua capacidade feminizante, ficará encoberto; e, dado que a aparência comportamental de feminilidade que o bebê sente não é visível antes de aproximadamente um ano de idade (ou seja, não há como se distinguir um comportamento masculino de um feminino antes disso), aquela fase anterior jamais se revelará a quem a observe. Para confirmar a hipótese da existência de uma fase protofeminina, precisaríamos encontrar uma evidência na qual uma fase feminina da primeira infância — num menino — tenha se prolongado o suficiente para poder ser vista e mensurada. Se encontrarmos uma evidência como essa, poderemos procurar ver o que poderia ter sido feito para criar uma feminilidade assim, que persistiu por tempo suficiente para que pudéssemos observá-la. Existe uma: o homem transexual.

A "EVIDÊNCIA" TRANSEXUAL

Hesito em relatar novamente essas descobertas, já o tendo feito demasiadas vezes (exemplificando, 112, 137, 138, 144, 148) mas isto ajudará o leitor não familiarizado com os dados e hipóteses a revisitá-las, pois elas estão relacionadas a fatores que são úteis na compreensão da masculinidade e da perversão. Muito condensadamente, o que se segue descreve o desenvolvimento do transexualismo nos homens. (O transexualismo nas mulheres tem, acredito, uma etiologia diferente [141], que não se aplica aqui.) O primeiro fator nessa construção é a necessidade de isolar, dentre as diversas condições em que os homens vestem roupas de mulher, aquela que eu chamaria de transexualismo. Sua característica essencial não é, como frequentemente se acredita, o fato de o paciente reivindicar uma "mudança de sexo" pois outros tipos de pacientes também o fazem. Trata-se, antes, de não ter havido, em sua vida, nenhuma fase significativa que ele, um homem cuja anatomia é normal, ou outro observador qualquer, pudesse reconhecer como masculina. (Há uma noção rudimentar, construída sobre o conhecimento do transexual, de que ele é, e será sempre, anatomicamente, um homem; e de que a mãe, que o batizou como homem, jamais negará sua masculinidade [148]. Assim, saído daqueles dias da infância, quando um dos dois tipos de comportamento de gênero faz sua primeira aparição, surgiu esse menino que se considerava, a si mesmo, menina — não uma mulher, mas uma menina. Seu comportamento sempre foi feminino; e não se detecta nele uma maior qualidade imitativa, ou de estar representando um papel, do que em meninas verdadeiramente femininas. O comportamento, nesses meninos, tratados a partir da idade de quatro ou cinco anos[1] até a fase adulta, brota de um sentimento de feminilidade que se expressa sob a forma de uma convicção de que eles deveriam ser mulher (apesar de os transexuais não se proclamarem efetivamente mulheres; eles reconhecem sua anatomia como masculina). Não há efeminação em seu comportamento, nem na mais remota infância (efeminação, aqui, implica mimetismo ou caricatura; em outras palavras: hostilidade e inveja em relação às mulheres, sentimentos que precisam ser minimizados ou negados; feminilidade, aqui, implica naturalidade, sem nada de caricatural). Os transexuais, ao contrário, têm uma inveja consciente, declarada, não defendida, comparável àquela que sente uma pessoa que nasceu sem os membros em relação às mais afortunadas.

---

1. Eu nunca vi nenhum mais jovem, mas meu colega Green, recentemente, esteve pesquisando um número maior de garotos femininos, não necessariamente transexuais (52); em meio a quarenta e cinco, quatro estavam entre os três e os quatro anos de idade.

A naturalidade dessa feminilidade se faz notar por todos que a observam: familiares, parentes, companheiros, vizinhos, professores, estranhos, e por nós, que observamos a criança e o adulto transexual em nossa pesquisa. Esses meninos, ao atingirem a idade de três ou quatro anos, já estão sendo confundidos com meninas pelos adultos, independentemente da roupa que estiverem usando. Ao brincarem, esses meninos querem fazer de conta que são meninas; eles só assumem papéis de meninas, e são quase que imediatamente aceitos por elas quando estão fazendo brincadeiras de meninas, das quais os outros meninos são excluídos. À medida que a infância progride e eles entram na adolescência e na idade adulta, a feminilidade não diminui, o desejo de ter um corpo de mulher persiste e, mesmo sob ameaça, nada faz com que um transexual consiga, nem mesmo por alguns momentos, imitar uma pessoa do sexo masculino (137).

A condição é rara, muito mais rara do que o número de pacientes que solicitam "mudança de sexo". Talvez por isso, os teóricos afirmem que os transexuais não são os que descrevemos acima. Com exceção do meu, em quase todos os trabalhos escritos a respeito do transexualismo masculino, os dados clínicos relatados revelam episódios, ou longos períodos de tempo, durante os quais o paciente parecia homem, comportava-se de maneira masculina e teve experiências heterossexuais ou perversões sexuais assumidas — além de outros indícios de que a feminilidade não era do mesmo tipo que a relatada acima. Isso deveria ser enfatizado: quase todos os homens têm sentimentos profundos por seus genitais: preocupam-se com eles e extraem deles um grande prazer. Tais órgãos são, ao mesmo tempo, uma fonte direta de sensações e uma confirmação de que seu papel sexual está correto, sua identidade de gênero é inevitável, e sua masculinidade, preciosa. Se essas posições forem ameaçadas, quase todos os homens erigirão defesas — mas não os verdadeiros transexuais. Eles, simplesmente, não querem, não precisam, não estão ligados a seus genitais masculinos, e não fazem nenhum esforço para preservar esses órgãos, seja em termos de realidade ou simbolicamente. A perversão, por outro lado, é intensamente perseguida como forma predileta de dar satisfação a esses mesmos genitais, e não como maneira de rejeitá-los.

Os fatores etiológicos que se seguem somente estarão presentes quando existir o quadro acima descrito e, inversamente, somente com esses fatores etiológicos encontraremos esse tipo de feminilidade.[2] Encontrei as características descritas a seguir em todos os casos que preenchem os critérios clínicos fornecidos acima para o transexualismo masculino; sempre que esses fatores aparecerem de maneira mais fraca, ou quando alguns estiverem ausentes, o grau de feminilidade é menor, e o paciente já não terá a aparência do transexual clássico.

Primeiramente, a mãe: durante sua própria infância, pouco valor foi concedido à sua condição de mulher e à sua feminilidade. Quando menina, a mãe dela a tratou como se ela pertencesse a um gênero neutro; o pai, que a apreciava mais, encorajou-a a se identificar com seus interesses masculinos. Entre a primeira infância e a puberdade, a menina acentuou de tal modo as qualidades

---

2. Existe, entretanto, outro tipo de feminilidade marcante em meninos — até mais raro, acredito, do que esse descrito acima — no qual a mãe, conscientemente, se programa para feminizar seu filho, pois ela havia desejado uma menina durante toda a gravidez; por isso, deu ao menino um nome bissexual, para marcar seu desejo de que ele tivesse nascido menina (147).

masculinas que veio a desejar ser homem, e por muitos anos usou apenas roupas de menino; cortava seu cabelo como o dos meninos, só brincava com meninos e conseguiu competir com eles como igual, especialmente no atletismo.

Quando começaram as mudanças físicas da adolescência, a garota — diferentemente das transexuais do sexo feminino, a quem ela se havia assemelhado até então — abandonou todas as esperanças de que um dia pudesse se tornar homem. Ao invés disso, ela adotou uma fachada feminina e, finalmente, se casou. O homem com quem se casou — o pai do menino transexual — é um homem passivo, distante; e, embora no geral não seja afeminado, ele não está destinado a ser uma figura forte, ou significativa, no casamento. Dele se espera que sustente a família e que, além disso, simplesmente se entregue à esposa, como objeto de desprezo.

Dentro deste casamento infeliz nasce o menino — o futuro transexual. No entanto, e apesar de as dinâmicas da família serem como as esboçadas acima, o transexualismo não ocorre em nenhuma das crianças — exceto quando nasce um menino que é considerado pela mãe como belo e gracioso. Esse bebê é a melhor coisa que já aconteceu na vida dessa mãe. Finalmente, após anos de uma desesperança muda, sem qualquer sentimento de valor em relação a seu sexo ou a sua identidade de gênero, cheia de ódio e de inveja pelos homens — que têm o que ela queria, mas de que teve que abrir mão — ela criou um pedaço de si mesma, saído de seu próprio corpo, como que por partenogênese; sem necessidade de um marido, ela criou o melhor de si, seu próprio ideal — o falo perfeito. Este menino não terá o invejado e odiado empecilho à masculinidade; ela sente que, nele, isso é um direito, já adquirido de nascença, por sua beleza física; tal sensação é aumentada por uma exuberante experiência de amamentação, em que ele é um lactente encantador, que aprecia o corpo da mãe. O sentimento de plenitude simbiótico se estabelece a partir do nascimento, e é ferozmente mantido pela mãe; pois ela agora abrigou dentro de si a cura para a sua perpétua e desesperançada tristeza. Uma felicidade transbordante é a energia que a autoriza, que quase a obriga a manter um contato corpóreo e psíquico excessivamente próximo com esse bebê — por demasiadas horas por dia, e por anos. Ao criar tal simbiose, ela amarra — incorpora — o filho a si mesma, tanto quanto é fisicamente possível. Ao identificar-se com ele, ela tenta desfazer sua própria infância traumática, substituir a mãe má; a mãe de agora, e seu bebê, devem ser totalmente bons. A sensação de plenitude criada na simbiose se torna, assim, a consagração de uma nova mãe para ela, idealizada e perfeita.

Quando essas famílias são vistas pela primeira vez, com seus meninos de quatro anos ou mais, mãe e filho compartilham ainda uma intimidade excessiva, tocam-se demais, apreciam demais a companhia um do outro, compreendem-se sem falar. (Isto não tem nenhuma qualidade erótica, seja para a mãe ou para o filho [60, 61]). Não é tão absoluta quanto na fase de bebê porque, ao mesmo tempo em que essas mães desejam estar próximas demais dos filhos, elas dão permissão para que as outras funções egoicas se desenvolvam neles — como mover-se, conversar, ler e assim por diante. A proximidade parece ser mantida num determinado setor, aquele relacionado com a passagem à feminilidade.[3] Notamos também o po-

---

3. Em outras palavras, uma simbiose focal. "Por simbiose focal eu me refiro à condição na qual um relacionamento simbiótico existe no

der da simbiose quando tentamos tratar mãe e filho, e quando a exigência do tratamento é que eles terminem com a simbiose para que possa sobrevir a masculinidade. Ambos resistem ferozmente (112, 148). O pai, como era de se prever, não participa: permanece, obscuramente, em segundo plano.

Qual é o papel do pai quando a fusão da mãe com o filho persiste, e quando o comportamento feminino vem à tona? Ele deve ser ausente e, portanto, desprezado. Ele mal é visto — literalmente — pelo filho, durante os primeiros poucos anos de vida. O pai sai de casa para trabalhar antes que a criança tenha acordado, e volta quando ela já está dormindo. Nos fins de semana, o pai não fica com a família porque, encorajado pela mulher, tem permissão para passá-los solitariamente, dedicando-se a seus passatempos, ou assistindo televisão.

A situação edipiana que se desenvolve vem ratificar a estranheza da simbiose. Sua mais notável característica é a ausência de conflito. O garoto jamais desenvolve um relacionamento heterossexual com a mãe (sem tratamento) e, como resultado, nunca desenvolve o conflito edípico. Ambos, mãe e filho, são de tal modo um só, têm tamanha

---

que diz respeito ao funcionamento de um órgão especial, ou área do corpo. [A isto eu acrescentaria: ou função psíquica ou tema de identidade.] Em geral, as pessoas que participam desse relacionamento simbiótico têm um nível de desenvolvimento desigual: são mãe e filho, irmãos mais velho e irmão mais novo, ou até mesmo gêmeos, mais fortes e mais fracos. A simbiose focal representa o local especial do distúrbio emocional em ambos os membros do par simbiótico. Mas ela, em geral, se manifesta no parceiro mais fraco, ou no menor, que permanece funcionalmente dependente, nessa área específica, da resposta ativa do outro parceiro, muito além do período de amadurecimento no qual essa função especial, em geral, se tornaria autônoma" (56).

liberdade sobre os corpos um do outro, que não se desenvolve aí nenhuma tensão sexual. O garoto não deseja a mãe como um objeto separado, do sexo oposto; e ela não tem nenhum desejo sexual por ele. (Sua falta de interesse em que ele se masculinize exemplifica isto.) Só com tratamento, e com o início da masculinidade, é possível entrever o conflito edípico com a sintomatologia neurótica da infância com os quais estamos familiarizados quando pensamos em conflito edípico (60, 61, 112).

A PATOGENIA DA "HOMOSSEXUALIDADE LATENTE"

Esta revisão da situação transexual serve para demonstrar que existem forças que produzem feminilidade num homem. Creio ser correto (apesar de precisarmos ser cautelosos, pois não foi estudado um número suficiente de famílias para comprová-lo) que, quando todos esses fatores estão presentes, e são fortes, a feminilidade será a maior possível. Se reduzimos a intensidade dos fatores, ou se eliminamos os fatores, a feminilidade é menos pura. Daí, eu extrapolo para uma crença: a de que exista, pelo menos, uma tendência mínima em direção ao transexualismo, no estado de masculinidade comum. O que nos traz de volta aos princípios enunciados por Freud já em 1905, e que nunca foram repudiados, em sua teoria ou em suas observações clínicas, e que se resumem no seguinte: a bissexualidade (homossexualidade, protesto masculino, medo das mulheres) faz parte da constituição dos homens. A única diferença é que, ao que hoje em dia chamamos "transexual" ele chamava "homossexual." (Este não se constitui, de modo algum, o único significado dado por ele à palavra "homossexual".) Desenvolveremos essas ideias adiante.

Em sua última afirmação com relação à sexualidade dos homens e das mulheres, Freud afirmou jamais ter conseguido solucionar, em nenhum dos dois sexos, seu "protesto masculino" ou seja, a necessidade que os homens têm de insistir em sua masculinidade, e de temer um ataque contra ela, e a necessidade que as mulheres têm de reagir, com a inveja do pênis e suas permutações, ao efeito da castração imaginada (34). Ele atribuiu tais ideias à "homossexualidade latente" da qual outra das manifestações era o desejo proibido — inconsciente ou consciente — por prazer sexual com pessoas do mesmo sexo. Ele achava que o temor à homossexualidade fosse patogênico em muitas das principais condições diagnosticadas; e seus seguidores mais próximos estenderam a lista a tal ponto, que esse fator passou a ser escalado como agente causador em todos os transtornos psíquicos. À época, essa explicação foi cuidadosamente analisada, e tanto clínicos quando teóricos a consideraram uma explicação demasiadamente inclusiva. Alguns sugeriram que a homossexualidade era, em si mesma, uma defesa, mais do que uma causa fundamental (82, 123); outros enfatizaram que a homossexualidade masculina — que para Freud parecia originar-se principalmente da relação problemática do filho com o pai — poderia ser rastreada até chegar a distúrbios pré-edípicos nos relacionamentos entre mãe e filho (153, 3, 130).

Em sua talvez mais notável exposição sobre o papel da homossexualidade latente no desencadeamento de doenças — o caso Schreber — Freud acreditou ter demonstrado a etiologia dos estados paranoides e, inclusive, da psicose, como motivados pelo temor à homossexualidade; ele encarava a homossexualidade, nos homens especialmente, como uma patologia da resolução do conflito edípico do menino com o pai (27). Essa ideia, posteriormente, foi bastante criticada por aqueles que enfatizavam o papel da frustração, do trauma e do conflito nos primórdios da vida. Na visão desses teóricos, a relação mãe-bebê toma a dianteira na explicação. Alguns (125, 153) sugeriram que, dentro dos potenciais violentos, hostis, do estágio oral, há também, incorporado em Schreber — e, por extensão, em outros psicóticos, assim como nas pessoas abertamente homossexuais — um desejo de fundir-se outra vez com a mãe. Para nosso propósito presente, podemos observar, como o fizeram MacAlpine e Hunter anos atrás (88), que aquilo que Freud definiu como sendo a homossexualidade de Schreber é, na verdade, uma erupção de impulsos transexuais: o corpo de Schreber está se tornando feminino. E esse impulso é uma das fontes do temor à homossexualidade, que deveria ser melhor definido como "temor ao transexualismo".

Essas últimas modificações, com as quais eu concordo, fazem com que os conflitos patológicos retrocedam aos primórdios da infância. Todos eles enfatizam que uma maternagem mal desempenhada, imperfeições inatas no bebê, ou ambos, arruínam, de modo traumático, o que deveria ser uma feliz simbiose. Ainda assim, é bom que nos lembremos também de que, para muitos bebês, existem aspectos não conflitantes, não defensivos, dessa fusão: para alguns, a experiência foi, muitas vezes, simplesmente maravilhosa. Nem todos os bebês têm a mesma experiência simbiótica com as mães. Para alguns, ela é amarga — e, por isso, eles estão em perigo. Mas, para outros, ela é extremamente prazerosa. Entretanto, mesmo em se tratando do último caso, ainda assim, esses bebês privilegiados podem estar correndo um risco, pois um remanescente perigoso é deixado para trás, à medida que o menino se esforça por abandonar a simbiose e seguir em direção à masculinidade. Em outras palavras: para os meninos, não é só uma simbiose imperfeita que ameaça seu desenvolvimento; num outro sentido, o cuidado materno suficientemente bom é ameaçador também e, com mais razão, o são os cuidados que gratificam em excesso. Ao destacar esse aspecto não conflitante, talvez eu possa delinear o conceito da fusão, partindo do caso especial da psicopatologia para o caso geral da psicologia normativa. O transexual é nossa ponte.

Vimos como uma mãe perturbada, infeliz, que tem necessidade de preservar a única experiência de felicidade que ela jamais teve, fará esforços sobre-humanos para impedir que a dor, a frustração, o trauma e o conflito se desenvolvam em seu bebê. Ela o cerca com os prazeres todo-dadivosos de seu corpo, jamais se separando dele, para assim preservar os sentimentos bons que sua presença produz nela, e também por seu desejo de protegê-lo da experiência de mau aleitamento, da má infância da qual foi vítima. Seguimos com o argumento de que uma maternagem normal, sob as mais favoráveis circunstâncias, segue um padrão parecido — embora com menor intensidade e duração (conf. 155). Sabemos que, quando a mãe é suficientemente boa, episódios de plenitude acontecem. Portanto, é possível que permaneça, embutido em todo homem, mesmo com a passagem dos anos, pelo menos algum vestígio daquela plenitude primordial, uma "identificação primária" com sua mãe-mulher e, portanto, com a condição de mulher e sua feminilidade. (As aspas indicam minha crença de que existe mais nesse processo, especialmente em seus primórdios, do que aquilo a que geralmente chamamos de identificação; vejam abaixo: o "biopsíquico." "A dependência que o bebê tem da mãe [...] não envolve identificação; sendo identificação um estado de coisas complexo, não aplicável aos primórdios da infância" [155, p. 301].) A mesma tendência para se fundir, nas mulheres, não precisa ser uma ameaça à identidade de gênero; ela só aumenta, ou pelo menos a auxilia a desenvolver a feminilidade dentro de si.

A SIMBIOSE COM RELAÇÃO À IDENTIDADE DE GÊNERO

A simbiose no que concerne à identidade de gênero é o aspecto da simbiose que transmite, do bebê para a mãe e da mãe para o bebê, atitudes e informação sobre a masculinidade e a feminilidade de ambos os parceiros. Infelizmente, os mecanismos que conservam o bebê assim, tão preso à mãe, ainda não foram compreendidos. Acredito que as teorias psicanalíticas precisem de algumas das descobertas e dos conceitos dos teóricos da aprendizagem; estes, embora ainda sejam rudimentares em termos de pesquisa envolvendo humanos, podem, pelo menos, nos ajudar a especular — conforme se segue.

Esses mecanismos, nos primeiros meses de vida, são "biopsíquicos"; com isso quero dizer que estímulos do ambiente (e outros, provavelmente sentidos de forma menos aguda, provenientes do ambiente interno — tais como dor, ou auto percepção) criam alterações no sistema nervoso que funcionam (mais ou menos) permanentemente como fontes neurofisiológicas de motivação — a mudança servindo agora como uma "memória" não mental. (As aspas indicam que esta é uma experiência psicologicamente diferente daquilo a que comumente chamamos de memória; ainda não se descobriu de que maneira esse tipo de memória poderia estar fisiologicamente relacionado à memória psíquica). Como exemplos, podemos citar o *imprinting*, o condicionamento clássico, o condicionamento visceral e, talvez, algumas formas de condicionamento operante.

Por não mentais quero dizer que os estímulos e as alterações que eles causam não têm representação psíquica, nem jamais a tiveram. Esses novos focos comportamentais, portanto, não são lembrados, no sentido comum do termo, nem são sentidos por nenhum de nossos sentidos. Eles não podem ser lembrados, pois nunca existiram como parte da vida mental. Eles são mais silenciosos do que o que comumente chamamos de "inconsciente" e são uma categoria diferente, a ser acrescentada àquilo que Freud se referiu como sendo fontes de "pulsões" ("instintos") (29). Eles são tão silenciosos quanto, digamos, os efeitos dos hormônios.[4] (Ver essa discussão no capítulo 6, acerca do livre-arbítrio e do determinismo.)

Se tais noções se aplicam à pesquisa acerca do desenvolvimento do bebê, então o desenvolvimento da personalidade não pode ser totalmente compreendido através da técnica usada numa psicanálise. Como diz Racker (119, p. 79), "O estudo da transferência tem sido uma das mais importantes fontes de conhecimento com relação aos processos psicológicos da criança." Exatamente: processos, mas não experiências reais. Freud faz alusão a isso ao advertir que é frequente a estrutura de caráter egossintô-

---

4. De forma alguma estou sugerindo que tais forças não mentais, que são domínio especialmente dos teóricos da aprendizagem, são tudo quanto existe em matéria dos primórdios do desenvolvimento psíquico. À medida que o tempo passa e as representações objetais, sob a influência das pulsões, se reúnem em memórias e fantasias, a influência da mãe ajuda a fazer com que o aprendizado do bebê se torne enriquecido, cognitivo, mental.

nica não ser passível de modificar-se pela psicanálise (34). Precisamos de uma observação minuciosa, sistematizada, do comportamento infantil em seu estado natural — o que inclui, especialmente, a mãe, o ambiente que ela cria, e quais das atitudes e comportamentos que ela adota afetam o bebê — para, assim, nos munirmos de mais informações acerca do desenvolvimento da personalidade.

Através desses meandros, estou sugerindo um modelo incipiente, mas talvez algum dia utilizável, sobre o qual possamos acumular dados experimentais, observações e alguma teoria a respeito dos estágios primordiais do desenvolvimento psíquico. De momento, este modelo me serve como racionalização, uma espécie de conforto, neste período de poucos dados, para "explicar" no transexual, a transmissão da feminilidade da mãe para seu bebê menino, de tal forma que, por volta de um ano de idade (aproximadamente) ele se comporta de maneira abertamente feminina. Na realidade, com certeza, os únicos dados de que dispomos no momento são: que uma mãe, dotada de uma determinada forma de bissexualidade, e um pai que é intensamente passivo e incapaz de estar próximo de seu filho, têm um lindo e gracioso bebê; este bebê estimula a mãe a constituir com ele uma simbiose, excessivamente próxima e arrebatadora, da qual o restante do mundo é excluído, e por tempo demasiado. Então, à época em que o primeiro comportamento de gênero passa a poder ser avaliado, ele se revela feminino. Ainda não dispomos de outros dados. O que acontece dentro dessa simbiose ainda não foi examinado, nem grosseira nem microscopicamente, e por isso eu introduzi, nesse vácuo, este modelo teórico.

Mas esta teoria não é crucial para nosso principal argumento, que diz respeito ao papel da angústia da simbiose na formação da masculinidade. Por isso, é suficiente dizer que o anseio de voltar a constituir uma unidade com a mãe, há muito conhecido pelos analistas, permanece como fundamento permanente da estrutura do caráter e, dependendo da experiência de vida de cada um, passada a primeira infância, pode servir como local de fixação, mais forte ou mais fraco, para a regressão. (Ele é provavelmente latente em todo "ato" de regressão.) Estou apenas enfatizando agora — uma vez mais, pois o tema é bem conhecido desde os trabalhos iniciais de Freud — que essa regressão é frequentemente acompanhada por aquilo a que Freud chamou de "homossexualidade" e que eu, de minha parte, encaro como "uma tendência transexual." Recordemo-nos da descoberta de que o medo da mudança de sexo é onipresente (alguns dizem universal) em psicóticos homens, mas pouco frequente nas mulheres (cujos sistemas delirante-alucinatórios, quando sexuais, são mais frequentemente heterossexuais [62, 79, 81, 107]). Observamos também que, na população em geral — na maioria das culturas e na maior parte das eras sobre as quais dispomos de informação — os homens parecem mais preocupados em defender sua masculinidade contra ataques, reais ou imaginários, do que as mulheres em perder sua feminilidade.

A ANGÚSTIA DA SIMBIOSE

A angústia da simbiose, portanto, é o medo que alguém sente de não ser capaz de permanecer separado da mãe. Vamos, agora, observar mais atentamente esse medo, e ver de que forma ele contribui para o desenvolvimento da masculinidade. O argumento começa com a observação de que a sempre presente memória de unidade com a mãe atua como um ímã, puxando a pessoa de volta, no sentido de repetir a experiência oceânica de que desfrutou quando em contato com o corpo da mãe. Isto, entretanto, é um negócio arriscado para quem batalhou — e conseguiu — ficar independente dela. É especialmente arriscado quando um dos aspectos dessa independência é formado por aqueles comportamentos a que chamamos de masculinidade. Uma parte vital do processo de separação da mãe, portanto, é a de libertar-se de seu corpo de mulher e de sua psique feminina.

Chamo de angústia de simbiose ao medo universal que faz com que todos os homens sintam que sua virilidade, e sua masculinidade, estão ameaçadas, obrigando-os a construir, em sua estrutura de caráter, defesas sempre em guarda para impedir que eles esmoreçam e sejam puxados de volta ao estado de fusão com a mãe.[5] Embora ostensivamente montado para nos proteger de ameaças e agressões externas, esse medo precisa finalmente instalar-se, contra nosso próprio anseio interno, primitivo, de nos conservar em união com a mãe. Se isso for assim, então vamos entrever o esboço de um dos principais fatores constitutivos da masculinidade, e que está tão entrelaçado a outros que, à época em que o assim chamado comportamento masculino começa a se evidenciar (com a idade de um ano aproximadamente), a masculinidade já está inextricavelmente permeada pelos efeitos da angústia da simbiose. Esta última, potencializada pelo vigor biológico da virilidade (nos peixes, lagartos, ratos, macacos e homens) produz, nos machos, um índice de agressividade e de competitividade maior, em comparação às fêmeas. Isso sugere que a masculinidade, como

5. Tanto nas mulheres quanto nos homens, embora, nas mulheres, o medo de ser como a mãe em corpo e identidade de gênero, em geral, não se constitua em perigo.

a observamos em meninos e homens, não existe sem o componente do esforço contínuo para se afastar da mãe, quer literalmente, no primeiro ano de vida, quer psicologicamente, no desenvolvimento da estrutura de caráter, que obriga a mãe interior a ir para o fundo e para fora da consciência. Mencionarei a ideia de que a mãe, em sua representação como criatura má, odiada, pode também cumprir a tarefa de permitir que a mãe simbiótica seja recalcada; dificilmente gostaríamos de nos fundir a uma bruxa. Podemos conjecturar se, em seu nível mais primitivo, a perversão não é o que há de mais definitivo em termos de separação, que é o assassinato da mãe (ainda mais do que, como Freud pode ter sentido, o assassinato do pai). Seria irônico se algumas das formas que a masculinidade assume, se alguma de sua força, insistência, ferocidade — o machismo — tiverem como *requisito* formas incipientes de feminilidade; o potencial de ser feminino é uma tentação inaceitável, que precisa ser combatida com comportamentos e atitudes que a sociedade rotula como "masculinos". Talvez fique mais claro, então, por que a maioria dos homens parece tão sensível em relação à sua masculinidade.

Greenson, ao tratar de um garoto transexual cuja mãe eu analisei, chegou a conclusões similares. Ele fala em "desidentificar-se" da mãe. Não é adequado citar o trabalho de Greenson como confirmação objetiva, uma vez que trabalhamos juntos por anos, mas sua clara exposição, já publicada alguns anos atrás, é digna de nossa atenção. (Conservo suas citações bibliográficas para que o leitor possa fazer uso delas.)

É minha impressão clínica que o temor à homossexualidade, no neurótico, que constitui a base do medo de perder a própria identidade de gênero, é mais forte e mais persistente nos homens do que nas mulheres (Greenson, 1964). Acredito que nós todos concordaríamos com o fato de que, nos primórdios da infância, tanto meninas quanto meninos formam uma identificação simbiótica primitiva com a pessoa que lhes dispensa os cuidados maternos, com base na fusão das primeiras percepções visuais e tácteis, atividade motora, introjeção e imitação (Freud, 1914, 1921, 1923, 1925; Fenichel, 1945; Jacobson, 1964). Isso resulta na formação de um relacionamento simbiótico com a mãe (Mahler, 1963). O próximo passo, no desenvolvimento das funções egoicas e das relações objetais, é a diferenciação da autorrepresentação das representações objetais. Mahler (1957), Greenacre (1958), Jacobson (1964), e outros elucidaram como as diferentes formas de identificação desempenham um papel central nessa transição, à medida que o amadurecimento torna possível progredir da incorporação total às identificações seletivas. A capacidade de diferenciar entre semelhanças e contrastes propicia a capacidade de discriminar entre o dentro e o fora e, em última instância, entre o *self* e o não *self*. Nesse processo, a criança aprende que ela é uma entidade separada, diferente da mãe, do cachorro, da mesa etc. Contudo, ela aprende também gradualmente, por identificação, a se comportar e a desempenhar certas atividades da mesma maneira como a pessoa que exerce a função de mãe o faz, tais como falar, andar, comer com uma colher etc. Tais atividades não são cópias, mas são modificadas de acordo com a constituição da criança e com seus dotes mentais e físicos. O estilo de seu comportamento e de suas atividades é adicionalmente alterado por sua posterior identificação com outras pessoas que a rodeiam. O que chamamos de identidade parece ser o resultado da síntese e da integração de diferentes autorrepresentações isoladas (Jacobson, 1964; Spiegel, 1959). (61, pp. 371–372)

Finalmente, Greenson observa:

O menino precisa tentar renunciar ao prazer e à proximidade reconfortante que a identificação com a pessoa que exerce os cuidados de mãe propicia, e formar uma identificação com o pai, figura menos acessível. O resultado será determinado por diversos elementos. A mãe deve estar disposta a permitir que o garoto se identifique com a figura paterna. Ela pode facilitar esse acontecimento mostrando sua apreciação e admirando genuinamente os traços e habilidades masculinos do menino, e desejando que ele continue a se desenvolver ao longo dessa linha (A. Freud, 1965). (61, pp. 372–373)

A PERVERSÃO

Não nos devemos deixar enganar por aqueles homens que parecem não proteger sua masculinidade, retrocedendo, através dela, à identificação primordial com a mãe para criar perversão. Penso em especial nos homossexuais afeminados e nos travestis fetichistas. Embora tais homens queiram excessivamente ser como (fundir-se com) suas mães — "rituais perversos desempenham a função de desfazer a separação" (1, p. 29) — creio que os rituais sirvam, ao mesmo tempo, para promover separação; a característica essencial, à base dessas perversões, é que a masculinidade está sendo preservada. Esses homens, por meio de suas perversões, retêm a potência de seus pênis, seu senso de virilidade: o cerne de masculinidade. Eles têm, ao menos, alguma masculinidade, a ser preservada a qualquer custo. Foi por isso que considerei o transexualismo não como uma perversão mas, mais simplesmente, como uma variante sexual. O transexual jamais teve um episódio de masculinidade em sua infância, nem se pode encontrá-lo no transexual adulto; ao passo que nos homossexuais afeminados, em travestis fetichistas e em outros homens com transtornos de gênero, a masculinidade será facilmente encontrada, em sua infância e na vida adulta. Talvez as perversões sejam linhas de fratura resultantes desse processo de oscilar entre o desejo de fusão e o desejo de separação; e, embora eles possam estar trancafiados e concretados nos não perversos, encobertos no neurótico, e conservados abertos, como canais, nas perversões, essas falhas, não obstante, correm para as profundezas da identidade nos homens, exigindo um trabalho de reparação e uma vigilância maiores do que nas mulheres. (Isto não quer dizer que as perversões sejam, simplesmente, o produto de uma perturbação no processo de separação executado por ambos, mãe e bebê. Antes, estou sugerindo que a derrota em efetuar uma boa separação pode ser uma matriz que encoraje a perversão, quando ocorrem eventos tardios, na infância, que requeiram esse desvio no desenvolvimento sexual.)

Lembrem-se de o quanto essas ideias se coadunam com as condições nas quais um homem, detentor de alguma masculinidade, identifica-se tanto com as mulheres ao ponto de adotar alguns de seus comportamentos, e até mesmo suas roupas. Repetindo: tal aberração é uma perversão quando a feminilidade (ou a efeminação) foi determinada por um trauma ou por uma frustração da infância, que é recordada de modo inconsciente, e que está sempre ativa, resultando num conflito que necessita de contínua resolução; sua resolução é a perversão. O homossexual afeminado valoriza seu pênis; dele obtém prazer; está focado nele. Ele não é feminino (comportamento que deveria ser indiferenciável da feminilidade numa mulher), ele é, antes, uma caricatura de feminilidade. Sua identificação com as mulheres está encoberta pela hostilidade. Ele tem bons motivos para sua raiva secreta: quando criança, a mãe lhe ofereceu os prazeres de uma proximidade excessiva, mas somente quando ele, em função do abuso materno, renunciou às suas tendências em direção ao que a mãe considerava comportamentos masculinos (144). Sua masculinidade está ali, preservada, disfarçada no mimetismo — hostil — efeminado (144).

Vimos masculinidade no travestismo também. O adulto travesti comum é um homem que, por mais que sua identidade de gênero esteja danificada, vive a maior parte do tempo, de modo suficientemente confortável, como alguém do sexo masculino. Intermitentemente, contudo, ele é impelido a usar seu disfarce de travesti. Ele age assim, precisamente, em prol de seu pênis: quando está excitado, e para poder ter uma experiência peniana gratificante. É quando ele disfarça sua masculinidade que ele obtém o ápice da virilidade, a saber, com uma potente ereção.

A hostilidade da perversão (e sua versão mais atenuada, encontrada na pessoa "normal") é uma reação a um trauma, um voltar-se para fora para encontrar uma vítima que se encaixe em sua vingança. Mas se a pessoa não se sentiu vitimada, então não terá suficiente motivação. A confirmação para esta tese advém daqueles a quem chamo de transexuais. Existe, neles, uma estranha ausência de hostilidade, uma suavidade em nosso relacionamento, descrito com mais detalhe em outra parte (147), e que tem persistido durante anos, infindável, até o momento; e que é diferente do que eu jamais senti em outros pacientes. Eles me tratam da mesma maneira como as mães os trataram: como coisas, como apêndices — em vez de uma pessoa separada. Eu jamais me senti em perigo com um transexual — mas um número dolorosamente grande de outros pacientes meus, com distúrbios de identidade de gênero, só escaparam de serem assassinos (de outrem ou meus) através de um trabalho terapêutico extenuante e assustador. Um desses casos será relatado em alguma parte, no decorrer deste livro. (146)

DISCUSSÃO

Como foi descrito aqui, a masculinidade, nos homens, começa como um movimento para se distanciar da arrebatadora e perigosa, para sempre recordada e ansiada, simbiose mãe-bebê. O bebê menino, que deve se tornar masculino, precisa ser abençoado com uma mãe que o encoraje a se separar dela, a se individuar apropriadamente. Se ela não conseguir lhe dar permissão para que o faça, prolongará e, deste modo, aumentará seu estágio primário de feminilidade; se, por outro lado, ela for brusca demais no combate a tudo quanto considerar feminino, poderá produzir o caráter fálico congelado, brutal, que resulta quando as possibilidades de até mesmo um retorno momentâneo a ela ficam barradas (120, 136).

Certamente estamos familiarizados com os efeitos traumáticos da angústia, e de como ela se torna um fator central na motivação. No caso da angústia da simbiose, nós temos um problema: precisamos justificar um desejo quase universal, por parte dos bebês, de se separarem de um estado de plenitude, arriscando, assim, a angústia. Podemos mensurar a força desse desejo, baseados não só no fato de quase todos os homens desenvolverem algum grau de masculinidade, apesar da simbiose inicial; é também sabido (137) quão monumental é o esforço que se requer, por parte da mãe do menino transexual, para manter o estado de simbiose, que ela considera tão precioso. Levando em conta a necessidade de se separar da mãe, alguns observaram o quanto uma mãe, respeitadora da virilidade e da masculinidade, recompensará os comportamentos que ela considera masculinos, e desencorajará os que ela não considerar assim; monitorará seus cuidados, fazendo com que sejam adequados ao humor, à capacidade e ao estágio de desenvolvimento da criança; e aproximará o marido, para que forneça os necessários reservatórios de masculinidade para o filho. Adicionalmente, talvez o ódio à maldade materna ajude o menino na separação. Se, além disso, postularmos também mecanismos inatos, que empurram o bebê em direção à separação favorecendo comportamentos que se encaixam no que a mãe considera masculino, poderemos ter uma explicação suficientemente boa para o prazer — o sentimento de autoconfiança — que o motivará a se separar dela.

Uma vez que o menino tenha sido reconhecido como homem, e tenha começado a fixar este sentimento de virilidade e de orgulho da masculinidade em sua estrutura de caráter, torna-se crucial que ele erga uma barreira — a angústia da simbiose — contra sua tendência de regressar para o aconchego materno. Neste processo, a angústia da simbiose exerce uma função normalizadora essencial, possibilitando o processo de desidentificação e permitindo que a individuação prossiga. Sem essa barreira, a feminilidade persistirá, a situação edípica não será percebida como conflito, o conhecimento do corpo da mãe como objeto separado e como objeto de desejo (uma raiz para a posterior heterossexualidade) não se desenvolverá, e o resultado feliz — a masculinidade — não se estabelecerá.

Talvez uma parte do mal-estar que os homens sentem em relação às mulheres — o mistério a respeito do qual poetas (homens) sentimentalizam — reflita a necessidade de que se erga essa barreira, contra o desejo de se fundir com a mãe. Esta, então, poderia ser mais uma contribuição às múltiplas causas da homossexualidade; paralelamente a ela, e talvez ainda pior, penetrar num corpo feminino, aí seria arriscar demais. O menino teme perder sua masculinidade e seu senso de virilidade não somente através da perda de seu precioso e frágil pênis, mas também porque ele poderia ser subjugado pelo desejo de se tornar, uma vez mais, uno com a infinitude negra da feminilidade interior.[6] Isto poderia explicar, em parte, por que tantos homens não conseguem viver amorosamente com as mulheres, exceto por curtos períodos, e por que alguns, após o coito, precisam se levantar e partir, o mais rapidamente possível.

Muito do que digo aqui não é novidade. Por exemplo, numa carta a Freud, datada de 06 de novembro de 1927, Lou Andreas-Salomé escreve:

> Pois as mulheres nunca vivenciaram o grande choque de descobrir a ausência de seu próprio pênis na mãe. No homem, é essa descoberta que origina, em primeiro lugar, a situação do incesto; é o que o confirma como homem na relação com a mulher que o gerou. Assim, mesmo antes de a situação de incesto ter surgido, ele foi confrontado com uma experiência avassaladora, que é totalmente reprimida, e à qual ele não retornará jamais no decorrer da vida. Enquanto a menina se preocupa com coisas reais e experiências sensuais, o homem é assombrado, nos mais recônditos recessos de sua mente, por um romantismo velado e estranho, um emocionante fragmento de irrealidade que, inevitavelmente, continua a exercer uma influência secreta sobre sua vida amorosa. Enquanto, ajudado por seus temores de castração, ele tenta resolver a situação de incesto dentro de si mesmo, ele desvia o desejo secreto que sente pela mãe procurando degradá-la, juntamente com todas as representantes de seu sexo, mais ou menos à categoria de

6. "O fracasso geral no reconhecimento da absoluta dependência inicial contribui para o medo da MULHER, que é o quinhão de ambos, homens e mulheres" (155, p. 304).

uma prostituta — não obstante permaneça nele um relacionamento primordial com a "figura da mãe dotada de pênis" que era seu igual sexual e, no entanto, ainda muito superior a ele, pois, além de protegê-lo, ela o ultrapassava. É preciso que ele encontre alguma solução para esta situação; será que não é isso que ele faz, naquele amor do "tipo anaclítico masculino" que você descreveu para nós (in "The Ego and the Id")? Isso é algo que se pode compreender por si só — como resultado de uma luta contra o incesto, e por conta da ternura reverencial exagerada que a substitui. Se o processo é vitorioso isto é, em parte, resultado da experiência primordial que, nesse sentido, parece restabelecer seu lugar no mundo real.

Talvez o fetichista seja precisamente uma pessoa para quem esse processo fracassou; então, ele o condensa num fragmento absurdo da realidade — uma bota, um feixe de cabelo, ou o que seja — que passa, então, a se revestir de fantástico esplendor. Mas é exatamente esse absurdo que explica a significação total do êxito do desenvolvimento libidinal no indivíduo normal. Sempre me pareceu que o homem, apesar de seu ajuste mais consciente e mais firme à realidade, possuía, entretanto, a centelha de uma capacidade de romantismo, "idealismo" ou algo de profundamente imaginativo — chame como quiser — maior do que a mulher; e, por essa razão, é ele o mais criativo. Ele teve que renunciar de forma mais profunda diante daquela decepção primordial; isto fez com que conservasse suas faculdades mais imaginativas intatas, sem máculas produzidas pela realidade, daí elas poderem irromper em atividade criativa; ao passo que a mulher, apesar de todas as tendências sentimentalistas de sua parte, nunca abandou inteiramente a realidade podendo, assim, adotar um relacionamento sóbrio e harmonioso com ela. (116, pp. 168–169)

Da mesma forma, anos atrás, Boehm, discutindo "o complexo de feminilidade nos homens" (ou seja, aspectos da masculinidade), descreveu o papel do medo que surge nos meninos e nos homens em virtude da inveja que sentem em relação à condição feminina das mulheres:

> O ódio às mulheres se origina da [...] angústia da castração. Pelo fato de os meninos imaginarem a concepção e o parto como coisas tão complicadas e estranhas, e porque esses processos são tão misteriosos para eles, eles têm um desejo ardente de lidar, dentro de si mesmos ou em outra parte, com uma intensa inveja dessa capacidade das mulheres... A inveja da capacidade que as mulheres têm de ter filhos (que eu chamo, para simplificar, de 'inveja do parto') é um considerável incentivo à capacidade produtiva dos homens.

Existe, contudo, uma outra forma que a inveja masculina dedicada aos atributos femininos pode assumir: a saber, a inveja dos seios das mulheres. Acredito que, quando crianças, costumamos invejar as pessoas quando elas têm alguma coisa a mais do que nós. É inevitável que os seios femininos despertem inveja nos meninos, e que suscitem o desejo de possuir tais órgãos; especialmente porque os seios, como mencionei acima, representam, no inconsciente dos meninos, um formidável pênis. Mesmo sem considerar esse ponto, contudo, eles têm uma função diferente do que qualquer outra coisa que os meninos possuam...

Acabei de dizer como nossa inveja é despertada sempre que alguém tem alguma coisa a mais do que nós mesmos. Podemos, além disso, dizer que, quando alguém tem alguma coisa diferente, alguma coisa que nós nunca poderemos ter, experimentamos um sentimento de inferioridade. O tipo de coisa "diferente" não importa muito. Já nos disseram tantas vezes, e toda análise de paciente mulher o confirma, que as garotinhas têm inveja dos meninos porque eles detêm o poder de expelir sua urina em jatos contínuos, a uma distância maior e mais alto do que elas jamais poderiam ser capazes. Mas muitos homens conseguem se lembrar da seguinte experiência, de seus dias de criança: a de como suas irmãzinhas conseguiam despejar um jato mais volumoso de urina do que eles, e de como isso fazia um ruído diferente, mais denso, no quarto. Um de meus pacientes se lembrava perfeitamente de como o oprimia e envergonhava o fato de ser incapaz de produzir o mesmo som ao urinar. Mais tarde, na vida, seu grande hobby era brincar com uma mangueira, que lhe possibilitava escolher entre jatos volumosos ou finíssimas pulverizações de água.

Todos os fenômenos que descrevi brevemente até aqui podem ser resumidos na expressão: "o complexo de feminilidade nos homens." (6, pp. 456–457)

Pode-se argumentar que a mãe do transexual, com seu intenso e patente ódio pelos homens em geral, não conseguirá deixar de transmitir a seu filho um sentimento de raiva. Ela, certamente, transmite esse sentimento em relação aos homens em geral; mas o que observei foi que, nesse filho, ela encontra uma exceção à regra; ele sabe que a depreciação feita ao pai não inclui a ele, o transexual. Este menino em particular — esse falo bonito — é a tal ponto o orgulho de sua mãe, o final de sua desesperança, o arremate feliz de seu corpo, antes inadequado, a felicidade de sua vida, que não existe razão para esperar que ele vá sofrer — desde que permaneça imerso na simbiose. Pode-se especular que ele sofra, que ele seja perpassado pela angústia, que ele seja psicótico e que mal consiga disfarçá-lo através da sintomatologia transexual; mas isto é uma "explicação", que ganha sua força com base na expectativa, e não na observação. O que não quer dizer que não existam pessoas que usam uma forte identificação com as mulheres para defenderem a si mesmos contra essa angústia avassaladora; há, até mesmo, os que resvalam para a psicose; eu vejo muito mais pacientes desse tipo do que transexuais. Porém, eu discordo daqueles que dizem que essa angústia primitiva está presente também nesses casos raros, nos transexuais do sexo masculino. Pois, para que essa angústia aparecesse também nesses últimos, eu teria que ou acreditar, como alguns kleinianos o fazem, na existência de um estado de terror inerente a todos os bebês, independentemente do tipo de maternagem que lhes foi administrada (o que não explica a razão de não serem todos transexuais) ou, então, que todas essas mães estão infligindo traumas monumentais, terríveis (embora ocultos) em seus bebês do sexo masculino, suficientes para produzir essa colossal defesa — porém, por demais sutis para que possam ser observados.

Deveríamos suspeitar que a hostilidade infligida sobre o transexual pela mãe pudesse ter ajudado a causar sua feminilidade; essa hostilidade causa isso, nos homossexuais efeminados e nos travestis (3, 144). Uma vez que ela expressa seu ódio e sua inveja de outros homens, não parece plausível que essa mãe possa se abster em relação ao filho, não importa o quanto ela pudesse, conscientemente, tentar. Embora isso seja provável (e essa foi a posição que assumi anos atrás, quando comecei a estudar a simbiose) o fato é que a hostilidade, simplesmente, não apareceu. Talvez em virtude da sua sutileza, ou de minha inépcia, ou de sua ausência — e tenho me debatido em torno dessas possibilidades.

Presentemente, tudo quanto posso afirmar é que não encontrei essa hostilidade dentro da simbiose. Se, ainda assim, ela estiver lá, um dia ela haverá de marcar sua presença. A reversão de gênero é uma mudança dramática de identidade; não é plausível que ela seja causada por alguns débeis sussurros da vontade da mãe. Se o ódio ou suas permutações são fortes, os efeitos se refletirão também no bebê, sob as formas com as quais aqueles que estudam as crianças já nos familiarizaram há tempos: desenvolvimento anormal de um ego desprovido de gênero, como atraso ou precocidade nas funções intelectuais, na motilidade ou na fala; transtornos em funções fisiológicas como o sono e a alimentação; turgidez muscular e choro; desenvolvimento fora de fase, desintegrado; afetos turbulentos — como raiva, terror, depressão, apatia, ansiedade, retração — inapropriados, excessivos, bizarros ou inoportunos; desenvolvimento das relações objetais distorcido ou atrasado, com a família ou com estranhos, com humanos ou com animais, com objetos animados ou inanimados; curiosidade reduzida ou ausente, como em relação a jogos ou fantasias; transtorno do pensamento envolvendo outras áreas que não as relacionadas ao gênero; e assim por diante. Posso afirmar que nenhum desses efeitos, praticamente nunca, está presente nos garotinhos a quem chamo de transexuais.

De forma alguma esse sentimento de fusão arrebatadora deve ser confundido com a "fusão, encontro, e ausência de diferenciação entre o *self* e o não *self*" (90, p. 309) que se nota nas crianças que são produto da simbiose psicótica. As mães dos transexuais conservam seus bebês no colo por tempo demasiado e com proximidade excessiva, mas elas não restringem sua motilidade (o que seria um outro sinal de hostilidade materna), o que poderia desencorajar a descoberta do mundo do não *self*. Essas mães ajudam seus filhos a definir os limites entre o *self* e o mundo exterior em todos os aspectos — exceto quanto à sua condição de mulher e à sua feminilidade como mãe.

Elas também encorajam a criatividade do menino e o crescimento de outras funções egoicas, de tal modo que esses garotos são tipicamente vivazes, atentos e artísticos (60, 137) — sugerindo, mais uma vez, que a hostilidade materna é fraca ou ausente na simbiose.

À medida que os garotos crescem, eles não são isolados mas, ao contrário, se entrosam facilmente com os colegas em jogos e estudos. É só quando entram na fase em que são vítimas de um assédio impiedoso na escola, por serem femininos, é que eles se afastam dos outros.

Esta explicação pode ser difícil de digerir, pois sugere que um desvio importante na estrutura do caráter pode ser criada sem trauma. E, no entanto, pressões que não envolvem trauma estão entre os mais importantes fatores no desenvolvimento da estrutura do caráter, tanto da "normal" quanto da "anormal".

Este capítulo é sobre a masculinidade nos homens. Apesar disto, a tese sobre o papel da simbiose primitiva deveria ser testada também nas mulheres: a feminilidade aumenta, como a tese levaria a prever, quando existe uma simbiose saudável da mãe com seu bebê do sexo feminino? Será que a masculinidade é encorajada nas meninas, quando a intimidade na simbiose é diminuída? Há indícios de confirmação: as mulheres mais masculinas de que se tem notícia, as transexuais do sexo feminino, parecem se desenvolver a partir do seguinte: elas não são consideradas bonitas ou graciosas ao nascer; elas não são bebês fofinhos; existe uma simbiose flagrantemente incompleta, com mães que não estão acessíveis psicológica ou fisicamente nos primeiros meses, ou por um tempo ainda maior de vida — e não há ninguém com aptidão para substituí-las; a menina é encorajada, especialmente pelo pai, a ser forte e masculina, ou seja, a prescindir da simbiose (141). Lembrem-se também do relacionamento da mãe do garoto transexual com sua própria mãe como caso semelhante de simbiose inadequada, e que contribuiu para a masculinidade dela. Estes fatores sugerem que, como ocorre com os homens, o fato de abreviar a simbiose e de valorizar seu enfraquecimento cria, nas mulheres, aqueles comportamentos e aquela identidade que designamos como masculinidade. (Um aspecto do próximo livro que fará o relato de minha pesquisa será o desenvolvimento da feminilidade em meninas e mulheres.)

Façamos um resumo. As mães, como vimos, têm uma tarefa adicional na criação dos filhos que, com as filhas, é dispensável. Elas devem encorajar a separação (1) com maior intensidade, firmeza e vigilância; 2) no(s) momento(s) certo(s); 3) com as quantidades adequadas de frustração, combinadas com (4) quantidades adequadas de amor, cuidado e compreensão; (5) apreciar seu marido o bastante para oferecer esse pai à criança como objeto valioso para identificação.

Além de encorajar a separação, elas também precisam encorajar o desenvolvimento de um sentimento de autoconfiança. Isto foi estudado em relação a muitas funções egoicas, mas talvez menos sistematicamente no que diz respeito àquelas funções que são percebidas pelos outros, e pela própria pessoa, como masculinidade. Requer-se de uma mãe (1) que sua própria inveja da condição masculina seja subjugada; (2) que ela seja feminina ou, caso nem tanto assim, que ela o seja pelo menos em alguns aspectos, quando estiver com seus filhos (146); e (3) que ela goste de bebês. É uma grande vantagem (4) quando ela é genuinamente heterossexual e especialmente útil quando ela é casada, de tal forma que um homem, masculino, que ela ama, possa estar permanentemente presente na família.[7]

Em biologia — animal e humana — a condição de macho é uma qualidade que se evidencia a partir de um substrato de fêmea. De forma análoga, e aqui lançada de maneira hipotética, a masculinidade é uma qualidade que se evidencia a partir de um substrato feminino. Converter esta hipótese em descoberta exigirá que tragamos um "microscópio" clínico para aplicar ao relacionamento entre mãe e bebê,[8] para nele examinarmos a maneira pela qual a simbiose é dissolvida em duas pessoas que reconhecem mutuamente o que as diferencia. Esta ação de dissolução trará o bebê menino para o mundo — e para sua masculinidade.

Eis aqui uma proposição que poderá, em seu devido tempo, ser testada empiricamente: nossa cultura, como a maioria das demais, define a masculinidade — para o melhor ou para o pior — em termos de quão completamente alguém demonstra estar livre da necessidade de simbiose com a mãe.

---

7. Essas qualidades femininas estão resumidas, quando ausentes, no comentário de McDougall: "Na criança destinada a uma solução perversa do desejo sexual, o inconsciente da mãe desempenha um papel fundamental. Somos tentados a especular que a mãe do futuro perverso, ela mesma, nega a realidade sexual e denigre a função fálica do pai. É possível que ela passe ao bebê, adicionalmente, o sentimento de ele ou ela ser um substituto fálico" (103, p. 381).

8. Podemos ter expectativas de que poderemos fazer isso graças, principalmente — mais do a qualquer outro — a Mahler. Ela apontou o caminho, com sua metodologia e suas conceitualizações, para que nos tornemos capazes de focar de forma precisa as dinâmicas dos relacionamentos entre mãe e bebê.

Capítulo 9

Um delito assume a forma de um ato sexual

O leitor encontrará, neste capítulo, informação suficiente para tornar mais complexo o conceito de perversão. O ato delinquencial a ser estudado aqui é parte habitual do comportamento da pessoa, enquadrando-se em algum ponto entre a perversão — neurose erótica — e um tipo de neurose cujos sintomas não são abertamente eróticos. Para essa paciente, o ato francamente sexual — o planejamento de um "estupro" — é desprovido de prazer erótico, ao passo que certas partes não eróticas de seu ritual — como a invasão de uma casa — simulam, quase que literalmente, um ato sexual, sem que a paciente se conscientize disso — algo que faz lembrar as convulsões histéricas dos dias vitorianos. Sua perversão ilustra, assim, a opinião de Freud de que os sintomas neuróticos e psicóticos são (eu diria *poderiam ser*) atividade sexual disfarçada, inconsciente.[1] Este caso é apresentado, portanto, para dar

1. Eu não creio, entretanto, como Schmideberg, que "quase todos os atos de delinquência patológica podem ser, inteira ou parcialmente, classificados como perversões ou fetiches" (124, p. 45), uma opinião estranha que ela abraça simplesmente por ambos serem "atos repetitivos" com "um padrão claramente marcado e rígido." (p. 45) Isto dificilmente seria razão suficiente para igualar os dois. Será que ela chamaria todos os rituais sexuais de perversões?

visibilidade a um tipo de impulsos sexuais primitivos que permanecem inconscientes até se tornarem manifestos.

A paciente, que foi minuciosamente descrita em outro local (146), é uma mulher de seus trinta anos que, até o final de seu tratamento (não por análise) era, em geral, extremamente masculina; ela era intermitentemente psicótica — com alucinações e delírios — e apresentava estados de transe e múltipla personalidade. Ela estava também firmemente convencida de que possuía um pênis; de que ele era da mesma qualidade, e tinha as mesmas dimensões anatômicas, do pênis de um homem normal — embora se situasse dentro de sua pélvis. A parte mais importante do tratamento era, para ela, encontrar o seu *self*, tarefa impossível até então. Houve ocasiões em que ela se sentiu claramente como a mulher que desejava ser, e outras, em que se sentiu, de maneira igualmente nítida, como o homem que desejava ser — tendo havido épocas, também, em que ela quis se sentir como sendo mulher mas se sentiu como um homem, e vice-versa.

Durante a adolescência e até seus vinte e poucos anos, ela se deixou levar por inúmeras formas de comportamentos criminosos — desde passar cheques sem fundos até tentativas de assassinato — pelos quais, algumas vezes, ela foi detida e presa. No material que se segue, de vários anos atrás e após muitos anos de tratamento, ela revela pela primeira vez o ritual (o *modus operandi*, que a polícia sabe ser um detalhe que se encaixa, em muitos criminosos, como uma impressão digital) que ela usava quando invadia residências, com o propósito de roubar. Ao ler este material, o leitor poderá pensar em cleptomania, com sua conhecida dinâmica — o desejo que as mulheres têm de roubar um pênis (19, pp. 370–371), um pênis que a satisfará como somente um seio que amamenta poderia fazer. Contudo, a experiência dessa paciente não é exatamente a de uma cleptomaníaca — inclusive porque as dinâmicas estão muito pobremente disfarçadas, em comparação àquelas do cleptomaníaco médio. O ato delinquente dessa mulher se assemelha à perversão por ser repetitivo, gratificante, compulsivo, construído a partir de dinâmicas de hostilidade — e por converter a vítima em vencedor. A diferença é que ele não é erótico — apesar de os genitais serem a arena e de uma das etapas do ritual exigir o coito, sendo a outra um ato em que o corpo é usado como órgão genital.

Finalmente, em virtude de envolver a execução de um crime como parte desse complicado ritual sexual, somos remetidos a questões morais que, por dizerem respeito à responsabilidade do indivíduo por suas próprias ações, podem ter relação com o problema do pecado, que será abordado na última seção deste livro.

A um certo ponto, a transcrição evidencia o resvalar da paciente de um estado de plena consciência para um estado de transe. Após ter atingido esse estágio, e até o final do tratamento, ela foi capaz de entrar em transe sempre que quis, evidenciando um dos aspectos de sua capacidade de cindir seu *self* em partes; outros aspectos dessa capacidade são suas personalidades múltiplas e seus estados delirantes. Durante esses transes ela reviveria — em vez de simplesmente recordar — experiências do passado, inclusive eventos de sua mais tenra infância, dos quais era incapaz de se lembrar quando totalmente consciente.

Nessas conversas, a paciente e eu estamos muito à vontade um com o outro, confiantes, sem tentar ser educados, usar de tato ou de mesuras. A maioria de minhas observações extensas e explicativas, como ambos sabíamos, eram perguntas e formas de pesquisa, destinadas a fomentar tanto a minha compreensão quanto a dela. Elas não são — como podem aparentar assim, impressas — uma sequência de interpretações taxativas. Apesar dos riscos envolvidos, o material deste caso será apresentado aqui através das próprias palavras que a paciente e eu trocamos. Escolhi este método para que o leitor possa ter um vislumbre de como, em minha pesquisa, a teoria emerge dos fatos. Existe uma grande distância entre o que foi dito durante a sessão (ou, digamos, seu pálido reflexo, que é o que permanece ao se imprimir uma conversa) e a teoria e as hipóteses que se acumulam neste livro. E alguém poderá se perguntar: como é que qualquer espécie de teoria pode ser levada a sério, em um trabalho científico, se os dados que a sustentam permanecem, como acontece com a psicanálise, inacessíveis?

S. Por que você quer fazer isso?
G. Porque isso me dá alguma coisa. Você não imagina como é maravilhoso... É melhor do que sexo... dirigir-se para algum lugar, entrar e roubar. É melhor do que conseguir uma mulher. Quando eu comecei a roubar, eu ainda era criança, eu roubava comida, sabe? Eu consigo me lembrar de mim, entrando... eles cultivavam hortas comunitárias, eram tempos de guerra, quando eu era garota; eu me lembro de mim, roubando comida... não é algo de que eu me lembre como sendo tremendamente excitante; eu me lembro que era gratificante, porque minha barriga estava vazia. Quando eu tinha por volta de treze anos: encher o saco deles; a vontade de ir testando até onde você consegue aborrecê-los... e mais você consegue roubar... eu nem ao menos sei o que eu fazia com o que... provavelmente eu dava a alguém, de presente; é isto que faço com a maioria das coisas que eu roubo, eu as dou para alguém. Eu não as quero. Quando eu estava no colégio, nós costumávamos ir em grupos. Um grupo vigiava, outro cuidava de dar cobertura, e

era sempre eu quem roubava. Sou eu mesma quem escolhe fazer isso. E não sou só eu não, eles também me escolhem, porque eu faço isso tão bem! Eu sempre sinto medo quando estou roubando, mas não de ser pega. Não sei de que tenho medo.

Depois que termina, eu fico tão excitada... fico tão excitada. Eu não tremo nem nada enquanto estou agindo, nem um pouco... não é nada demais. Mas quando eu termino, eu tremo até que minhas mãos tremam também; eu tremo toda. Aí, eu dou a volta no quarteirão e transo com alguém... geralmente eu como alguma coisa. Eu sempre tomo um sorvete com calda quente de chocolate. Não sei por que, mas é o que me atiça a vontade... Sabe, tem um restaurante que, quando eles me veem entrar, eles logo me preparam uma tigela de sopa de *sundae* com calda quente. Eles não me conhecem, sou uma estranha pra eles. Eu sempre vou lá, toda vez, depois.

Uma outra parte de seu modo de agir, que nunca sofria variações, era escolher um estranho, uma espécie de máquina, escolhida por parecer capaz de desempenhar com vigor um ato sexual gélido, desprovido de qualquer sentimento ou carinho, com um pênis rijo — um ato sexual que ela jamais suportaria, muito menos iria em busca dele em outro momento qualquer.

G. Eu simplesmente me deito ali e deixo que me comam (para ela, essa palavra nunca significa somente o ato sexual; ela é usada aqui por sua evocação precisa de ataque forçado contra uma fêmea). Eles (os homens) podem fazer comigo tudo o que quiserem. Eu nem sei se chego a gozar (em nenhum outro momento ela deixa de saber). Eu não estou falando de sexo; estou falando sobre quando me comem. É importante, ser comida... é como ser rasgada. Se o primeiro homem não conseguir fazer isso, eu saio e arranjo outro. Depende de ter sorte ou não. Se já consigo o cara certo da primeira vez, então fica nisso. Senão, eu vou de um em um, até sentir que fui comida. Eu lhe digo: "me come!" É isso que eu quero. Se tenho orgasmo, não é nos meus genitais, é na minha cabeça. Uma explosão. Então eu fico aliviada; aí, eu paro de tremer.

Eu faço isso pelo menos uma vez por mês; pelo menos. No máximo, uma vez por semana. Eu nunca pratiquei um roubo sem fazer tudo isso depois. Começou na minha adolescência, quando os garotos — meus amigos — e eu roubamos alguns carros e fomos para o Arizona (eu tinha uns catorze anos). Fui eu que os roubei. Então eles me comeram, no caminho para o Arizona, naquela mesma noite. Chegamos ao Arizona na manhã seguinte.

À noite, depois de ter me contado todas essas coisas, o sentimento — um desejo — de roubar, tomar sorvete e ser estuprada voltou.

No decorrer da sessão seguinte, ela forneceu mais detalhes sobre o ritual.

S. O que você costumava fazer com as coisas que roubava?
G. Depende do que era. A maioria eu dava. Quase tudo de valor, exceto... utilidades domésticas, nada que fosse grande, as coisas grandes seriam difíceis de carregar. Depende, também... bem, se eu estivesse fazendo aquilo pra mim mesma, eu roubava coisas pequenas. Se eu estiver roubando porque quero satisfazer alguma coisa dentro de mim, eu roubo um objeto apenas. Se estiver roubando para meu parceiro, então eu roubo mais alguma coisa. Eu quase nunca conservei nada. Teve uma vez que eu conservei uma caixinha de música por muito, muito tempo.

Seguiu-se, então, uma discussão sobre técnicas e conhecimentos, o que revelou o profissionalismo da paciente. À medida que vai falando, vai ficando envergonhada.

G. Ontem à noite eu não saí (apesar de ter sentido o impulso de fazê-lo).

Eu sonhei com meus tempos de criança, quando não tínhamos geladeira; tínhamos uma caixa de gelo, e o homem do gelo vinha... e eu me lembrei de que ele também dizia isso. Não sei por que sonhei com isso, mas consigo me lembrar de ter dito isso... Quando nós éramos crianças, quando o homem vinha trazer gelo, nós engatinhávamos na carroceria do caminhão, enquanto ele permanecia em casa; e eu sonhei sobre isso a noite passada, sonhei que ele estava em casa e que eu montei na carroceria do caminhão, apanhei um pouco de gelo... e ele veio e me disse que, se eu roubasse seu gelo, ele iria me furar com o picador de gelo. E eu pensei que isso realmente seria muito legal, ser apunhalada por um picador de gelo.[2] Eu não senti medo.

Eu não sou má, quando eu roubo. Eu não roubo porque eu sou má. Eu roubo porque preciso, e não porque sou má. Se eu fosse sentar e pensar: "Eu vou roubar dessa velhinha em Pasadena, e essas são todas as economias que ela guardou durante toda sua vida, é toda sua herança e tudo mais"... então, eu suponho que me sentiria má; mas eu não poderia fazer isso. Eu não roubo de alguém. Eu não penso em ninguém. Eles simplesmente não existem... eu não sou má, pois não estou fazendo isso para prejudicar alguém... eu quero chorar mas não vou. Eu não sei... porque eu me sinto como quando eu era uma guriazinha, e era punida por alguma coisa que eu não tinha feito. Talvez, se eu fosse punida, eu não fizesse mais isso.

Eu vou lhe dizer o que acabei de pensar. Começando pelo médico, e ele dizendo: "Por que você tem que estar sempre tendo bebês?" (ela, repetidamente, teve filhos ilegítimos) e eu dizendo: "Bom, o senhor sabe, quando alguma coisa se vai, você precisa de outra coisa que a substitua." Quando levam embora alguma coisa sua, você tem que recuperar, ou então

---

2. Quando criança, uma vez, num ataque de fúria, ela havia esfaqueado sua mãe na coxa; foi o mais alto que ela conseguiu alcançar.

você se sente vazia lá dentro. O propósito de roubar, sempre leva uns dias, até se definir. A primeira coisa que percebo é quando eu acordo. Faminta. Em meu estômago. Eu não como; não se trata desse tipo de fome. Eu costumava comer, mas aí eu vomitava. Eu teria a sensação... eu estava pensando naquela velha... Quando eu era criança, talvez com uns oito anos, tinha essa velha que eu costumava visitar. Ela morava num porão. Seu filho e sua nora, com os filhos deles, moravam em cima; ele tinha um apartamento no andar de baixo, e me dizia: "Você só poderá conseguir isso (um presente que ele tinha para ela) se roubar. Eu não darei a você... mas, se você roubar, poderá ter." E um dia minha irmã e eu fomos vê-lo, e ele tinha morrido... Então, não pode ser considerado propriamente um roubo.

Na manhã em que a coisa começa, eu acordo; eu sempre acordo cedo, sabe, ainda está escuro e algo faz com que eu acorde, e eu sinto fome. Talvez seja algum pensamento mau durante o sono, ou algo assim. Mas eu não me lembro. Porém, estou excitada. Não sinto vontade de sair da cama. Estou... alguma coisa. Não quero sair da cama...

Eu sempre me visto do mesmo modo. Faço sempre as mesmas coisas e uso as mesmas roupas. Mas eu sempre usei o mesmo estilo de roupas. Um par de jeans, tênis e uma camisa.

S. Que tipo de camisa?

G. Uma camisa comum. Não uma camisa de mulher... camisa de homem, das minhas. Minhas camisas são de homem.

S. De que tipo?

G. De cor forte. Mangas compridas.

S. Sempre?

G. Sim, mas eu as dobro até aqui. Azul. Gosto de camisas azuis. Não sei por quê. Sempre uma camisa azul. Sei que não poderia ser vermelha, nem verde.

S. Você se lembra de alguém que usava camisas arregaçadas, azuis?

G. Não sei... meu avô usava.

S. E por que tem que arregaçar as mangas?

G. Fica mais confortável assim.

S. Então por que não usar camisas de manga curta?

G. Elas são curtas demais.

S. Veja bem, você pensa sim que é mau. O coito parece uma punição: você não pode ter nada disso (as coisas boas) sem que antes tenha tido aquilo (a punição). Uma vez que você tenha sido devidamente punida, então sua consciência lhe permite ter o pacote inteiro, o que significa: paz. E é alguma coisa relacionada com o homem do gelo.

G. O homem do gelo usava uma coisa de couro em cima dos ombros, assim quando ele...

S. Quem era ele?

G. Está na hora de ir (não a deixo). Nós tínhamos um homem do gelo, um padeiro, um leiteiro... e todos detestavam a minha mãe. O padeiro a obrigava a pagar a conta e depois me dava o dinheiro. Nem sempre tivemos o entregador de gelo. Isso foi só quando eu era muito pequena... não sei... não sei.

S. Seu pai está de algum modo envolvido nisso?

G. Não.

S. E ele tinha qualquer coisa que se relacionasse à camisa azul, às mangas arregaçadas, ou alguma coisa relacionada ao entregador de gelo?

G. Sabe, quando você me perguntou sobre a camisa azul... eu tinha um retrato do meu pai vindo para casa, com suas mangas arregaçadas e seu suéter... ele tinha um suéter, disso eu me lembro muito bem; e ele sempre o dependurava no trinco da porta; e ele sempre trazia no bolso alguma coisa pra mim. Alguma coisa só pra mim. Era estranho ele fazer isso, pois eu tinha irmãos e irmãs, sabe. Eu tinha que surrupiar o presente, para que os outros não o vissem. Pois ele só trazia algo para mim; nada para as outras crianças.

S. Então você o roubava!

G. Sim. E o que eu roubo, é meu. Primeiro eu o seguro entre as mãos, depois levo para casa.

S. E depois você toma o sorvete: você comemora. E depois você deixa que te comam, a grande punição. Agora, e a sua mãe, como ela procedia em relação a esse joguinho?

G. Ela sempre ficava brava por ele não trazer nada para os outros...

S. Seu pai nunca colocou você numa camisa como essa?

G. Ele costumava me vestir com as roupas dele. A camisa e as calças, traje completo. Ele achava muito engraçado me vestir com as roupas dele.

S. E ele lhe arregaçava as mangas?

G. Claro, pois elas eram supercompridas.

Vem, então, um material sobre sua mãe, que seria muito difícil para o leitor acompanhar, pois as associações e interpretações referem-se a acontecimentos e ideias que abrangem todos os anos de tratamento anteriores a este momento. Basta dizer que numa sessão, logo antes do sonho com o entregador de gelo, ela havia dito que sua mãe tinha gelo nas veias, de tal forma que a sessão que acabo de descrever terminou com minha sugestão de que o entregador de gelo seria a irredutível mãe da paciente, e que para ela representara a morte, durante seus anos de bebê e sua infância (é possível obter-se um retrato mais completo de seu relacionamento com a mãe à p. 146).

Sessão seguinte:

G. As coisas que pego só têm valor pra mim por um certo tempo; então eu preciso me livrar delas. A única coisa que roubei e conservei por um bom tempo foi uma caixa de música. Era uma caixa de música de criança. Tinha imagens esculpidas nela. Era como um carrossel, e tinha crianças que passavam girando, num círculo, quando a música tocava... Eu nunca roubei nada "valioso", a menos que eu estivesse roubando para

meu parceiro. Digamos que tivesse uma joia sobre a mesa, e que tivesse uma pedra. É mais plausível que eu apanhasse a pedra em vez da joia... conservo-a por alguns poucos dias e então, jogo fora. Eu jogo tudo fora, seja o que for. As coisas que eu pego não são triviais, mas você pensará que são. Quando entro numa casa, eu olho em volta: não sei o valor das coisas... mas se elas me derem a impressão de ter *aquele* tipo de valor, então eu as apanho. Não é um valor monetário.
S. E por que você se livra delas? Por que elas não permanecem valiosas?
G. Pela mesma razão que eu jogo o lixo fora; elas ficam destituídas de todo valor. Não preciso delas. Agora eu tenho o sentimento dentro, o sentimento que obtenho quando apanho o objeto.

Sessão seguinte. Entre esta e a anterior, o paciente me enviou uma carta e telefonou. Ela se refere agora a essas comunicações.

G. Isso (o assunto "roubar") não tem nada a ver com eu ser um bebê.
S. Claro que não. Você me escreve uma carta falando sobre seios, e sonhos com seios, e me conta que bebe... quanto? Quase dois litros de leite por dia... e me conta que, na véspera, você andou comendo como uma verdadeira porca. E que na noite passada, por duas vezes, deliciosamente, você molhou as calças.
G. Estava pensando no momento em que minha mãe me telefonou, ontem à noite.
S. (Ela havia me contado por telefone): Você caiu no sono de tardezinha e molhou a cama. E acordou com o sentimento: "Nossa, isso não é o máximo?" Então sua mãe ligou e você ainda estava na cama?

G. Sim. Eu quase me lembrei de uma coisa, e agorinha mesmo eu pensei: "Meu Deus, agora eu me lembro!"... mas não sei o que é. (Em retrospecto, percebo ter sido este o primeiro movimento em direção a um transe; em geral, essas quase lembranças não se relacionam com um transe).

O que vejo em minha cabeça é minha mãe dando de mamar a um bebê. Não sei qual deles (dos irmãos mais jovens de G.). Sinto fome. Minha mãe sempre teve um cheiro bom. Uma coisa quente e boa. Provavelmente, se tudo não tivesse sido tão frio... Quando minha avó me segurava, sabe, minha avó era gorda, tinha seios grandes, macios, você meio que podia mergulhar neles; não era a mesma coisa com a minha mãe. Não sei, eu simplesmente não quero... não quero pensar em coisas ruins. (Ela resvala para um leve transe).

Lembrar do... você se lembra de eriçar o mamilo do bebê para que se parecesse com um pênis? (Ela fizera isso quando criança, de tanto que queria ter um pênis). "Isso não é para entrar aí, é para entrar em sua boca" (ela parece estar citando a observação de sua mãe). Mas você não pode ter ambos, sabe, você precisa decidir qual dos dois é mais importante (o mamilo na boca ou o pênis no corpo). Eu não sei qual dos dois é mais importante. Naquele tempo tudo... tudo entrava na boca, tudo. E nada entra direito. Sabe, quando você põe o dedo na sua boca... há um buraco ali, tem um espaço vazio ali. Porque o buraco nunca fica cheio. E isso causa uma dor bem aqui (nos lábios). Faz com que fique apertado, frustrado.

S. Me conte então sobre quando você se satisfaz.

G. Quando você tem aquilo (o objeto roubado) nas mãos...

S. Você o coloca na boca?

G. Sim. Eu o ponho contra minha boca. É legal. Eu não preciso chorar. Simplesmente dá uma sensação boa... Você não se lembra dessas coisas? (Em transe). Tinha patinhos, sabe. Muito difícil de enfiar na boca.

S. O que é o melhor de tudo?

G. Minha mãe. Ela cheira bem. Quando ela me coloca na banheira, sabe, quando nós duas estamos na banheira, eu o roubo.

Eu não me lembro... estou cansada... eu não sei... foi a única vez em que fiquei aquecida... não quero chorar... vamos para outro lugar... eu preciso ir para algum outro lugar. É preciso saber o que vai onde. Se você é menino... eu não sei o que fazer quando sou um menino. Não sei o que fazer. Não me lembro como fazer isso. Sabia que tentei demais? Mas simplesmente jamais conseguia fazer isso direito. Eu preciso ir para algum outro lugar. Você quer ir? Por que você está sempre aqui? Você está sempre aqui. Existem tantos lugares terríveis lá. Você está conseguindo ouvir? (Alucinação no transe, vivenciando-se a si mesma, agora como criança). Se eu fosse alta o bastante... eu simplesmente não entendo. Não sei como eles podem esperar esses tipos de coisas. Você sabe, eles me dizem tipos de coisas tão diversos. Primeiro eles dizem que está bem, depois eles me dão um tapa... nunca sei o que esperam de mim. E aquele garoto, ele simplesmente... ele simplesmente é tão mau! Sabe, não teria sido tão mau, se não fosse frio o tempo todo.

S. Não é sempre frio. Não fica quente quanto você se molha?

G. Sim.

S. Não é por isso que você se molha?

G. Sim. É quase tão bom quanto estar na banheira com alguém que é bom. Sabe, uma vez eu estava lá, e eu estava com frio e então eu tive a ideia (de urinar) e foi tão bom! Você se lembra de quando eu estava numa gaiola (uma caixa que se assemelhava a uma gaiola e que foi usada como berço durante seu primeiro ano de vida), eu fiz isso estando acordada. Existem duas coisas boas: estar aquecida e estar com a boca cheia... se ela estiver com você.

S. Quando você se urinava, o que você fazia para que sua boca ficasse cheia?

G. Eu punha meu polegar na minha boca, ou as coisas boas. Como o patinho. O cobertor; mas do cobertor, você só consegue por uma parte na boca. Onde fica a ourela. Quando eu tiver minhas próprias crianças, eu as colocarei na boca. Meus amigos também. Sabe, não os homens, exceto talvez o peito deles, alguma coisa assim. Ou morder; tenho vontade de morder. Todas as mulheres, eu as ponho em minha boca. Mas se você fizer isso, vai se machucar.

Está sentindo isso? (Uma sensação dentro dela; ela toca o abdômen). Foi só uma pequena excitação para conseguir algo. A sensação é bem aqui (lábios) e desce bem pra cá (estômago)... Essa noite foi a necessidade de estar aquecida e molhada. Eu me lembro. Me lembro de como foi bom.

S. Você conversou comigo no telefone ontem à noite. Eu lhe disse para que não saísse, que não fosse à rua (para obedecer ao impulso de roubar). Eu lhe disse que alguma outra coisa poderia fazer as vezes disso. E você se urinou. Por que esperou adormecer, para se urinar?

G. Eu não conseguiria me molhar acordada... eu estava sonhando que estava na banheira. Sonhei que eu estava molhada e aquecida. Se você se mijar, você apanha. Eu me lembrei de ambas as coisas ontem à noite. Que é bom e que é ruim.

Sonhei com a mulher dos seios. Sabe, eu ir lá, e pegar neles. Mas não vou até lá... eu só fui até... até o lugar com as fontes quentes, que era quente e que cheirava bem; isso está errado, porque lá, nunca cheira bem, mas estava cheirando bem e fui até lá, e ela estava lá tomando um banho e eu me aproximei dela por detrás, mas ela não se zangou. Eu peguei em seus seios. Eu simplesmente os apanhei e os coloquei em minha boca. E então eu me molhei. Eu fiquei molhada e aquecida.

(Fora do transe:) Estou ficando muito cansada. Estou cansada de muitas coisas. Estou cansada de fazer o que é errado; estou cansada de me sentir mal; estou cansada daquele tipo de pensamentos que me vêm quando eu estou dormindo... de querer aquelas coisas que não poderia ter. Cansada de não me lem-

brar quais são as coisas certas, sabe... Ninguém deveria chorar. Se você chorar, acaba recebendo alguma coisa, e chorará por ela.
S. É nisso que você acredita, ou é isso que ela diz?
G. Não sei. E não descobrirei.

Sessão seguinte:

S. Então, como está a comilança? Parou?
G. Que comilança?
S. A compulsão por comida, passou?
G. Sim. Estou me sentindo muito bem hoje. Estou me sentindo muito bem. E comprei um pato pra mim, um pato muito legal, um pato de verdade. (Eu havia dado à paciente alguns dólares, instruindo-a para que não usasse esse dinheiro para comida ou roupas, mas que comprasse alguma coisa para si mesma, pois ela jamais tinha feito isso antes. Quando era criança, sua família vivia em extrema pobreza e sua mãe era gélida; tudo isso era demais, para que fosse permitido dar a ela alguns centavos, para serem gastos com "alguma coisa boa" para ela mesma. Nos últimos anos, a paciente jamais roubara coisas de valor que tenha conservado consigo. Por isso, ela estava profundamente em dívida consigo mesma. Mesmo caso tivesse tido o dinheiro – e algumas vezes ela até teve esse dinheiro nas mãos – poderia ter sido indulgente e gasto com alguma coisa para si própria; "nunca me passou pela cabeça comprar alguma coisa boa para mim").
S. Isso é alguma coisa que você jamais fez no passado? Sim, nunca tinha feito antes?
G. Sim, nunca fiz. Eu agora estava justamente pensando... esta noite estou indo jantar na casa de D. (uma amiga), e eu estava pensando: eu fico cismando se aquela prateleira lá de cima fica mesmo empoeirada, e se meus patos estão lá; eu estava pensando em meus patos. Eu tenho um punhado deles. As

pessoas dizem: "O que você quer?", eu direi: "Me dê um pato." Eu tenho alguns patos de quando eu era... eu tenho um pato de borracha que é meu desde que eu era ainda bebê.

S. Foi nele que você ficou pensando ontem, durante a sessão?

G. Não sei; não sei de que você está falando.

S. Você falou sobre quando você era bebê, disse que tinha um pato e que o esfregava na boca.

G. Não sei. Não me lembro disso... Espera um pouco. Nós deveríamos estar falando sobre... alguma coisa. Eu realmente não acho que tudo se resuma a seios. Não me sinto confortável com isto. Eu tenho sentimentos em relação a seios, você sabe; eu cavo seios, você sabe (risos). O que me deixa mais confusa é: por que roubar? Por que não comprar alguma coisa? Então tem a parte sobre penetrar (uma casa). Quando eu digo "penetrar" eu penso em "penetrar" isso e aquilo, como... penetrar em uma mulher ou... e o que me passa pela cabeça é meu filho nascendo, ou minha filha nascendo e eu digo: "Coloque de volta." Todas essas coisas passam pela minha cabeça. Ontem, quando eu fui à loja para comprar o pato, tinha uma mulher saindo bem na hora em que eu estava entrando, e eu lhe dei um empurrão, assim... muito sem educação... eu me sentia bem por estar entrando. Entende o que quero dizer? Eu nunca roubei em lojas, só nas casas. Mas para satisfazer o impulso, tinha que ser uma casa particular, o lar de uma família; escura e quieta. E que não fosse fria. E não algum lugar onde fosse fácil entrar. Eu consigo entrar em qualquer prédio em minha vizinhança. Eu invadi meu próprio apartamento dezenas de vezes, quando eu esquecia minha chave. É muito fácil entrar num apartamento. Nunca me ocorreria entrar num lugar como *aquele* e roubar alguma coisa. (Sabe, você está me deixando nervosa — é isso que você está fazendo.) Um apartamento não é um lar. A maioria dos apartamentos são simplesmente lugares em que uma mulher mora, ou em que mora um homem... Em uma lar existe uma mãe, um pai, e as crianças.

Sabe que mesmo depois que me tiraram da caixa (ler acima) eu costumava engatinhar para entrar nela. Eu acabei de pensar nisso. Eu consigo me ver, engatinhando e entrando na caixa. Era lá que minha coberta ficava, de qualquer modo. Era difícil de entrar. Era uma caixa grande. Eu tinha que incliná-la... acho que é por isso que eu me senti tão bem quando estive na cadeia. Quando eu invadia uma casa, estava sempre escuro. Não por segurança; eu simplesmente nunca tenho o desejo de invadir uma casa, digamos, às duas da tarde. É bom quando está frio lá fora. Eu sempre tenho a sensação de ter estado lá antes, como se eu soubesse onde estava, e faz com que eu me sinta bem, estar entrando lá, onde é confortável. Não é uma boa ideia ir até a porta. E existem coisas que você precisa fazer para sua própria segurança... tipo, pode ser que um cão morda sua perna. Então é sempre bom certificar-se de que não há cães por ali. Legal mesmo é se esgueirar pela janela. As janelas são difíceis de abrir, exceto essas que estão pondo nas casas atualmente — essas são fáceis... eu não quero fazer isso (quer dizer, me contar sobre o ritual).

O que eu quero é me esgueirar. É legal quando tem uma cortina na janela. Pra roçar nela. Acho que eu passo pelo menor lugar que eu puder. Senão, por que é que eu não passo por uma porta de vidro, daquelas de correr, ou qualquer outra coisa que seja relativamente fácil de abrir? Antes disso... estou tensa. Não sei exatamente. É como se você estivesse toda preparada para alguma coisa, ansiosa para... como se você estivesse transando e você tivesse atingindo aquele ponto, em que está pronta... Então, quando eu entro, é bom. Está... está quente ali dentro; é... é onde você deveria estar. Faz algum sentido? Então bate aquele alívio, é tão bom! Aí, quando seguro o treco na mão, eu posso sair, está feito; acabou. Aí já não faz diferença, de que maneira eu saio; posso sair pela porta da frente. Não tenho necessidade de me esgueirar para fora. Então vem... vem a parte ruim... não é ruim de verdade, mas talvez você ache que sim. Não sei o que você acha; alguns acham que é ruim. É a parte que envolve trepar; alguém tem que comer. Isso é realmente necessário; você realmente precisa ser punida pelo que fez; aquilo [invasão e roubo] realmente foi mau. Mas trepar não elimina a coisa, você sabe; simplesmente não faz diferença com que brutalidade eu for comida, a coisa torna a voltar. Trepar *não* faz passar. Mas se apoderar da *coisa*, isso faz com que passe, a parte da fome passa. Às vezes eu penso, quando estou vagando pelas ruas, ou seja lá o que eu estiver fazendo... procurando por um lugar para invadir... isso não vai fazer sentido algum, mas eu penso... eu não acho que sou uma mulher. Entende o que quero dizer? Não sinto que sou mulher. Não, o que acontece... isso me faz sentir... como uma pessoa do sexo masculino, um homem, funcional, completo, que pensa, que sente, que quer. É um pouco diferente de quando eu sentia que era mulher mas ainda acreditava ter um pênis. Quando eu era pequena e pensava: "Bem, eu serei um bom menino", eu sabia que eu era menina; eu tinha conhecimento disso, sabe? Ou quando eu tinha um pênis, tudo que eu tinha que fazer era abrir minhas pernas e aí, eu era mulher, sabe; mas quando eu estou caminhando [para ir assaltar] e estou usando minhas roupas masculinas...

S. Você tem um pênis?

G. Não sei. Nem sei se tenho uma língua.

S. É isso que eu quero dizer; não tem nada a ver com o pênis.

G. Não. Não, não, não.

S. É diferente de toda a coisa do pênis. Não tem nada a ver com a anatomia, ou com as roupas que você estava usando.

G. Certo. O que mais eu usaria, caso fosse homem? As roupas são imateriais... Depois que conversamos ontem... ontem eu não me senti [mais] como homem. Não me senti como isso ou como aquilo. Eu me senti *bem*, sabe como? Não precisei pensar sobre ser homem, ou mulher, ou no que eu tinha ou... Eu me pergunto: como isso aconteceu? *Isso* sim é estranho.

S. Já tinha acontecido antes?

G. Não.

S. Foi a primeira vez em sua vida?
G. Foi.
S. E tudo porque eu lhe dei dinheiro e lhe disse que comprasse alguma coisa boa. Como foi que isso aconteceu, ontem?
G. Ah, ontem foi iupiiii, uau!!! "Uau, eu posso sair; sei quem sou e estou caminhando com minha irmã e minha irmã sabe quem eu sou"; e o homem da loja, que me vendeu o pato, disse: "Obrigado, senhora"... Você sabia quem eu era e me deu... você *me* deu o dinheiro para gastar porque sabe quem eu sou. E quando eu cheguei aqui com a minha irmã [nesse mesmo dia, mais tarde, para uma visita social] com o pato, eu senti vontade de abraçá-lo e dizer: "Oh, obrigada!" E isso eu disse, eu lhe disse: "Obrigada!".
S. Então, quão além o sentimento de ontem ia, do que você sente quando você rouba um objeto?
G. Não tem comparação! Quando eu pego aquilo na minha mão, sabe, eu ainda... eu preciso pensar sobre a coisa toda. Eu sei o que eu sou quando estou invadindo a casa — é óbvio, você sabe — eu sou apenas um homem assaltando. Mas há algo sobre ser homem que eu sei que é errado, sabe — eu não sei como descrever isso pra você, não tenho como... eu simplesmente quero estar aquecida e... quero que alguém saiba quem eu sou... O que é que quero ser? Não acho que queira ser um homem. Você olhou ontem pra mim, e sabia quem eu era. Eu sou capaz de estar lá fora, na rua, olhar pra mim e não saber quem eu sou... Como é que eu vou saber quem eu sou, se ninguém mais sabe? Ninguém nunca me disse quem eu sou. Eu preciso ser alguém definido... você sabe. Ontem eu era real pra você. Depois de invadir e ter o objeto nas mãos, eu me sinto bem em relação a mim mesma, mas há algo de ruim... é como se eu não tivesse o direito de ser o que sou naquela hora; eu preciso ser punida pelo que sou naquele preciso momento. Mas eu nunca vou poder ser realmente "eu" mesma até que eu possa ter a coisa sem ter que roubar. Ontem, porém, você me

disse: "Vou dar isto a *você*; estou *dando* isto a *você* — não era um empréstimo ou coisa parecida..."

Aqui ela nos deu uma ideia da razão pela qual rouba. Quando era bebê, ela desejava ardentemente estar próxima da mãe, que era completamente fria, e de quem ela não conseguia obter quase nada, fosse leite ou calor; ela ansiava por fazer parte de uma família íntegra, capaz de amar. Em algumas partes do ritual, podemos ver como ela prepara o cenário de sua história, que vai se construindo, verbalmente, sobre perigo e mistério; e fazendo uso da dinâmica que transforma a vítima em vencedor — do mesmo modo como o conto erótico objetiva provocar a excitação genital.

Conservando em mente que, caso soubéssemos o bastante, todos os elementos da história precisariam ser levados em conta, para assim encontrar seu fio condutor, voltemo-nos para a sessão seguinte à que acabamos de narrar acima. O assunto é a masculinidade dela, uma qualidade inventada para aliviar sua devastadora vulnerabilidade. Tendo sido rejeitada pela mãe ao nascer, à medida que foi crescendo notou o quanto seu irmão — alguns anos mais velho — era admirado por ela; concluiu que era pelo fato de ser homem que a mãe o desejara, tendo-a contemplado, em troca, com uma frieza extrema. Portanto, a partir de seus quatro anos, ela decidiu que tinha um pênis, e que ele a dotava dos atributos masculinos de força e poder, capazes de evitar que ela sentisse frio, fome, abandono e humilhação. (Ver [146] para mais detalhes sobre seu pênis). Mas essa forma de delírio não foi suficiente — nem mesmo o uso que fez do corpo de mulheres, especialmente seios, para aquietar sua fome. Ela precisava também de um pedaço de realidade que pudesse, literalmente, segurar em sua mão e esfregar ou enfiar na boca. O roubo dos objetos gratificadores lhe concedia conforto por algum tempo e, ao roubá-los, ela se vingava, em fantasia, da falta de generosidade da mãe.

Porém, esse ato mau exigia punição (ou antes, como em todos os atos masoquistas, somente aquele tipo de punição que a própria pessoa escolhe para si; não importa quão doloroso ele seja de fato, pois trata-se, no fundo, de uma punição controlada, parcial, gratificante, libidinosa — falsa). Para satisfazer sua imensa culpa por roubar aquilo que a mãe (e agora o mundo) não lhe daria de graça, ela, por alguns instantes, abria mão de seu pênis: numa forma indefesa de feminilidade, ela providenciava, com equanimidade, seu "estupro" — o pênis, e sua invulnerabilidade, só retornavam a ela depois que a punição tivesse sido consumada.

Podemos observar a forma que sua masculinidade assume no ritual da invasão. Não é preciso muita imaginação para perceber que ela sente a si mesma como um pênis se introduzindo em um corpo de mulher — sua mãe — um retorno à sensação de completude primordial. Este simbolismo faz paralelo com aquele dos atos perversos, embora o propósito — e seu resultado — não seja o prazer erótico; chamá-lo de perversão obscurece o significado da palavra.

S. Em que altura você sente, pela primeira vez, que você é um homem?

G. Acho que quando me dirijo para a casa. Eu preciso estar caminhando. Eu não me sinto um homem quando estou dentro do carro. Por que eu não me sentiria assim dentro do meu carro? Suponho que seja por seu meu carro.

S. Você quer dizer: quando você desce do carro, você se desligou de você como mulher — desligou-se fisicamente. Mas você já está propositadamente vestida de forma adequada para o que acontecerá. Você vestiu camisa de homem, calças masculinas, calçou tênis [para poder caminhar em silêncio e com segurança] — roupas que costumavam ser exclusivamente masculinas quando você era criança. Que tipo de roupa de baixo você costuma estar usando nessas ocasiões? [A paciente parece ficar atordoada]. Você esqueceu de mencionar isso.

G. É verdade. Nem sei se uso roupa de baixo. Eu preciso usar roupa de baixo. Acho que simplesmente uso minha roupa de baixo de sempre, meu sutiã e minha calcinha... Aquele "homem" está usando sutiã e calcinha!

S. Está bem. Agora você desceu do carro, é um homem e está procurando na vizinhança pela casa certa. Como você faz a escolha?

G. Tem que ser um lar, uma casa aconchegante. Tem que ter uma mãe, um pai e crianças. É possível saber, talvez porque tenha uma bicicleta no jardim...

S. A pessoa, então, que escala através da janela, é o homem?

G. Hmm... não; não tenho certeza. Eu consigo pensar em subir até a casa, e posso pensar em ter a coisa em minha mão... é preciso ser... tem que ser... Tem que ser um homem que passa pela janela. Quem mais passaria por aquele tipo de abertura? Trata-se de um tipo de abertura feita para um homem, você sabe.

S. Como você passa por ela? Mostre-me, com seu corpo, como você faz para passar.

G. Não, é muito embaraçoso... Eu passo primeiro a cabeça. Simplesmente empurro meu corpo para dentro. Faço a mesma coisa toda vez. Primeiro passo a cabeça. Eu me empurro com meus braços, com minhas mãos. Não sei como faço. Não me pergunte. Eu poderia muito bem entrar primeiro com os pés... algumas vezes isso seria mais fácil. Mas é sempre a cabeça primeiro. Não dá pra entrar muito depressa, poderia fazer barulho... Não quero mais conversar com você.

S. Quando você passa pela janela, você é gorda ou magra? [Ela era, em realidade, gorda].

G. Sou como sou de fato. Magra... Quando eu passo pela janela, estou apoiada em meu estômago. Minhas pernas ficam completamente penduradas. Acho que assim: [seus pés, calcanhares e pernas se tocam; os braços estão tensos, completamente estendidos em linha reta, com seu corpo e a cabeça rígidos]. Como um girino. Um só pedaço. Não tinha curvas nem ângulos agudos. Se fosse uma coisa, eu diria: eu entraria reta como uma flecha. Eu estou aquecida, sou real e sou essa coisa que é real... você sabe. Sou um homem que é real. E, no entanto, você ficaria confuso. Haveria algo de errado. Veja bem, está escuro e estou ali, de cabelo curto e usando calças, mas tenho aquela coisa em minha mão. Então, como é que você iria saber se eu sou menino ou menina? *Você tem que saber.* Como é que eu vou saber se *você* não sabe?

S. Isso fica faltando toda vez que você está na casa, que alguém não tenha lhe dito?

G. Para que você acha que eu tenho que ser comida? [Sua esperança primordial, no tratamento, era que pudesse um dia restaurar completamente seu senso de feminilidade e aceitar a si mesma, completamente, como mulher. "Ser comida" servia para forçá-la a ter plena consciência de que seu corpo era um corpo de mulher].

S. Não sei. É você quem está me dizendo. Está bem. Eu pensei que fosse apenas uma forma de se punir. E com relação ao sorvete?

G. É tudo a mesma coisa.

S. Está bem, estou entendendo melhor. Quando você passa pela janela, quando seu corpo inteiro, até mesmo os dedos de seus pés tenham penetrado, isto significa o fim de sua condição de homem. E quando você sai andando, o que você é?... algo incerto?... até que seja comida?

G. Então é todo tipo de coisa, você sabe. Eu preciso ser comida por eu ser má e por ser o que sou, e não por não ser o que sou...
S. Quero repassar. Você acabou de entrar. O que você é então? Você não tem certeza. Você apanha o objeto. Você ganha um pouco mais de certeza, ou fica na mesma?
G. Sim, então, veja, eu... se você me visse, ficaria confuso. Não sei...
S. Mas eu fico menos confuso, ou eu fico igualmente confuso, a partir do momento em que você cai lá dentro, e até arrumar alguém que te coma? Não existe uma alteração no grau de confusão? Você não vai se tornando mais mulher, com o passar do tempo?
G. Sim.
S. Quando você entra na sorveteria...
G. Mas veja, na verdade, isso não é justo.
S. Por quê?
G. Porque eu não sei se é isso que eu devo ser: uma mulher.
S. Você faz isso para se sentir mulher?
G. Claro.
S. É em parte o anseio de se tornar mulher, quando você é acometida pelo desejo de roubar?
G. Saber... o que eu deveria saber sobre... Veja, quando eu tenho o objeto em minha mão, eu quase me lembro... não consigo me lembrar. Eu tentei tanto. Eu o sinto em meus seios e em meu... em todo lugar. Você... quando você era criança você nunca apanhou girinos e colocou-os numa jarra, e então as pernas deles nasceram? Um girino se parece comigo. Era isso que eu era realmente, eu era um girino. Primeiro, eu perdi meu rabo. Quando eu tinha 4 anos e meio, eu já era velha demais; eu era velha demais para continuar sendo o que quer que eu fosse; já era tarde demais, então.
S. Você deixou uma coisa de fora. Quando você escorrega pela janela, o que acontece imediatamente depois que está lá dentro? O que você sente em seu corpo?

G. Na verdade é muito confuso... se eu não usasse a roupa de baixo, eu não seria uma mulher quando eu segurasse o objeto em minha mão. Eu não tenho nada de seios quando eu passo pela janela. Como é que um homem pode ter seios?
S. O que acontece com aquelas coisas que estão dentro de seu sutiã, à medida que você vai passando pelo parapeito da janela? Você diz a si mesma que elas estão lá, ou não? O que acontece a elas? Como você consegue ficar sem saber que elas estão lá?[3]
G. Não se trata de saber que elas estão lá. Homens não têm seios. Acho que não os tocando ou... acho que eu simplesmente os ignoro [negação? clivagem? repressão? recalque? Qual é a experiência subjetiva, que esses termos técnicos não conseguem capturar adequadamente?] Não me lembro de saber que eles estão lá. Simplesmente é ilógico ter seios, se você é homem. Por que teria que fazer alguma coisa, se sabe que eles não estão lá?
S. Você sabe o que você é quando passa pela janela? Como é essa sensação?
G. É como entrar em um lugar quente, apertado.
S. Quando você passa pela janela, você é um homem, ou você é uma coisa?
G. Eu era um homem quando comecei a passar pela janela. Eu devo ser uma coisa, porque eu não sou ninguém. Então vem aquele sentimento forte e bom e... eu realmente desejo, simplesmente, ser eu. Você sabe... quando eu era uma paciente, e estava me tratando aqui nessa ala, e eles diziam "você parece confusa" ou "o que você diz é confuso", ou mesmo quando eu respondia "Ah, bom, estou confusa sobre isso" — tudo isso era tão irrelevante! *Não há confusão como aquela que diz respeito a não saber se você é real ou não, ou o que você é ou...* [os itálicos são meus; ela falou com suavidade].

---

3. Aqui estou tentando compreender o momento — o estado de consciência, o desejo de regredir — quando a conversão histérica acontece.

S. Deixe-me voltar por um momento. Quando você sai e usa roupa íntima de mulher, o que você faz em relação a isso, quando você vira homem?

G. A mesma coisa que faço com meus seios. Mas deve ter uma parte de mim que tem conhecimento disso, pois eu sei, quando eu entro em uma determinada casa, que eu *preciso* daquela roupa íntima, e que eu *preciso* daqueles seios.

S. Sim. Mas antes disso, quando você está atravessando a janela, você é um pênis em ereção. Que tal lhe parece isso? Apesar de não fazer nada, depois de cruzar a janela. Você conhece o pênis de um modo que eu desconheço. Para você, um pênis pode ir embora e, ainda assim, você não fica com a sensação de alguma coisa de completo, ou de incompleto. É suficiente ser, simplesmente, uma ereção. Acho que é isso que você é: você é um falo, o que é diferente de um pênis. Um pênis é uma coisa que efetivamente existe; um falo é um símbolo. E, à medida que você vai andando em direção à casa, você tem seios e barriga e vagina, e um útero, de onde já saíram bebês. Você — preste atenção agora, porque é realmente grotesco, quer dizer, você é grotesca ao fazer isto: uma mulher, uma mulher biologicamente completa, em suas roupas de baixo, caminha em direção a uma casa dizendo ser uma pica, um pênis, com mais propriedade, um falo. É grotesco. Quer dizer, se você realmente quer ser *você*, então tem que se sentir envergonhada [p. 182]... por ter me mostrado que você, que é uma mulher, era um falo. Quando você põe o pé na entrada da casa, você nega a si mesma. Como pode fazer isso consigo mesma? A resposta é: você precisa. Mas como você pode destituir-se assim a si mesma, ainda que somente durante alguns minutos? Você não é um falo. Por que quer chorar?

G. Não sei. Só porque estou aliviada, ou algo assim. [Silêncio].

Sessão seguinte:

S. A coisa que você rouba é a coisa mais real do mundo, não é assim? Nada poderia ser mais sólido e substancial. E é do tamanho justo! Não é uma coisa grande... é pequena. É uma coisa feminina? [Sacode a cabeça afirmativamente]. É sempre um objeto feminino, alguma coisa que uma mulher tem? [Sacode a cabeça que não].

G. Eu não sei. Eu pensava em coisas que as crianças têm. A caixa de música, uma boneca em um estojo de vidro, pequena... o retrato de uma mãe com uma criança.

S. Está bem. Então o objeto tem algo a ver com seu relacionamento com sua mãe.

G. Ora, vamos lá, não ponha minha mãe nisso, pode ser? Deixe que eu e minha mãe fiquemos fora disso. Estou cansada de minha mãe. Não quero mais ter nada a ver com ela. Por que tem que ser sempre minha mãe? Por que não poderia ser minha tia, ou minha vó, ou... Você sabe que minha mãe também rouba coisas. [Isto nunca havia sido ventilado antes]. Acho que todo mundo faz isso. Não, eu acho que ninguém faz isso. Ela nunca vai a um restaurante, ou a um motel, ou a qualquer lugar, sem pegar alguma coisa... cinzeiros, ou coisa parecida. A casa dela é cheia de bugigangas que ela roubou. Nós todos roubamos. A família toda rouba. Meu pai costumava roubar... coisas divertidas, você sabe. Uma vez ele roubou um caminhão de laranjas — jamais me esquecerei disto. Eu não sei... [risos].

S. O que você roubou de sua mãe?

G. Nada. Dinheiro. Eu roubei dinheiro dela. Um monte de vezes... (Vou embora. Vou sim. Não quero ouvir essa conversa mole. Deixe-me colocar minhas botas... e sair daqui). Eu nunca roubei nada da minha mãe, exceto dinheiro; e isso vinha a propósito, já que dinheiro era a única coisa que ela valorizava. (Fiquei de novo com câimbra no dedo do pé, e por sua culpa!) Eu roubava dinheiro. Ela o escondia de mim. Ela fazia todo aquele ritual medonho, pra me conservar longe do seu dinheiro... mas eu sempre o encontrava e pegava. Ela sabia que era eu. Eu me lembro que eu tinha seis ou sete anos — essa foi a primeira vez — ela me mandou ir ao mercado comprar pão e eu perdi o dinheiro. Então ela disse: "Você o roubou!" Eu respondi que não, e ela disse: "Você roubou sim e, se não me confessar, eu vou te bater!"; então eu disse: "Eu roubei".

S. E assim, você ganhou.

G. Certo.

S. E depois disso você tentou roubar dela.

G. Certo.

S. Pois se ela, de qualquer modo, dizia que você roubava, melhor então aproveitar e tirar alguma vantagem disso.

G. Minha mãe tinha sempre razão. Eu roubava e tornava a roubar. E o dinheiro era tão precioso para ela! "Oh meu Deus!", dez centavos — você chegaria a pensar que a vida dela dependia daqueles dez centavos — talvez dependesse, não sei. Ela tinha cinco filhos que estava tentando alimentar.

S. E o que você rouba [quando invade as casas] é o tipo de coisas que valem alguns poucos centavos — não é assim?

G. Isso mesmo. Sabe o que eu costumava fazer com o dinheiro?

S. Tem que estar sempre com o dinheiro seguro em sua mão [calculo]. O que foi que você fez com aquele dinheiro que lhe dei outro dia?

G. Eu fiquei segurando, até o momento de gastar.

S. Mas você não... eu nem saberia como descrever isso, quando aconteceu — você não apanhou o dinheiro como se fosse uma nota, colocando no bolso, ou dobrando... nada disso; você o apanhou e o amassou no mesmo instante, de tal modo que ele se transformou num pedaço de seu punho.

G. Quando eu o entreguei para a moça da loja, chegava a estar molhado.

S. Sim. Agora, então, eu entendo. Quando você invade uma casa e pega alguma coisa, você a segura em sua mão e não larga até — quando?... Depois do sorvete? Não tem como ir à sorveteria, tomar o sorvete e continuar segurando... o objeto em sua mão.

G. Quer valer uma aposta?

S. Mesmo? Não, você não fica segurando. Você o coloca a seu lado e fica olhando pra ele enquanto come.
G. Eu fico com ele na mão.
S. O tempo todo, enquanto toma o sorvete?
G. Isso mesmo, bem assim [mostra o punho].
S. Estamos conseguindo extrair mais coisas sobre o ritual; *nada* é fortuito.
G. Certo.
S. Então você se levanta, paga pelo sorvete, sai e faz com que alguém te coma. O que acontece então com o objeto?
G. Eu o solto.
S. Não tem como segurar o objeto enquanto estão te comendo...
G. Eu poderia.
S. Em que altura você o solta?
G. Depois que saio para que alguém me coma. Quando estou no carro, eu o largo. Ponho no assento traseiro; não quero olhar para ele. Não quero ter nada a ver com ele.
S. Quando você está no bar, digamos que com o homem [escolhendo o estranho fálico], você está ali sentada, com uma bebida em uma das mãos e o objeto na outra. O que você fez com ele?
G. Quando eu vou para o bar...
S. Ah, já sei. Quando a parte masculina da coisa começa [a caminho de encontrar um homem], então você joga o objeto para o banco de trás. E a coisa termina aí, tão depressa? Na mesma noite já abre mão dele... exceto nas raras ocasiões em que você o conservou por mais tempo. Nessas ocasiões raras, deve ter sido realmente algo muito no estilo mãe-criança. Por quanto tempo você conservou o retrato [da mãe com a criança]?
G. Por algum tempo.
S. Quanto tempo?
G. Três semanas.
S. Qual foi o maior tempo durante o qual você já conservou alguma coisa?

G. Três semanas.

S. O segundo mais longo?

G. Não sei.

S. A caixinha de música?

G. Umas duas semanas. Você não gostaria de entrar para o departamento de polícia?

S. É parecido. Me conte mais sobre roubar dinheiro de sua mãe.

G. Estou tentando atinar do que é que você está falando. Eu pegava o dinheiro e saía, e o gastava — não comigo, com meus amigos. Eu não estava nem aí pro dinheiro. Dinheiro não significa nada pra mim. Ela ficava maluca, tentando imaginar esconderijos onde eu não conseguisse encontrar o dinheiro [risadas].

S. Não é esse tipo de sentimento que você tem quando invade as casas... que você encontrará o que quer, não importa em que lugar o tenham posto?

G. Certo. Costumava ser todo um ritual, que envolvia ela a esconder o dinheiro, e eu a encontrá-lo. E eu nem sempre pegava tudo. Se tivesse quinze dólares ali, eu pegava dez.

S. Para mostrar que ela tinha sido enganada.

G. Ah, era uma boa dica, porque eu pegava três quartos do total. Eu pegava para ludibriar minha mãe e trazê-la bem ali, para onde ela vivia... e ela vivia naqueles quinze dólares, ou quantos fossem. "O que vamos fazer? Estou tão cansada, trabalho tanto! O que faremos sem dinheiro?" Ela comentava isso com todos, em geral. Mas ela nunca discutiu esse assunto comigo.

S. Acho que você se sentirá aliviada, se puder se lembrar que a coisa mais terrível que existe, pra você, é ser trapaceada por sua mãe, sua mãe a enganar você — a partir de quando você era bebê... e dali em diante.

G. Eu não sei. Não me lembro dela me trapaceando, quando eu era bebê. Você conhece parte dessa história. Sei que ela me trapaceia, em qualquer oportunidade que tenha. Ela faz isso de uma forma tão silenciosa... Basta uma palavra, um olhar. Acho que é algo um pouco diferente, mas parecido. E, seja o que for, é o que faz com que eu tenha que roubar, quando alguém faz com que eu me sinta como se eu não fosse uma mulher. Em precedência aos meus roubos, alguém fará alguma observação, ou comentário... ou me lançará um olhar, ou fará alguma coisa indicando que eles podem estar confusos a respeito... a mim, ao menos, isso confunde: sou masculina ou feminina, sou homem ou mulher? Dar um telefonema e me tomarem por homem. Alguns comentários que minha mãe poderia fazer. Mas se isso acontecesse todos os dias, eu não teria que roubar todos os dias. Parece ser alguma coisa que vai num crescendo...

O impulso de roubar desapareceu a esse ponto, e permanece ausente, vários anos depois. Entretanto, a sensação de privação é recorrente; ela, finalmente, tem consciência do que é a privação; e o ritual do roubo tendo sido exposto para ela, para sua própria inspeção, ela pôde começar a procurar por gratificações mais diretas — e menos perigosas e hostis. Hoje em dia, ela tem se voltado para as pessoas, extraindo delas as emoções amorosas que a mãe não foi capaz de lhe dar no passado. Além disso, outras coisas também estão no lugar: a sra. G. sabe, agora, que é uma pessoa, e não um pênis; e que não há necessidade de desempenhar seus atos sexuais nas janelas apertadas dos lares suburbanos, e sim em companhia dos corpos vivos dos amantes. Que grande infortúnio para as pessoas, quando o óbvio precisa ser disfarçado, e uma verdade que se pode suportar permanece sendo considerada como insuportável.

Uma vez que já demonstrei, em outra parte deste trabalho, (146) de que modo a sra. G. criou o seu pênis, sua masculinidade e sua homossexualidade, talvez umas poucas palavras bastem, aqui. Como parece ser verdadeiro em relação a outras mulheres que sentem fortes desejos de ser homens — as mães dos transexuais masculinos (capítulo 8) e as mulheres transexuais (147) — uma terrível ruptura ocorre na infância, separando a menina de sua mãe, que se torna inatingível. Essas mães ensinaram para essas meninas — para a sra. G. e às demais citadas — que a feminilidade não tem valor; então, por exemplo, quando os irmãos são favorecidos, uma insuportável inveja dos homens se produz. Essas meninas se tornam adultas: as mães dos transexuais satisfazem essa inveja do pênis ao criarem seus próprios, lindos, falos: o futuro transexual; os transexuais femininos o fazem pela "mudança de sexo", hormonal e cirúrgica, que lhes acrescenta um falo que é, literalmente, costurado a seus corpos. A sra. G. tanto fez crescer um pênis para si (via alucinação) como transformou seu próprio corpo em um.

Foi sua grande sorte, perder a necessidade de ter e de ser um pênis; ao fazê-lo, ela perdeu, também, aquele desejo intenso que se manifestava através do ato de roubar.

Parte III:
Aspectos sociais da questão

Capítulo 10

A homossexualidade é um diagnóstico?

Já que tantas batalhas sociais são travadas tendo a homossexualidade como tema, ela não poderia se constituir em ponto focal para um estudo da perversão — palavra cujas próprias conotações recendem a questões morais, ou seja, sociais? Certamente. Mas em função de sua complexidade e de sua obscuridade como objeto de estudo (e, especialmente, por serem muito diversas as condições em que o comportamento homossexual acontece), eu conservei a homossexualidade à parte, nesta busca pelo sentido da perversão. Contudo, o mesmo não pode ser feito no que tange aos problemas sociais que ela suscita, em virtude de a homossexualidade estar tão em voga hoje em dia. E por sua importância, me incomoda a maneira pela qual essa espinhosa questão é discutida; ela é importante demais para ser solucionada pela habilidade do raciocínio, por dados incorretos, pelo autoritarismo ou pela sofística. Vitórias efêmeras obtidas com espalhafato, de maneira jocosa ou apelando à astúcia, com o tempo, desmerecem a mais valiosa das causas.

Duvido que alguém já tenha *expertise* suficiente para nos dizer o que fazer em relação aos problemas sociais que são gerados pelos diagnósticos psiquiátricos, pois ninguém é capaz de saber o que aconteceria com o passar dos anos, ainda que fossem postas em prática medidas de engenharia social. Embora possamos influenciar os problemas sociais com esses arremedos, como tem sido feito com os diagnósticos psiquiátricos, com o tempo, o preço a se pagar é alto demais, além de desnecessário. A mesma postura se aplica a todas as aberrações sexuais — variações e perversões — em que a pessoa perversa não causa dano físico ao parceiro ou, como no caso da sedução de crianças, deficientes mentais ou psicóticos, a pessoa não obtém seu prazer pela força ou por algum outro meio hediondo.

Um diagnóstico é uma palavra, ou uma frase, que rotula uma condição. "Diagnóstico" possui também um segundo sentido, quando se refere ao processo que justamente o precede, de coletar dados e abstraí-los. Em virtude de a validez de muitos dos diagnósticos psiquiátricos (diferentemente dos demais diagnósticos médicos) ter sido questionada através dos anos, deveríamos tentar avaliar todo nosso sistema classificatório. Esta, contudo, é uma questão delicada. Os homossexuais, que têm sido vítimas do uso desse diagnóstico como forma de opressão — indo desde o insulto até a negação de seus direitos civis — não haverão de estar minimamente interessados nos motivos secretos dos critérios utilizados para os diagnosticar; ao contrário, a maioria deles desejará que o termo "homossexual" seja simplesmente removido, não por ser inadequado como diagnóstico, mas porque pode ser usado de maneira maldosa (e já que o mero uso do termo poderia sugerir um desejo meu de diagnosticar, observo que o termo "homossexual", aqui, foi e continuará sendo usado unicamente para indicar a pessoa que prefere manter relações sexuais com alguém do mesmo sexo).

Mas nós realmente deveríamos fazer uma distinção nítida entre essas duas correntes de pensamento — precisão diagnóstica, por um lado, e o uso dos diagnósticos como forças sociais — ou estaremos sujeitos àquele tipo de discussão turbulenta, que rende um bom espetáculo, mas que termina por eclipsar os objetivos mais sérios; porque, mesmo ambas as linhas de argumentação tendo seu valor, cada uma delas é uma questão diferente, que requer dados de outro tipo, e outro tipo de lógica. Se misturarmos as duas, acabaremos dizendo asneiras — como em geral fazemos quando problemas sociais, que acirram paixões e demandam ação — são disfarçados como questões científicas ou procedimentais. Já que tenho preparo para pensar sobre a fenomenologia e o processo de fazer diagnósticos, mas sem qualquer tipo de qualificação ou treinamento para deslindar problemas sociais, eu me concentrarei, sobretudo, na primeira forma de procedimento, deixando para os mais bem informados as excitantes revelações da Verdade Social.

CRITÉRIOS PARA DIAGNOSTICAR

Caso não tivéssemos sido conduzidos a isto, não teríamos outros motivos para escolher a homossexualidade — não mais do que qualquer outro dos diagnósticos sugeridos — como assunto sobre o qual travar nosso debate a respeito da validade dos diagnósticos psiquiátricos. Na resolução das questões gerais, poderíamos, portanto, facilmente julgar a pertinência da maioria das rubricas inseridas dentro de cada uma das categorias da nomenclatura: psicoses, neuroses, distúrbios de caráter, ou a balbúrdia de peças soltas, incluindo, entre elas, os distúrbios sexuais, que não poderiam estar contidos em nenhuma delas. Em sua maioria, são apenas rótulos.

Por exemplo as neuroses, os desvios sexuais, o alcoolismo ou a toxicomania. De um modo dolorosamente simplista, cada um desses diagnósticos é concebido para uma característica distinta; para rotular alguém, acabamos nos decidindo pelo que é mais evidente, incapazes de lidar com grande parte dos processos que ocorrem no íntimo do paciente. Naturalmente que este sistema está condenado a uma trajetória infeliz; um polimento a cada década, aproximadamente, não tem ajudado muito. Seria comparável a uma classificação, destinada à medicina em geral, e que fornecesse "diagnósticos" tais como: tosse, febre, dor de cabeça, indigestão crônica, fraqueza geral, humor deprimido, ou dispepsia. Do mesmo modo, a maior parte dos "diagnósticos" psiquiátricos deveriam também ser eliminados. Mas se os eliminarmos, ficaremos sem nomenclatura. Sem nomenclatura, não teremos por onde começar a fazer nossas comunicações a respeito do tratamento, ou da pesquisa.

Permitam-me recapitular o que considero ser um diagnóstico e, ao fazê-lo, demonstrar por que, presentemente, não apenas nenhum sistema de classificação funciona na psiquiatria, mas também por que existe um, na medicina como um todo, que funciona perfeitamente. Um diagnóstico deve ser uma explicação extremamente compacta. Para fazer um diagnóstico adequado, em qualquer ramo da medicina, deveria haver: (1) uma síndrome — uma constelação de indícios e sintomas, compartilhados por um grupo de pessoas, e visíveis a um observador; (2) dinâmicas subjacentes (patogenia; fisiopatologia, na medicina em geral, e neurofisiopatologia — ou psicodinâmicas — na psiquiatria; (3) etiologia — aqueles fatores dos quais as dinâmicas se originam. Quando essas três condições existem, poderemos, então, poupar nosso tempo usando abreviações, sabendo que uma ou duas palavras — um rótulo, um diagnóstico — comunicará aos demais estudiosos aquilo que sabemos. Infelizmente para os psiquiatras em geral, nós não nos confrontamos com pessoas cujos pensamentos, sentimentos e comportamento possam ser categorizados desse modo. Exceto pelos distúrbios que são propriamente "doenças", no mesmo sentido em que o termo é usado na medicina como um todo — tais como as síndromes cerebrais orgânicas, que podem incluir alguns dos tipos de esquizofrenia e de psicoses afetivas — as condições para as quais nossa especialidade foi desenvolvida, no geral, não satisfaz àqueles três critérios. E assim, se o que acabei de expor for um modo adequado de encarar a estrutura de um diagnóstico (e alguns pensam que sim [49]), o atual sistema de classificação é extremamente imperfeito.

Poderíamos, até mesmo, discutir se o nosso atual sistema de diagnóstico deveria ser totalmente descartado, como alguns chegaram a sugerir. O preço poderia ser demasiadamente alto; mas devo admitir que há, em mim, uma leve tentação de ver isso acontecer; parece lógico que se uma abreviatura, que deveria transmitir um diagnóstico, não é uma informação passível de ser compartilhada entre aqueles que a usam, então ela servirá apenas para confundir; e poderia ser melhor substituída, por algum tempo, por frases descritivas. Contudo, nós não eliminaremos o sistema classificatório; e, assim, a psiquiatria persistirá percorrendo, um a um, a lista dos diagnósticos, ano após ano, testando a popularidade dos itens — as prioridades sendo determinadas por questões tanto sociais quanto científicas. Nossos problemas com a nomenclatura demonstram quão longo é ainda o caminho, até que se possa constituir uma psiquiatria que esteja enraizada na metodologia científica. Mas é mau sinal já darmos início à tarefa de forma fragmentada; isolar a homossexualidade do restante do cambaleante sistema — a menos que todos compreendam que a particularidade do exemplo deverá servir apenas para iluminar as questões gerais — é ignorar a paralisia de que padece a estrutura como um todo, que é de uma incoerência mortal.

Assim, nós não deveríamos excluir o termo "homossexualidade" pelo fato desse diagnóstico trazer angústia aos que com ele são diagnosticados. Esse efeito indica problemas sociais importantes; mas nosso argumento ficará confuso, caso insistamos em falar de diagnóstico quando, de fato, estaremos falando sobre a maneira pela qual os diagnósticos podem ser usados de maneira perversa. Muitos homossexuais, hoje, sentem que o simples diagnóstico de "homossexualidade" serve, nas mãos dos psiquiatras (que deveriam ser mais precavidos) e do público (que não se importa em se precaver) como ferramenta para oprimir pessoas cujo único crime é seu estilo sexual. Eu concordo: já que a sociedade faz isso, e a psiquiatria se permite ser subserviente a tal ponto, aí se comete uma injustiça, ofensiva para os homossexuais e degradante para os psiquiatras. Mas um diagnóstico não deveria ser invalidado por esse tipo de motivo.

Se usarmos os três critérios antes aventados para que se considere uma condição como sendo um diagnóstico, então a homossexualidade não é um diagnóstico: (1) existe apenas uma preferência sexual (e que é tão digna de atenção porque assusta tanta gente em nossa sociedade), não uma constelação uniforme de indícios e sintomas; (2) pessoas diferentes, e que têm essa mesma preferência sexual, têm outros tipos de psicodinâmicas subjacentes a seu comportamento sexual; e (3) experiências de vida muito diferentes podem causar esse comportamento e essas dinâmicas. *Existe* um comportamento homossexual; ele é variado. Pessoas com todo tipo de personalidade preferem a homossexualidade como sua prática sexual: pessoas sem nenhuma sintomatologia abertamente neurótica — assim como esquizofrênicos, obsessivos-compulsivos, alcoólatras, pessoas com outras perversões — praticamente todas as categorias da nomenclatura. Porém, não existe uma *coisa* que corporifique a homossexualidade. Neste sentido, a palavra deveria ser removida da nomenclatura.

Com relação à patogenia, provavelmente ninguém, hoje em dia — nem mesmo entre aqueles que são a favor do diagnóstico — acredita numa causa única para o comportamento homossexual, o que faria com que ele fosse uma *coisa*. Os excelentes estudos da literatura sobre a etiologia, feitos por Bieber et al. e Socarides, somados às suas próprias descobertas (3, 130) reforçam a impressão de que muitos caminhos conduzem à predileção de alguém por indivíduos de seu próprio sexo. Isto é verdadeiro mesmo, e especialmente, em relação às teorias analíticas sobre a etiologia.

Será que devemos abrir mão de um diagnóstico por ele causar dor? Há algo de desabonador no uso de nosso frágil método de diagnóstico? Também quando os psiquiatras em massa são considerados como bodes expiatórios pela maneira cruel com que os homossexuais têm sido, e continuam sendo, tratados? Estes não são os verdadeiros motivos pelos quais os homossexuais são maltratados (apesar de poderem ser emprestados, para fazerem deles tal uso). Na melhor das hipóteses, nós, a começar por Freud, somos parcialmente responsáveis pelo fato de os homossexuais poderem, agora, começar a lançar um revide contra a sociedade. Mesmo sendo imprecisos ao considerarmos a homossexualidade como um diagnóstico, fazer isto significou que o homossexual é parte do reino natural, e não um membro da espécie dos pecadores malditos.

Os oprimidos, à medida que vão encontrando sua força, podem ver que existem duas verdades — em geral não relacionadas — que sua causa incorpora. A primeira é a moralidade de seu estado oprimido, e as efetivas falsificações contadas por um lado (ou pelo outro) a fim de remover (ou manter) uma opressão; a primeira verdade será que a opressão é má (ou boa). Os oprimidos são sempre vítimas das definições.

A segunda verdade — a busca da realidade (método científico) — podemos colocá-la de lado por enquanto, enquanto tratamos da primeira — nossa convicção de que nossa causa é justa. A posição do homossexual se torna mais honrada, ou ao menos mais pungente, face à crueldade pública. Em realidade, não existiria nenhum diagnóstico de homossexualidade — somente seria reconhecida a miríade de formas de comportamento homossexual — se o fanatismo em relação àquilo que é certo não forçasse a crença (partilhada até mesmo entre os homossexuais) de que uma determinada essência — a homossexualidade — existe.

Parte do ódio que a sociedade dirige contra a sexualidade é indevido, porque não foi provocado, como sua preocupação em relação a quais orifícios de qual sexo são usados. Esse ódio é, sobretudo, nossa herança cultural. Mas outra parte, que tem pouco a ver com o ato homossexual do coito, o homossexual (em geral homem) provoca de forma proposital, consciente; ele contribui — e até mesmo sente prazer nisso — para sua própria opressão. Por muitas e complicadas razões, muitos homossexuais estão mancomunados com o histriônico, a mímica, a caricatura, sempre que uma audiência — seja ela homo ou heterossexual — estiver presente. O sarcasmo — a hostilidade — entra como ingrediente dessas encenações, onde existe uma piada: "Quando eu pareço estar ridicularizando a mim mesmo, estou, na verdade, ridicularizando o mundo certinho, careta — com o bônus adicional de eles serem estúpidos demais até mesmo para perceberem o que estou fazendo com eles."

Embora seja verdade que o público não percebe exatamente o que está sendo feito ali, não há como não intuir a presença de uma gozação; então ele se zanga e arremete contra seu algoz, como um touro enraivecido. Este ataque pode ferir o homossexual; mas, mesmo sendo ferido, ele ainda se sente superior, pois *ele* não é um touro — um animal cego, estúpido. Antes, ele é um esteta — um provocador, não um cavalo de batalha.

Muitos homossexuais aprenderam esses e outros métodos de lidar com as situações com base nas escaramuças que, na infância, perderam para seus pais. Alguns homossexuais, a maioria deles, é derrotada por suas mães chantagistas, e tinham pais que forneciam apenas uma inépcia passiva; isto dificilmente encorajaria um filho a rivalizar, tendo um pai desse tipo. Outros, brutalizados por pais dominados por uma raiva cega, fogem, refugiam-se nos maneirismos de suas pobres mães (esses dois exemplos não pretendem explicar as origens do comportamento homossexual — embora eu realmente acredite que fatores como este, somados a muitos outros, possam contribuir para isso). Em todo caso, há motivos de sobra para a vingança que, acredito, energiza muitos aspectos do comportamento homossexual — e não só de seu comportamento erótico. Assim, para salvaguardar um sentimento de autoestima das fossas do desespero, eles precisam lançar um contra-ataque a todos os que têm as mesmas qualidades dos antigos inimigos de sua infância. Esses mecanismos, embora em diferentes formas e gradações, podem ser encontrados também em pessoas não homossexuais; o masoquismo não é domínio exclusivo deles. Realço, uma vez mais, que não ofereço estas ideias como explicações completas.

Três mecanismos utilizados pelos homossexuais, e que provocam rajadas de ódio que lhes são disparadas pelos heterossexuais, são:

1. Os homossexuais transferem o ódio originariamente dirigido contra seus pais aos substitutos da figura paterna na sociedade — e esses substitutos contra-atacam;

2. Os homossexuais, que aprenderam na infância a odiarem a si mesmos, continuam a atrair punição, em parte porque eles concordam com a crueldade da sociedade estabelecida; eles provocam ataques a fim de serem humilhados;

3. Os homossexuais podem ameaçar a posição "espada" do heterossexual militante com provocações que procuram dirigir a atenção deles para seus próprios potenciais homossexuais ou afeminados. Para se autoafirmar, pode ser que o heterossexual retalie.

Essas dinâmicas de hostilidade são, creio, características da homossexualidade masculina mais do que da feminina. Por exemplo, não se vê muita caricatura no comportamento masculino das mulheres,[1] mas ela é parte essencial da efeminação nos homens. Em geral se acredita que a homossexualidade feminina tenha sido ignorada por milênios, pelas culturas, em virtude de as mulheres ocuparem uma linha que fica abaixo do desprezo — e da preocupação — em todas as sociedades. Isto pode não ser tudo: as mulheres homossexuais, menos abertamente ásperas e hostis em relação a seus opressores do que a maioria dos homens homossexuais, atraem menos ataques sobre si. Ou, pelo menos, vinha sendo assim, até recentemente.

Retornando de nossa digressão: a primeira verdade, então, é a imoralidade da opressão. A segunda verdade, — menos importante nas crises do oprimido — que acredito ser também uma causa social que, a longo prazo, tem a sua devida importância: ela diz respeito ao método científico, este conjunto de regras magnificamente construído — uma consciência confiável para cada pesquisador que é dono, por sua vez, de sua própria consciência corruptível — e que é a norma condutora do esforço para localizar os fatos. Essa terceira verdade (embora não fale necessariamente de algum cientista em particular) representa uma verdade maior: que a honestidade tem um valor social a longo prazo para a humanidade, e que precisa ser protegida, encorajada e ensinada; e que sua metodologia precisa ser indefinidamente refinada. O processo de diagnosticar, na medicina — um processo de detecção — é um instrumento desse método científico. De tal forma que somos remetidos para a etiologia.

Nessa busca pelas múltiplas causas do comportamento homossexual, podemos encontrar dados que de-

1. Será que isto tem relação com o fato de a mulher saber que ela é mulher, como a mãe?

monstram que, para muitos homossexuais, as preferências na escolha do objeto, assim como alguns de seus comportamentos essenciais, habituais e não eróticos (tais como a efeminação dos homossexuais homens) desenvolveram-se como resultado de traumas e frustrações durante a infância. Estas observações valem também para a maioria dos heterossexuais, apesar de os traumas e as frustrações serem de tipos e intensidades diferentes.

Se dividirmos os humanos em dois tipos, os heterossexuais e os outros, como é o costume, poderemos distinguir entre os dois pelas seguintes formas idiossincráticas (aliás, como Freud já o fez): os hábitos sexuais da maioria dos humanos, incluindo a maioria dos que preferem relações homossexuais, são heterossexuais. (A heterossexualidade também pode, obviamente, conter a homossexualidade). As neuroses eróticas — as perversões óbvias e, até mesmo, a maioria das variações da heterossexualidade evidente, tais como a promiscuidade compulsiva, a utilização de pornografia, a preferência por prostitutas e a masturbação adulta — são distorções heterossexuais, acordos de conciliação; não obstante, eles são repletos de excitação, possibilitando que alguém abra mão de certos desejos, desde que outros possam ser salvaguardados. Se isto fizer com que as minorias oprimidas se sintam melhor, poderemos conceder, a cada um de nós, um diagnóstico; tal afirmação raramente seria uma distorção dos fatos. Todos têm seu próprio estilo ou fantasia específica, de que se utilizam em seus devaneios, ou que encenam com objetos; todos têm direito a uma categorização.

Mas por que alegar que a heterossexualidade é a preferência da humanidade? Muitos insistem em dizer que a heterossexualidade é o estado biologicamente natural do homem: primeiramente porque é assim que acontece em todas as demais espécies; em segundo lugar, porque somente ela é capaz de evitar a morte de todas as espécies. No entanto, não existe evidência direta para essa propensão biológica no homem, a não ser pelo fato, aparentemente surpreendente, de a maioria das pessoas ser mais ou menos heterossexual. Apesar de inexistir razão para negar que possa haver alguma dessa tendência biológica, sabemos que acontecimentos psicológicos podem, com tanta frequência, sobrepujar essa heterossexualidade latente, que a consideração de que isto seja biologicamente fixo constitui uma fundação demasiadamente frágil para que, sobre ela, se possa construir uma teoria — ou uma sociedade. Talvez uma força até mesmo mais poderosa, que pressiona em direção à heterossexualidade nos humanos, seja a constituição da família, que pode ter sido inventada não por causa da heterossexualidade biológica, mas por realidades que envolviam questões de vida e morte, e que veio pautando nossa existência até os dia de hoje. À medida que a segurança e o conforto aumentam, alguns acreditam que a próxima vítima, depois de Deus, possa vir a ser, justamente, a família.

Ao dizer que a família é mais efetiva do que qualquer estímulo biológico na promoção da heterossexualidade, quero dizer o seguinte: toda criança sabe ser o produto de um inevitável ato sexual heterossexual, ato que é íntimo, excitante, misterioso, surpreendente, profundo, perigoso, proibido — e terrivelmente desejável; e toda família — mesmo aquelas cujo fracasso produz graves transtornos à criança que abrigam — transmite incessantemente à sua prole mensagens de que a família ideal é heterossexual. Por mais restrito que o mito da heterossexualidade possa ser, por mais que existam militantes sexuais que o abominem, e por mais amargas que as pessoas tenham se tornado por sentirem o quanto a realidade de sua vida sexual caiu abaixo da perfeição, a heterossexualidade amorosa é o critério — e ela envolve afeição, respeito, honestidade, diminuição do egoísmo, interesse erótico duradouro, gratificação prazerosa, fidelidade, sentimento de regozijo pelas crianças, e a criação de uma unidade maior e mais original do que as duas pessoas que a constituíram. E isto é assim não porque tenha sido ordenado pelos céus, pela biologia ou pela teoria econômica, mas porque quase todos os membros de nossa sociedade o aceitam, em algum ponto dentro de si, como o ideal que os persegue.

Assim, as perversões (porém não todas as aberrações sexuais) são modificações que precisamos inventar a fim de preservar alguma de nossa própria heterossexualidade. A forma que a perversão assume pode estar distante dessa forma extrema, qual seja, a preferência do homem pela mulher e vice-versa, com ambos desfrutando, com todo seu ser, dos aspectos sexuais e amorosos de seu relacionamento. Contudo, embora invisível, esse ideal está lá, encerrado no âmago da maioria de nós, ainda que se manifeste apenas em alguns poucos.

Agora, retornando à ideia de que os diagnósticos podem ser usados para manipular as pessoas. Eu sugeriria ainda que só fosse removido de nossa classificação o diagnóstico — e não apenas "homossexualidade" — se for possível provar que a condição vinculada a ele não existe — e não pelo fato de esse diagnóstico poder trazer sofrimento. Sendo assim, é nossa responsabilidade definir com precisão cada um dos diagnósticos sugeridos em nossa classificação, pois, com uma definição adequada, poderemos determinar se aquilo que foi definido existe de fato. Talvez, com o tempo, isto ocorrerá com relação a um certo número de condições que são, hoje, indiscriminadamente definidas como "homossexualidade" — apenas porque o objeto sexual preferido pela pessoa é de seu mesmo sexo. Vamos contar, então, com uma quantidade de subdiagnósticos dentro de uma categoria principal, "as homossexualidades".

Um dia, talvez, nosso conhecimento seja suficiente, e nos tornemos capazes de diagnosticar da mesma forma como as demais áreas da medicina o fazem. Por outro lado, poderemos chegar à conclusão de que diagnósticos são um tipo de ocupação utópica, quando envolvem a identidade humana. Nesse meio tempo, eu sugeriria que abríssemos mão dos diagnósticos utilizados apenas para dar realce quer ao comportamento sexual mais extravagante (que pode ter sido apenas um ato momentâneo) ou mesmo ao comportamento sexual predileto, simplesmente porque a pessoa não tem por hábito relacionar-se sexualmente com alguém do sexo oposto.

Podemos ser tão espertos: encobrimos nossos insultos fazendo uso da gramática. Dizer: "Ele é *um* neurótico" é mais incondicional do que dizer "ele é neurótico"; a primeira versão torna a pessoa sinônimo de sua neurose. Se, seja por gentileza ou por acurácia, dissermos "ele *tem* uma neurose", diminuímos nossas chances de causar desagrado. Suponha agora que, ao querer comunicar, de modo preciso e sucinto, nós disséssemos: "Ele tem uma homossexualidade"; o poder de insulto das palavras se enfraquece. Não estamos mais dizendo nem que seus hábitos sexuais são a totalidade de seu ser, nem que nós — os grandes árbitros — simplesmente não temos interesse no resto de sua personalidade. Uma pitada das regras de ouro poderia aprimorar nossos hábitos, ao diagnosticar.

Talvez pudéssemos tentar, como regra à qual atermo-nos — isto até o dia em que saibamos o que estamos fazendo, e se as circunstâncias exigirem que um rótulo psiquiátrico seja fornecido — proceder da seguinte forma:

A. *O tipo de personalidade (caráter) habitual desde a infância ou adolescência,* por exemplo, obsessivo-compulsivo, esquizofrênico, histérico, depressivo.

   1. *A síndrome presente,* por exemplo: toxicomania, neurose de angústia, psicose esquizoide.

      a. *Síndromes subsidiárias igualmente presentes,* por exemplo: alcoolismo, síndrome cerebral orgânica não psicótica acompanhada por senilidade; distúrbio respiratório psicossomático (asma).

         (1) *Preferência sexual,* por exemplo: heterossexual, monogamista; acompanham fantasias de ser estuprada por um garanhão; homossexual com fetichismo por prepúcios; heterossexual, dando preferência a cadáveres; homossexual que pratica sexo anônimo com pênis desincorporados[2] (promiscuidade de banheiros públicos); heterossexual, voyeurismo; homossexualidade que só se expressa em fantasias, durante as relações sexuais com a mulher.

---

2. *Disembodied penises,* no original: o autor se refere aqui — no contexto do sexo casual, homossexual e masculino, anônimo e em lugares públicos — ao fato de que o pênis, como objeto de fetiche, é *independente* do sujeito. [Nota da Edição]

A vantagem desse sistema classificatório, pelas síndromes, é que ele não pretende ser um sistema diagnóstico, ou seja, explicativo. Ele admite sua ignorância: é descritivo.

Esta posição vale para ambos os litigantes, os oprimidos e os opressores (vale, inclusive, certamente, para alguns psiquiatras): os diagnósticos não deveriam ser descartados por poderem aborrecer a pessoa rotulada, nem deveriam ser mantidos porque podem ser usados para oprimir. Nenhum desses extremos faz jus à função dos diagnósticos. Somente deveriam ser removidos aqueles diagnósticos que não conseguirem descrever a patologia de modo sucinto e preciso. Este é o caso em relação à homossexualidade, que ainda não é capaz de funcionar como um diagnóstico verdadeiro: devemos removê-lo. E, uma vez que isto vale também para a maioria dos demais "diagnósticos" da psiquiatria, rejeitemos o sistema (embora ainda não a totalidade dos rótulos) e comecemos de novo.

Capítulo 11
Sexo e pecado

Para nosso propósito de agora, estando preocupados somente com o erotismo, permitam-me definir pecado como um termo exagerado para o desejo de fazer mal a alguém. Sendo assim, a ética e a moralidade são escalas de que a sociedade se utiliza para mensurar o pecado; elas existem para justificar ou para atenuar a hostilidade. Ao demonstrar que a hostilidade desempenha um papel essencial na geração e na manutenção da excitação sexual humana, eu estive também, subliminarmente, estudando algumas das dinâmicas da ética e da moralidade.

Colocar a hostilidade no centro dessas definições me põe um tanto em desacordo com os que explicam a sensação de pecado que experimentamos com o prazer sexual apenas como um fenômeno histórico-cultural. A justificativa mais recente descreve esse sentimento de pecado como sendo o produto de uma herança judaico-cristã, fortalecida, a cada nova geração e em cada localidade, pelas estruturas ali existentes, a serviço dos fanáticos. Se esta explicação for usada, a solução para o sofrimento causado por essas forças repressivas é simples de se conceber (embora difícil de se obter): ao mudarem as crenças da sociedade, o sentimento de pecado se dissipará.

Talvez. Mas enquanto esperamos por esse dia feliz, lembrando-nos de que a vida interior não é somente resultado, mas também causa, da cultura, examinemos também as dinâmicas do prazer sexual *no íntimo* de uma pessoa. Ao fazê-lo, poderemos descobrir que algumas das forças repressivas sociais — vivenciadas, dentro do indivíduo, como um sentimento de pecado — têm sua origem em ataques disferidos por uma parte da pessoa contra outra (a ferroada da consciência); as forças sociais não existem apenas lá fora, ao vento; com efeito, na trilha final, compartilhada por cada membro da sociedade, elas estão presentes sob a forma de dinâmicas intrapsíquicas.

Em círculos esclarecidos, hoje em dia, é difícil defender a ideia de que o sexo e o pecado estão ligados. Quer dizer que não existe nenhuma base lógica para as pessoas, quando sexualmente excitadas, experimentarem — infelizmente — um sentimento de desconforto e estranhamento? E para que partam numa busca voluntária de depravação, insalubridade e devassidão?

Ao responder, poderemos encontrar nossa primeira pista no fato, há muito tempo conhecido, de que a consciência de estar fazendo alguma coisa proibida, em geral, aumenta a excitação sexual. Isto se torna mais evidente pelos dados reunidos neste próprio livro, que indicam que, quando um certo grau de hostilidade e desumanização do objeto desejado não faz parte do cenário, para a maioria das pessoas, o sentimento de lascívia apaixonada é substituído por um prazer insosso. Efeitos tão superficiais como os que são afirmados pelos estudiosos da cultura não bastam como explicação principal para o sentimento de pecaminosidade — ou seja, ele não é, simplesmente, uma imposição cruelmente lançada ao cidadão pela sociedade inconsequente; em verdade, ele se origina também do fato de estarmos, pelo menos levemente, conscientes de que uma parte da excitação sexual está subordinada ao desejo de se fazer mal a alguém. O estudo da perversão demonstra esse mecanismo em funcionamento, tendo me conduzido a uma maior compreensão das aberrações de menor porte, às quais, comumente, nos referimos como "sexualidade normal".

Em ambas, tanto na perversão quanto na "sexualidade normal", temos encontrado diversos temas: à medida que o ato sexual se desenvolve, a pessoa enfrenta perigos imaginários, e sente que os superou; dentro da excitação sexual existem desejos — conscientes e inconscientes — de machucar alguém, como forma de vingança por traumas e frustrações do passado; o ato sexual serve para transformar o trauma da infância em triunfo do adulto; trauma, perigo e vingança criam um clima de excitação que se intensifica, quando envolto em mistério.

As ideias que acabamos de examinar servem apenas para complementar o conhecimento que temos sobre as origens do pecado; estas origens encontram-se em conflitos que são gerados nos primórdios do desenvolvimento, na primeira infância e na infância — primórdios esses que são, conceitualmente, ordenados como as fases oral, anal, fálica e edípica. A possessividade cruel e os impulsos destrutivos dos primórdios da vida, que ficam mais ou menos inseridos naquelas experiências psíquicas a que denominamos superego, é o que nos proporciona tanto os dados quanto uma moldura, ambos essenciais para a compreensão do sentimento de pecado. Ao observar a raiva e a crueldade que emergem das frustrações e dos traumas primitivos, conseguimos rastrear como esses sentimentos, e o sentimento de opressão que o acompanha, são convertidos em prazer sexual.

Este conhecimento das dinâmicas hostis na excitação sexual podem conduzir os mais propensos a preocupações relacionadas à ética e à moralidade, uma vez que essas duas instituições lidam com a modulação da hostilidade, entre indivíduos ou no interior de cada um. Se a ética e a moralidade são úteis à sociedade por definirem e lidarem com o pecado, então esta exploração da excitação sexual sugere que a ética e a moralidade do comportamento sexual tentam, intuitivamente, subjugar tais dinâmicas hostis. Talvez, se essa tentativa pudesse ser trazida à consciência, fôssemos capazes de diminuir a hostilidade — que, em suas formas extremas, atinge níveis de perversão — que os sistemas éticos e morais reformistas encaram como sendo um contrapeso à noção de pecado. Como estratégia de ação social, talvez aqueles que desejem incrementar sua liberdade sexual devessem não se apoiar demais no argumento de que o sentimento de pecado existe apenas como consequência de nossa escravidão aos processos históricos repressivos. Pode ser que o sentimento de pecado não desapareça simplesmente por resolvermos decretá-lo como fora de moda e, caso excluamos o pecado de nossos estudos, a complexa riqueza da excitação sexual humana sairá perdendo.

Se essas ideias sobre a perversão fossem aceitas, a função dos tribunais seria simplificada. Se fosse do conhecimento de todos que quase todo o comportamento sexual traz em si traços do mecanismo perverso e, portanto, que impulsos e atos perversos são universais (isto, certamente, já é sabido, embora ainda não tenha sido reconhecido pela legislação), o critério para se decidir sobre a ocorrência de crime não precisa mais ser: "A perversão estava presente?" Ao invés disto — uma maneira mais sensata, mais justa, de definir um crime — um juiz ou um júri precisaria apenas decidir se foi perpetrado um ato hostil causador de danos, a pessoas ou a propriedades, a um grau que o código penal considere como significativo para crimes não sexuais; assim, deixaria que o mesmo critério prevalecesse.

Uma decisão deste tipo dispensaria a opinião de "especialistas" — psiquiatras.

Esta discussão certamente cai no absurdo se nos esquecermos que nem todos os pecados são iguais. A fantasia de estupro não é estupro; a fantasia inconsciente de vingança do travesti conduz a uma violência que é, no máximo, fazer com que ele se masturbe num chapéu de mulher. A presença do sentimento de pecado, portanto, não deve ser relacionada à violência real, efetiva; felizmente, as leis que governam o comportamento sexual, apesar de geralmente estúpidas, algumas vezes levam isso em conta.

Os psicanalistas se apegam às discussões sobre moral e ética assim como os bêbados à bebida. Não desejo fazer aqui o papel de mais um grande mestre do comportamento sexual, julgar se a liberdade sexual prejudica ou enriquece a sociedade, ou declarar quais leis deveriam ser criadas, e com que grau de severidade, para que elas refletissem, assim, a nossa moralidade. Existe, porém, uma preocupação que acredito ser digna de ênfase: se negarmos a hostilidade e a desumanização nas fantasias que colaboram para a excitação sexual — se dissermos que o pecado não está ali — estaremos negando o óbvio, o que é uma idiotice.

Existem aqueles para quem, em sua ortodoxia, pecado e responsabilidade pessoal constituem a pedra fundamental da estrutura da sociedade: cada um deverá saber, pesar e colher as consequências de seu próprio comportamento. A tese, então, de que a excitação sexual e a necessidade de machucar seus objetos são assuntos que se relacionam de perto, faz com que o controle do sexo seja domínio não apenas de dinâmicas pessoais mas, ao mesmo tempo, com que seja uma questão política.

Aqueles que, sem cair no fanatismo, pensam no sexo em termos de pecado, partem de uma posição semelhante à minha: quando, por angústia, nós desumanizamos nossos objetos sexuais, nós minimizamos a nós mesmos, renunciando ao que há de melhor no ser humano — a capacidade de amar. Além disso, para os mais veementes partidários desse posicionamento, a sociedade também não tem qualquer interesse em encorajar sua própria dissolução, seja pela propaganda pró-libertinagem, pela pornografia, pelo afrouxamento das leis ou através de pesquisas laboratoriais sobre o comportamento sexual humano (67). Por outro lado, se nós desencorajarmos a desumanização, restringindo a sexualidade infantil ilimitada das crianças, adolescentes e adultos, nossa recompensa será o poder do amor. Essa posição é corajosa, se não quase suicida pois, ao fazer oposição ao direito à perversão, ela tenta impedir um poderoso impulso que hoje em dia move a nossa sociedade. Aqueles que articulam esse conservadorismo, não apenas fomentam o ataque dos novos intelectuais e das maiorias morais da esquerda, mas têm também que tolerar os ataques políticos da direita, como colegas daqueles que, há muitas gerações, defenderam esse mesmo terreno.

Um apoio teórico para tal argumento vem de dois grupos que, em geral, não costumam estar de acordo: os psicólogos inspiracionistas (como May, Polanyi e Frankl) e os psicanalistas (como Freud e Khan). A partir da primeira convicção, cuja premissa básica é a de que o homem é bom quando não corrompido, retira-se a força moral para reivindicar "sanções" que preservem essa bondade, com o argumento de que o amor necessita de restrições sexuais, para que uma relação duradoura com outra pessoa possa vingar. Sendo assim, se quisermos preservar o que há de mais valioso nas relações humanas, é necessário que façamos oposição ao inimigo do amor — a licenciosidade sexual ("fascista", "esquizoide", "ilusória" [67]).

A segunda ideologia, a psicanálise, demonstra que a hostilidade jaz no âmago da perversão — podendo, assim, ajudar a fortalecer a convicção dos que acreditam que o atual aumento da liberdade sexual é mau (ver [76] para recapitulação). A descoberta de Freud, de que as aberrações sexuais são resultado de uma ruptura traumática do desenvolvimento infantil, fornece um bom pano de fundo. As descobertas de Khan ampliaram nossa compreensão sobre o significado e a função das perversões: o uso das pessoas como coisas (desumanização) ou como objetos de inveja e cobiça, em vez de objetos de amor; o uso de técnicas manipulativas de intimidade para explorar os parceiros; a falsificação do próprio *self*; e a perversão como encenação, mais do que um verdadeiro relacionamento entre pessoas (75, 76). Não podemos duvidar, depois de examinar tais descobertas, que a perversão não é — como uma variação — apenas "um modo alternativo de vida", como alguns apologistas a classificariam hoje. O argumento está claramente enunciado, aliás, desde Freud: a capacidade para o prazer sexual, na perversão, só pode ser conservada às custas de algum sacrifício feito à humanidade de seus objetos, e da deformação do próprio *self*. Quando alguém precisa reduzir pessoas a coisas, o amor — combinado a seu adversário, o ódio — é incapaz de persistir.

Essas, portanto, são as duas peças usadas para construir a tese conservadora: primeiramente, que a sexualidade sem controle desumaniza a vida erótica, impedindo, portanto, o amor; e, em segundo lugar, que a necessidade de desumanizar, que tem sua origem em experiências infantis traumáticas, repletas de conflito, é construída a partir da hostilidade.

Concordo, embora desaprove a solução a que os conservadores chegaram: a punição. Eles são homens da lei e da ordem. Seu clamor por ação, na ausência de uma população de pessoas maduras, capazes de um amor sem perversão, reivindica atos de repressão por parte da sociedade sobre seus cidadãos, para forçar a contenção da perversidade. Mas a maturidade — a despeito das esperanças dos filósofos políticos — muito dificilmente costuma ser produto de ação política, e ao psicanalista resta apenas imaginar as formas que a perversão, e o ódio a ela subordinado, tomarão, ao serem reprimidos, relegados à clandestinidade. Como seria bom se o amor pudesse ser criado num povo a partir da contenção sexual! Mas quando foi que existiu uma civilização cuja robustez tenha resultado da supressão de uma sexualidade irrestrita? (Aliás, quando foi que existiu — e o que seria — uma civilização saudável?) Como seria bom se o amor não envolvesse também as dinâmicas do recém-nascido e da infância; que bom seria caso o amor pudesse ser criado nos adultos, *ex novo*, pela exortação e pelas leis. Como seria bom se fosse verdade que o amor é tão inerente às pessoas, que poderíamos contar com sua ocorrência mediante alguns poucos ajustes na lei. Se a neurose fosse uma aberração e fosse um ingrediente menos presente no homem... Esse clamor por contenção é apenas modestamente utópico; não é difícil acreditar que, quanto menos ódio houver na intimidade, mais feliz será o resultado para os participantes. Mas o programa de transformar o ódio em amor via ação policial não alcançou êxito no passado. Além disso — como outros terão notado — as utopias são calmas, porém enfadonhas (e perigosas); sem o componente perverso — para aqueles que não toleram uma intimidade prolongada — pode ser que sejamos privados da maioria de nossos artistas, das descobertas científicas, dos gênios da política e dos grandes filósofos.

Mesmo assim, eu concordo que existe menos perversão num relacionamento onde há mais amor; é minha crença particular; eu não poderia provar, como ninguém até hoje o fez. Ainda assim, se alguém for declarar tais crenças publicamente, precisará ser muito convincente. São questões importantes demais. Antes de reduzirmos a liberdade de discurso, ou as liberdades de adultos responsáveis em seu ambiente privado, incluindo aí a privacidade de se envolver com comportamentos sexuais aberrantes, é preciso que o argumento esteja à altura dos perigos que teremos que correr. Eis aquilo de que necessito, a fim de que esteja convencido: alguma comprovação de que a humanidade como um todo é inerentemente boa, e de que a sua capacidade para o amor, e não para o ódio, pode ser posta em ação *agora*, e não em algum ponto indefinido do futuro; uma descrição fidedigna do que é o amor entre duas pessoas, de tal forma que eu possa julgar se ele é mais valioso para a nossa sociedade — precisamente agora, nestes tempos perigosos — do que a liberdade de imprensa e de opinião, e o direito à perversão privada, cujos limites estão querendo nos impor; uma comprovação razoável de que este amor está acessível — agora, por alguma trilha que pode ser revelada — para a maioria das pessoas, de tal forma que esse meio de salvar a sociedade possa ser instituído; alguma comprovação de que, se a perversão e a hostilidade não se afastarem, leis punitivas vão ou dissipar tais condições, ou conduzi-las para a clandestinidade, sem que elas continuem a representar perigo; é preciso saber quais normas estabelecerão o modo de conclamar essas forças repressivas e, em seguida, tratar de suavizá-las, antes que elas — e, especialmente, as pessoas que tomarão em suas mãos o poder de repressão — acabem ultrapassando os limites considerados desejáveis pelos aprendizes de feiticeiros. Não me sinto confortável diante da ideia de que a melhor solução para o problema da corrupção moral é que a capacidade inerente de amar do homem dará conta do recado, mas que, até que possamos canalizar esse amor, é preciso furtar à humanidade uma parcela de sua liberdade.

Eu até concordo (embora sem tanta veemência) que a pornografia é aviltante, que as pessoas estariam em melhor situação na ausência da perversão, que se lançar avidamente aos prazeres pré-genitais tornará as pessoas frenéticas (ou serão justamente as pessoas frenéticas que se lançam a tais prazeres?) Eu poderia até mesmo concordar que a licenciosidade prejudica a estrutura da sociedade (apesar de que eu, na realidade, acredito que a licenciosidade seja mais o resultado de uma alteração nessa estrutura do que o contrário). Mas, talvez por eu viver nos Estados Unidos de hoje, eu esteja ainda mais preocupado com a repressão da liberdade do que com o preço que teríamos que pagar, caso permitíssemos a corrupção. Nossa civilização sofreu, neste século, o trauma do totalitarismo; neste momento, os Estados Unidos estão ainda tão ameaçados por aqueles que desejariam tornar ainda mais severas as leis, que sou partidário de deixar a liberdade à solta por mais algum tempo, antes de entrarmos em pânico.

Existem dois tipos de liberdade, entre outros. Um deles, que é relativo, é a liberdade que se experimenta quando estamos livres de nossas necessidades neuróticas inconscientes; na perversão, esse tipo de liberdade se perde. O outro tipo, também relativo, é a liberdade que a sociedade pode garantir a todos os seus cidadãos. Ambas essas liberdades são preciosas; porém, neste período crítico em que vivemos, eu tentaria salvaguardar, primeiramente, o segundo tipo.

Comecemos por uma velha tese: a experiência sexual de todos está sempre imbuída de moralidade. E podemos compreender a razão disso, depois de termos examinado como a hostilidade, o mistério, o perigo e a vingança são capazes de aumentar a excitação.

Capítulo 12

A necessidade da perversão

Uma vez que a família já não funciona como unidade essencial à manutenção da sociedade, a perversão satisfaz a quatro necessidades: à preservação do prazer individual, à preservação da família, à preservação da sociedade, e à preservação das espécies. Ao reivindicar isto, estou indo além da descoberta fundamental de Freud, de que o indivíduo perverso é uma *vítima* dessa necessidade social que é a família; estou indo para a posição de que a perversão é uma *necessidade,* criada tanto pela sociedade quanto pela família, com a finalidade de que tanto uma quanto a outra não se tornem, elas mesmas, ainda mais combalidas.

A primeira necessidade, a preservação do prazer, foi suficientemente discutida neste livro; ela foi também o cerne tanto da teoria quanto dos dados obtidos pela psicanálise, desde seus primórdios. De maneira que posso deixar que o conhecimento que compartilhamos sobre essa realidade fale por si só, caso este livro não tenha cumprido de forma totalmente satisfatória sua função.

Como sabemos, com base no estudo do conflito edípico, a intimidade gera tensões eróticas tão graves que a estabilidade familiar se encontra cronicamente em perigo. De onde uma segunda necessidade: a perversão precisa agir como um repositório de conservadorismo, para estabilizar forças que, de outro modo, explodiriam. Ela permite que a crueldade e o ódio familiares sejam amenizados, para que não se tornem excessivamente destrutivos — e é um mecanismo tão eficiente, que garante a segurança dos pais e da família, graças à existência da criança perversa. Por exemplo, a futura mãe de um homem homossexual, em inúmeras pequenas doses, poderá ir transferindo para o seu garotinho a amargura que nutre, em relação aos homens, em geral, e a seu lamentável marido, em particular; desde que permaneça distante, e que aceite seu desdém sem reagir, a mãe permitirá que esse marido continue passivo; e a criança, desenvolvendo uma efeminação caricatural, pode, secretamente, adotar uma atitude de desprezo em relação à mãe.

Além disso, bodes expiatórios prestam auxílio a muitas famílias, que escolhem um de seus membros para fazer o papel do "doente", ou do "mau", permitindo, assim, as projeções; isto faz com que os outros membros da família permaneçam protegidos, e com que a própria família sobreviva, unida. Uma vez isto feito, os pais poderão vivenciar alguns de seus desejos perversos na criança escolhida (conf. 70). Por outro lado, a perversão faz, também, com que os pais possam desempenhar os papeis a eles atribuídos na representação edípica, preservando, assim, seu prazer sexual, e consolidando-os em sua difícil tarefa de parentagem. Para tanto, a perversão de seu filho é um sacrifício que eles estão dispostos a fazer. Em resumo, a perversão pode ser não apenas o preço, em termos de neurose, pago pela instituição que a família é, mas também, ao olharmos o reverso da moeda, descobrimos que seu outro lado permitiu — como uma força contrarrevolucionária — que a família sobrevivesse.

Em terceiro lugar, ao preservar a família, a perversão tem sido a salvaguarda da sociedade sob todas as formas que ela assumiu no decorrer de sua evolução, milênios afora. E, tendo em vista as terríveis tensões lançadas sobre ela, especialmente no século 19, pelos êxitos materiais da Revolução Industrial, é de se esperar vermos uma demanda-reflexo, e que a perversão amplie sua função contrarrevolucionária, que é a de salvaguardar as diferentes formas de sociedades do presente da dissolução, com que é ameaçada pelo bem-estar físico. Mas parece existir, agora, uma tendência para que a produção de bens, em alguns países, atinja, em breve, um ponto, em que tornará obsoletas algumas funções desempenhadas pela família, e que anteriormente eram necessárias; o progresso provê, mais e mais, proteção para muitos que, no passado, só poderiam subsistir mediante meios que apenas a família poderia lhes proporcionar, de maneira consistente: alimento, abrigo, proteção para as crianças, uma pitadinha de luxúria, e alguns momentos de tranquilidade. Não menos importante, o controle da natalidade reduz, em grande medida, a tremenda carga de trabalho que a procriação maciça requeria. Tais mudanças poderão libertar as forças da perversão para tarefas mais lúdicas, como as artes. E então, como em geral acontece com os principais fenômenos sociais, alguma coisa — como a perversão, ou a metodologia científica — que começou como uma defensora do *status quo*, será gradualmente transformada, quase sem necessidade de esforços, num poderoso agente de mudança.

A perversão, portanto, está a serviço da permanente imutabilidade da sociedade e da espécie. Porém, uma ameaça constante ao funcionamento regular da *perversão* é o *indivíduo perverso* e sua paranoia. Aquele que vai contra as regras, ao se recusar a desempenhar o papel de perverso, tal como está escrito nos costumes e nas sanções sociais — aquele que se rebela contra o papel que lhe foi atribuído, e que não fará ao vizinho o favor de ser palhaço e vítima — poderá, com o passar do tempo, forçar a mudança social, se não, simplesmente, causar uma revolução na sociedade.

Uma quarta necessidade à qual a perversão satisfaz é a da sobrevivência das espécies. Paradoxalmente, enquanto suas dinâmicas conduzem, em algumas poucas famílias, à eventual destruição da capacidade de as crianças de se reproduzirem, a perversão, como Freud a definiu, e como a discutimos no capítulo 10, é uma tentativa de preservar a heterossexualidade.

Enquanto a situação edípica, aquele produto da família heterossexual, é danosa à heterossexualidade emergente, com suas ameaças e angústias, ela também atormenta a criança durante a fase de seu crescimento, com suas possibilidades de segurança, afeto e prazer físico. E assim eu sugiro, juntamente com outros, que nem a heterossexualidade, nem a família, sejam inevitáveis ou eternas. Antes, que ambas — essencialmente criações sociais — trabalhem para se fortalecer mutuamente; e ambas criaram seu mito de serem uma verdade fundamental eterna (estabelecida por Deus, segundo a religião, e pelos genes, segundo os cientistas).

Em muitos casos, o desejo de preservar a espécie é conservado apenas no inconsciente do perverso — esta vítima heterossexual *manquée;* contudo, mais frequentemente, o trauma e a frustração da infância se resolvem de modo menos dramático. Alguma heterossexualidade permanece, de tal forma que o sobrevivente das dinâmicas familiares é capaz de se administrar genitalmente e, em raros casos, poderá até mesmo ser vitorioso ao ponto de constituir aquilo que a sociedade atual ainda exige: uma família que, um dia, se reproduzirá a si mesma.

Além das necessidades que preenche, a perversão traz ainda vantagens. Por exemplo, uma vez que sua dinâmica central é a hostilidade, ela é útil para direcionar o ódio assassino para correntes mais calmas da imaginação, tais como a religião, as artes, a pornografia e os devaneios. Tais deflexões são quase sempre preferíveis à expressão direta das forças que elas contêm, e que ficam contidas no inconsciente. Essa dispersão da raiva presta auxílio às nossas quatro necessidades essenciais: proporcionando um prazer erótico mais intenso e com menos culpa, diminuindo o índice de assassinatos nas famílias (tanto na família à qual a criança pertenceu quanto àquela que formará quando adulta), atando ao prazer e à exaustão eróticos energias que, caso não fossem assim extravasadas, poderiam fazer explodir a sociedade,[1] e desviando o ódio passível de ser gerado entre os sexos, possibilitando assim, pelo menos por alguns poucos momentos, que homens e mulheres sejam capazes de suportar a presença um do outro — coisa que, com demasiada frequência, lhes parece totalmente impossível.

Em outras palavras, como todas as condições produzidas por mecanismos neuróticos e que estão tão estabilizadas e são tão eficientes que costumamos chamá-las de estrutura do caráter, a perversão acaba sendo o único conjunto manejável de acordos de conciliação; ele drena uma quantidade suficiente de raiva e desespero, fazendo com que o indivíduo e a sociedade não sejam completamente solapados pelas tendências destrutivas que brotam da frustração infantil e dos traumas familiares.

---

1. A preferência, por parte dos revolucionários fanáticos, pela abstinência sexual é uma perversão que subjuga a hostilidade presente no interior da família (partido), permitindo que ela seja liberada no exterior, com finalidades destrutivas.

Enquanto existirem crianças, a sociedade inventará maneiras de educá-las e, ao fazê-lo, dará forma ao desejo sexual delas. Posto que não sabemos o que poderá acontecer caso a família desapareça, não temos como prever de que maneira a sexualidade humana, ao adaptar-se, será modificada. Meu palpite é que, se tudo transcorrer bem para a nossa raça, a perversão perderá força, e as variações aumentarão. Talvez chegue o dia em que a perversão não será mais uma necessidade.

Referências bibliográficas*

BIBLIOGRAFIA

1. BAK, R. C., "The Phallic Woman: The Ubiquitous Fantasy in Perversions". In: *Psychoanal. Study Child* 23 (1968): 15–36, New York, International Universities Press.
2. BANDURA, A. e WALTERS, R. H. *Social Learning and Personality Development.* New York, Holt, Rinehart & Winston, 1963.
3. BIEBER, I.; DAIN, H. J.; DINCE, P. R.; DRELLICH, M. G.; GRAND, H. G.; GUNDLACH, R. H.; KREMER, M. W.; RIFKIN, A. H.; WILBUR, C. B. e BIEBER, T. B., *Homosexuality.* New York, Basic Books, 1962.
4. BILLER, A. B., "Father Absence and the Personality Development of the Male Child". In: *Developmental Psychology* 2 (1970), 181–270.
5. BLUMER, D., "Trans sexualism, Sexual Dysfunction and Temporal Lobe Disorder". In: GREEN, R. and MONEY, J. (ed.). *Transsexualism and Sex Reassignment.* Baltimore, Johns Hopkins Press, 1969, pp. 213–219.
6. BOEHM, R., "The Femininity-Complex in Men". In: *Int. J. Psycho-Anal.* 11 (1930), 444–469.
7. BOSS, M., *Meaning and Content of Sexual Perversions.* New York, Grune & Stratton, 1949.
8. BOWLBY, J., *Attachment,* New York, Basic Books, 1969 → [BOWLBY, J., *Apego.* São Paulo, Martins Fontes, 1984. Trad. Álvaro Cabral].
9. "Brain Surgery for Sexual Disorders". In: Br. Med. J. 2 (1969), 250.
10. BRODIE, H. K.; GARTRELL, N.; DOERING C. e RHUE, T., "Plasma Testosterone Levels in Heterosexual and Homosexual Men". In: *Am. J. Psychiat.* 131 (1974), pp. 82–83.

---

*. Quando há edição brasileira de uma obra citada ela é indicada por uma seta. [N. da E.]

11. CHODOFF, P., "A Critique of Freud's Theory of Infantile Sexuality". In: *Am. J. Psychiat.* 123 (1966), pp. 507–508.

12. COOPER, A. J.; ISMAIL, A. A. A.; PHANJOO, A. L. et al. "Antiandrogen (Cyproterone Acetate), Therapy in Deviant Hypersexuality". In: *Br. J. Psychiat.* 120 (1972), pp. 59–63.

13. CRAMER, B., "Sex Differences in Early Childhood". In: *Child Psychiat. and Human Develop.* 1 (1971), pp. 133-151.

14. DEVEREUX, G., "Panel Report: Perversion" (J. A. Arlow, reporter). In: *J. Am. Psychoanal. Assoc.* 2 (1954), pp. 336–345.

15. DOERR, P; KOCKOTT, G.; VOGT, H. J.; PIRKE, K. M. e DITTMAR, F., "Plasma Testosterone, Estradiol and Semen Analysis in Male Homosexuals". In: *Arch. Gen. Psychiat.* 29 (1973), pp. 829–833.

16. EPSTEIN, A. W., "The Relationship of Altered Brain States to Sexual Psychopathology". In: ZUBIN, J. e MONEY, J. (ed.). *Contemporary Sexual Behavior: Critical Issues in the 1970s.* Baltimore, Johns Hopkins Press, 1973, pp. 297–310.

17. ESCALONA, S. K. e GORMAN, H. H. "Early Life Experience and the Development of Competence". In: *Int. Rev. Psychoanal.* 1 (1974), pp. 151–168.

18. FENICHEL, O. (1930). "The Psychology of Transvestitism". In: *Collected Papers*, New York, W. W. Norton & Co., 1953.

19. ______. *The Psychoanalytic Theory of Neurosis*, New York, W. W. Norton & Co., 1945 → [*Teoria psicanalítica das neuroses*, Rio de Janeiro/São Paulo; Atheneu, 1981. Trad.: Samuel Penna Reis].

20. FOX, C.; ISMAIL, A.; LOVE, D.; KIRKHAM, K. e LORAINE, J. "Studies on the Relationship between Plasma, Testosterone Levels and Human Sexual Activity". In: *J. Endocrin.* 52 (1972), pp. 51–58.

21. FREUD, A. *The Ego and the Mechanisms of Defense.* London, Hogarth Press, 1937 → [*"O ego e os mecanismos de defesa".* Rio de Janeiro, Civilização Brasileira, 1982; Trad.: Álvaro Cabral].

22. ______. "The Infantile Neurosis: Genetic and Dynamic Considerations". In: *Psychoanal. Study Child* 26 (1971). New York, International Universities Press, pp. 79–90.

23. FREUD, S. (1900). *The Interpretation of Dreams, Standard Edition* 4, London, Hogarth Press, 1953 (*Standard Edition hereafter noted as SE).*→ ["A Interpretação dos Sonhos". Edição Standard Brasi-

leira das Obras Psicológicas Completas de Sigmund Freud. Rio de Janeiro. Imago, 1980, vols. IV–V. Trad.: Jayme Salomão].

24. ______. (1905), *Three Essays on the Theory of Sexuality, SE* 7 (1953), pp. 135–243 → ["Três Ensaios sobre a Teoria da Sexualidade", op. cit., vol. VII].

25. ______. (1905), *Jokes and their Relation to the Unconscious, SE 8*, (1960). → ["Os Chistes e sua Relação com o Inconsciente". Op.cit., vol. VIII].

26. ______. (1909), "Analysis of a Phobia in a Five-Year-Old Boy", SE *10* (1955), pp. 5–149. → ["Análise de uma Fobia em um Menino de Cinco Anos". Op. cit., vol. X].

27. ______. (1911), "Psycho-analytic Notes on na Autobiographical Account of a Case of Paranoia (Dementia Paranoides)", *SE 12* 1958, pp. 9–32 → ["Notas Psicanalíticas sobre um Relato Autobiográfico de um Caso de Paranoia (dementia paranoides)". Op. cit., vol. XII].

28. ______. (1912), "The Dynamics of Tranference", *SE 12* (1958), pp. 99–108 → ["A Dinâmica da Transferência". Op. cit., vol. XII].

29. ______. (1915), "Instincts and Their Vicissitudes", *SE 14* (1957), pp. 117–140. → ["Os Instintos e suas Vicissitudes", Op. cit., vol. XIV].

30. ______. (1919), "A Child is Being Beaten", *SE 17* (1955), pp. 179–204. → ["Uma Criança é Espancada: uma Contribuição ao Estudo da Origem das Perversões Sexuais". Op. cit., vol. XVII].

31. ______. (1923), *The Ego and the Id, SE 19* (1961), pp. 12–66. → ["O Ego e o Id", Op. cit., vol. XIX].

32. ______. (1927), "Fetishism", *SE 21* (1961), pp. 152–157. → ["Fetichismo". Op. cit., vol. XXI].

33. ______. (1932), "Femininity", *SE 22* (1964), pp. 112–135. → ["Conferência XXXIII: Feminilidade, Novas Conferências Introdutórias sobre Psicanálise". Op. cit., vol. XXII].

34. ______. (1937), "Analysis Terminable and Interminable", *SE* 23 (1964), pp. 216–253. → ["Análise Terminável e Interminável", Op. cit., vol. XXIII].

35. ______. (1940), "The Splitting of the Ego in the Process of Defense", *SE* 23 (1964), pp. 275–278. → ["A Divisão do Ego no Processo de Defesa". Op. cit., vol. XXIII].

36. FRIDAY, N., *My Secret Garden: Women's Sexual Fantasies*, New York, Trident Press, 1973.

37. GADPAILLE, W. J., "Research into the Physiology of Maleness and Femaleness", *Arch. Gen. Psychol.* 26 (1972), pp. 193–206.

38. GALENSON, E., "A Consideration of the Nature of Thought in Childhood Play". In: MCDEVILL, J. B. e SETTLAGE, C. F. (ed.). *Separation-Individualism, Essays in Honor of Margaret S. Mahler.* New York, International Universities Press, 1971, pp. 41–59.

39. ______. e ROIPHE, H., "The Impact of Early Sexual Discovery on Mood, Defensive Organization and Symbolization", *Psychoanal. Study Child* 26 (1972). New York, Quadrangle Books, 1972, pp. 195–216.

40. GALLE, O. R.; GOVE, W. R. e MCPHERSON, J. M. "Population Density and Pathology: What Are the Relations for Man?", *Science* 176 (1972), pp. 23–30.

41. GEBHARD, P. H.; GAGNON, J. H.; POMEROY, W. B. et al. *Sex Offenders.* New York, Harper & Row Publishers, 1965.

42. GILLESPIE, W. H., "A Contribution of the Study of Fetishism", *Int. J. Psycho-Anal.* 21 (1940), pp. 401–415.

43. ______. "Notes on the Analysis of Sexual Perversions", *Int. J. Psycho-Anal.* 33 (1956), pp. 396–403.

44. ______. "The General Theory of Sexual Perversion", *Int. J. Psycho-Anal.* 37 (1956), pp. 396–403.

45. ______. "The Psycho-analytic Theory of Sexual Deviation with Special Reference to Fetishism". In: ROSEN, I. (ed.). *The Pathology and Treatment of Sexual Deviation: A Methodological Approach.* New York, Oxford University Press, 1964, pp. 123–145.

46. GLOVER, E., *The Roots of Crime*, New York, Hillary House Publishers, 1960.

47. ______. "Aggression and Sado-Masochism". In: ROSEN, I. (ed.)., *The Pathology and Treatment of Sexual Deviation: A Methodological Approach.* New York, Oxford University Press, 1964, pp. 146–162.

48. GOLDBERG, S. e LEWIS, S. "Play Behavior in the Year-Old Infant: Early Sex Differences", *Child Devel.*, 40 (1969), pp. 21–33.

49. GOLDMAN, R. *Principles of Medical Science.* New York, McGraw-Hill Book Co., 1973.

50. GRAY, P. H., "Theory and Evidence of Imprinting in Human Infants". In: *J. Psychol.* 46 (1958), pp. 155–166.

51. GREEN, R., "Homosexuality as a Mental Illness". In: *Int. J. Psychiat.* 10 (1972), pp. 77–98.

52. _____. *Sexual Identity Conflict in Children and Adults.* New York, Basic Books, 1973.

53. GREENACRE, P., "Respiratory Incorporation and the Phallic Phase". *Psychoanal. Study Child* 6 (1951), New York, International Universities Press, pp. 180–205.

54. _____. "Certain Relationships Between Fetishism and the Faulty Development of the Body Image". *Psychoanal. Study Child* 8 (1953), New York, International Universities Press, pp. 79–98.

55. _____. "Further Considerations Regarding Fetishism", *Psychoanal. Study Child* 10 (1955), New York, International Universities Press, pp. 187–194.

56. _____. "On Focal Symbiosis". In: JESSNER, L. e PAVENSTEDT, E. (ed.). *Dynamic Psychopathology in Childhood.* New York, Grune & Stratton, 1959, pp. 243–256.

57. _____. "Further Notes on Fetishism", *Psychoanal. Study Child* 15 (1960). New York, International Universities Press, pp. 191–207.

58. _____. "Perversions: General Considerations Regarding Their Genetic and Dynamic Background", *Psychonanal. Study Child* 23 (1968). New York, International Universities Press. pp. 47–62.

59. _____. "The Fetish and the Transitional Object", *Psychoanal. Study Child* 24 (1969). New York, International Universities Press, pp. 144–164.

60. GREENSON, R. R., "A Transvestite Boy and a Hypothesis", *Int. J. Psycho-Anal.* 47 (1966), pp. 396–403.

61. _____. "Dis-identifying from Mother", *Int. J. Psycho-anal.* 49 (1968), pp. 370–374.

62. GREENSPAN, J. e MYERS JR., J. M. "A Review of the Theoretical Concepts of Paranoid Delusions with Special Reference to Women". *Penn. Psychiat. Quart.* 1 (1961), pp. 11–28.

63. HARLOW, H. F. e HARLOW, M. K., "Social Deprivation in Monkeys", *Sci. Am.* 207 (1962), pp. 136–146.

64. ______. "The Effect of Rearing Conditions on Behavior". In: MONEY J. (ed.). *Sex Research, New Developments.* New York, Holt, Rinehart & Winston, 1965, pp. 161–175.

65. HARTMANN, H. (1939). *Ego Psychology and the Problem of Adaptation.* New York, International Universities Press, 1958 → [*Psicologia do Ego e o Problema da Adaptação.* Rio de Janeiro, Biblioteca Universal Popular, 1968. Trad.: Álvaro Cabral].

66. HEATH, R. G., "Pleasure and Brain Activity in Man". In: *J. Nerv. Ment. Dis.,* 154 (1972), pp. 3–18.

67. HOLDBROOK, D., *Sex and Dehumanization.* London, Pitman, 1972.

68. HOOKER, E., "The Adjustment of the Male Overt Homosexual", In: *J. Proj. Tech.* 21 (1957), pp. 18–31.

69. IVERSON, W., *Venus USA,* New York, Pocket Books, 1970.

70. JOHNSON, A. M. e SZUREK, S. A., "The Genesis of Antisocial Acting Out in Children and Adults", *Psychoanal. Q.* 21 (1952), pp. 323–343.

71. JOST, A., "A New Look at the Mechanisms Controlling Sex Differentiation in Mammals". In: *Johns Hopkins Med. J.,* 130 (1972), pp. 38-53.

72. KALLMANN, F. J., "A Comparative Twin Study on the Genetic Aspects of Male Homosexuality". In: *J. Nerv. Ment. Dis.,* 115 (1952), pp. 282–298.

73. KARLEN, A., *Sexuality and Homosexuality.* New York, W. W. Norton & Co., 1971.

74. KHAN, M. M. R., "Clinical Aspects of the Schizoid Technique". In: *Int. J. Psycho-Anal.,* 41 (1960), pp. 430-437.

75. ______. "Foreskin Fetishism and Its Relation to Ego Pathology in a Male Homosexual". *Int. J. Psycho-Anal.* 46 (1965), pp. 64–80.

76. ______. "The Function of Intimacy and Acting Out in the Perversions". In: SLOVENKO, R. (ed.). *Sexual Behavior and the Law.* Springfield, III, Charles C. Thomas, 1965, pp. 397–412.

77. KINSEY, A. C.; POMEROY, W. B. e MARTIN, C. E. *Sexual Behavior in the Human Male.* Philadelphia, W. B. Saunders Co., 1948.

78. ______. et al, *Sexual Behavior in the Human Female.* Philadelphia, W. B. Saunders Co., 1948.

79. KLAF, F. S., "Female Sexuality and Paranoid Schizophrenia". *Arch. Gen. Psychiat.* (1961), pp. 84–86.

80. KLEEMAN, J. A., "The Establishment of Core Gender Identity in Normal Girls". *Arch. Sex. Behavior,* 1 (1971), pp. 102–129.

81. KLEIN, H. R. e Horwitz, W. A., "Psycho-sexual Factors in the Paranoid Phenomena", *Am. J. Psychiat.,* 105 (1949), pp. 697–701.

82. KLEIN, M., *The Psychoanalysis of Children.* London, Hogarth Press, 1932 → [*Psicanálise da Criança.* São Paulo, Mestre Jou, 1981. Trad.: Pola Civelli].

83. KOLODNY, R. C.; MASTERS, W. H.; HENDRYX, J. et al. "Plasma Testosterone and Serum Analysis in Male Homosexuals". In: *N. Engl. J. Med.* 285 (1971), pp. 1170–1174.

84. KREUZ, L. E.; ROSE, R. M. e JENNINGS, J. R. "Suppression of Plasma Testosterone Levels and Psychological Stress", *Arch. Gen. Psychiat.* 26 (1972), pp. 479–482.

85. LASCHET, U., "Antiandrogen in the Treatment of Sex Offenders: Mode of Action and Therapeutic Outcome". In: ZUBIN, J. e MONEY, J. (ed.). *Contemporary Sexual Behavior: Critical Issues in the 1970s.* Baltimore, Johns Hopkins Press, 1973, pp. 311–319.

86. LEITES, N., *The New Ego: Psychoanalytic Concepts.* New York, Science House, 1971.

87. LORENZ, K., *King Solomon's Ring.* New York, Thomas Y. Crowell co., 1952.

88. MACALPINE, I. e HUNTER, R. A., *David Paul Schreber: Memoirs of My Mental Illness.* London, Dawson & Sons, 1955.

89. MACLEAN, P. D., "Studies on the Cerebral Representation of Certain Basic Sexual Functions". In: GORSKI R. A. e WHALEN R. E. (ed.). *Brain and Behavior,* vol. 3, Los Angeles, University of California Press, 1966, pp. 35–79.

90. MAHLER, M. S., "On Child Psychosis and Schizophrenia: Autistic and Symbiotic Infantile Psychoses". In: *Psycho-anal. Study Child* 7 (1952). New York, International Universities Press, pp. 286–305.

91. ______. "Autism and Symbiosis, Two Extreme Disturbances of Identity". *Int. J. Psycho-anal.,* 39 (1958), pp. 77–83.

92. ______. "Thoughts About Development and Individualization". In: *Psychoanal. Study Child,* 18 (1963). New York, International Universities Press, pp. 307–324.

93. ______. "On the Significance of the Normal Separation-Individuation Phase: With Reference to Research in Symbiotic Child Psycho-

sis". In: SCHUR, M. (ed.). *Drives, Affects, Behavior,* vol. 2. New York, International Universities Press, 1965.

94. ______. *On Human Symbiosis and the Vicissitudes of Individuation,* vol. 1, New York, International Universities Press, 1968.

95. ______. "Rapprochement Subphase of the Separation-Individuation Process". *Psychoanal. Q.* 41 (1972), pp. 487–506.

96. ______. e FURER, M., "Certain Aspects of the Separation-Individuation Phase", *Psychoanal. Q.* 32 (1963), pp. 1–14.

97. MALINOWSKI, B., *Sex and Repression in Savage Society,* New York, Humanities Press, 1927.

98. MARGOLESE, M. S., "Homosexuality: A New Endocrine Correlate". In: *Hormones and Behavior* 1 (1970), pp. 151–155.

99. MARMOR, J., "Orality in the Hysterical Personality". In: *J. Am. Psychoanal. Assoc.* 1 (1953), pp. 656–671.

100. ______. " 'Normal' and 'Deviant' Sexual Behavior". *JAMA.* 217 (1971), pp. 165–170.

101. ______. ed. *Sexual Inversion,* New York, Basic Books, 1965.

102. MASTERS, W. H. e Johnson, V. E. *Human Sexual Response.* Boston, Little, Brown & Co., 1966 → [*A conduta sexual humana,* Rio de Janeiro, Civilização Brasileira, 1968. Trad.: Dante Costa].

103. MCDOUGALL, J. "Primal Scene and Sexual Perversion". In: *Int. J. Psycho-Anal.* 53 (1972), pp. 371–384.

104. MICHAEL, R. P., "Biological Factors in the Organization and Expression of Sexual Behavior". In: ROSEN, I (ed.). *The Pathology and Treatment of Sexual Deviation.* New York, Oxford University Press, 1964, pp. 24–54.

105. MILLER, I. "Unconscious Fantasy and Masturbatory Technique". *J. Am. Psychoanal. Assoc.* 17 (1969), pp. 826–847.

106. MILLETT, K., *Sexual Politics,* New York, Doubleday & Co., 1970.

107. MODLIN, H. C. "Psychodynamics and Management of Paranoid States in Women". In: *Arch. Gen. Psychiat.* 8 (1963), pp. 263–268.

108. MONEY, J., "Sex Reassignment as Related to Hermaphroditism and Transsexualism". In: GREEN, R. e MONEY, J. (ed.). *Transsexualism and Sex Reassignment.* Baltimore, Johns Hopkins Press, 1969, pp. 91–115.

109. ______. e EHRHARDT, A. *Man and Woman, Boy and Girl,* Baltimore, Johns Hopkins Press, 1972.

110. ______. e POLLITT, E., "Psychogenetic and Psychosexual Ambiguities: Klinefelter's Syndrome and Transvestism Compared", *Arch. Gen. Psychiat.* 11 (1964), pp. 589–595.

111. MOORE, B., "Frigidity: A Review of the Psychoanalytic Literature". *Psychoanal. Q.* 33 (1964), pp. 323–349.

112. NEWMAN, L. E. e STOLLER, R. J. "The Oedipal Situation in Male Transsexualism". In: *Br. J. Med. Psychol.,* 44 (1971), pp. 295–303.

113. OLDS, J. "Self-stimulation Experiments and Differential Reward Systems". In: JASPER, H. H. PROCTOR, L. D. KNIGHTON, R. S. NOSHAY, W. C. e COSTELLO, R. T. (ed.). *Reticular Formation of the Brain.* Boston, Little, Brown & Co., 1958, pp. 671–687.

114. OSTOW, M. (ed.). *Sexual Deviation: Psychoanalytic Insights.* New York, Quadrangle Books, 1974.

115. PARE, C. M. B. "Etiology of Homosexuality: Genetic and Chromosomal Aspects". In: MARMOR J. (ed.). *Sexual Inversion.* New York, Basic Books, 1965, pp. 70–80.

116. PFEIFFER, E. (ed.). *Sigmund Freud and Lou Andreas-Salomé: Letters.* New York, Harcourt Brace Jovanovich, 1972.

117. PILLARD, R. C.; ROSE, R. M. e Sherwood, M. "Plasma Testosterone Levels in Homosexual Men". In: *Arch. Sex. Behav.* 3 (1974), pp. 453–457.

118. RACHMAN, S. "Sexual Fetishism: An Experimental Analogue". *Psychol. Record* 16 (1966), pp. 293–296.

119. RACKER, H. *Transference and Countertransference.* New York, International Universities Press, 1968.

120. REICH, W. "The Phallic-Narcissistic Character". In: *Character Analysis.* New York, Orgone Institute Press, 1949, pp. 200–207. → ["O Caráter Fálico-Narcisista". In: *Análise do caráter.* São Paulo: Martins Fontes, s/d. Trad.: Maria Lizette Branco e Maria Manuela Pecegueiro].

121. *The Report of the Commission on Obscenity and Pornography.* New York, Bantam Books, 1970.

122. ROEDER, R. C. "Homosexuality 'Burned Out': German Surgeon Claims Hypothalamotomy Normalizes Sex Drive". *Medical World News.* September 25, 1970, pp. 20–21.

123. ROSENFELD, H., "Remarks on the Relation of Male Homosexuality to Paranoia, Paranoid Anxiety and Narcissism". In: *Int. J. Psycho-Anal.* 30 (1949), pp. 36–47.

124. SHMIDEBERG, M., "Delinquent Acts as Perversions and Fetiches". *Br. J. Delinq.* 7 (1956), pp. 44–49.

125. SEARLES, H. F., "Sexual Processes in Schizophrenia". *Psychiatry* 24 (1961), pp. 87–95.

126. SEARS, R. R.; MACCOBY, E. E. e LEVIN, H., *Patterns of Child Rearing, Evanston, III,* Row, Peterson & Co., 1957.

127. SHERFEY, M. J., "The Evolution and Nature of Female Sexuality in Relation to Psychoanalytic Theory". *J. Am. Psychoanal. Assoc.* 14 (1966), pp. 28–128.

128. SLATER, E., "Birth Order and Maternal Age of Homosexuals". *Lancet* 1–1 (1962), pp. 69–71.

129. SMIRNOFF, V. N., "The Masochistic Contract", *Int. J. Psycho-Anal.* 50 (1969), pp. 665–671.

130. SOCARIDES, C. W., *The Overt Homosexual.* New York, Grune & Stratton, 1968.

131. ______. "Homosexuality and Medicine". *JAMA* 212 (1970), pp. 1199–1202.

132. ______. "The Demonified Mother: A Study of Voyeurism and Sexual Sadism". *Int. Ver. Psycho-Anal.* 1 (1974), pp. 187–195.

133. SPITZ, R. A., *The First Year of Life.* New York, International Universities Press, 1965. → [*O Primeiro Ano de Vida.* São Paulo, Martins Fontes, 1979. Trad:. Erothildes Millan Barros da Rocha].

134. STOLLER, R. J., "The Hermaphroditic Identity of Hermaphrodites". *J. Nerv. Ment. Dis.* 139 (1964), pp. 453–457.

135. ______. "The Mother's Contribution to Infantile Transvestic Behavior". *Int. J. Psycho-Anal* 47 (1966), pp. 384–395.

136. ______. "Shakespearean Tragedy: Coriolanus", *Psycho-anal. Q.* 35 (1966), pp. 263–274.

137. ______. *Sex and Gender,* vol. 1, New York, Science House, 1968.

138. ______. "The Transsexual Boy: Mother's Feminized Phallus". *Br. J. Med. Psychol.* 43 (1970), pp. 117–128.

139. ______. "The Term 'Transvestism'", *Arch. Gen. Psychiat.* 24 (1971), pp. 230–237.

140. ______. "The 'Bedrock' of Masculinity and Femininity: Bisexuality", *Arch. Gen. Psychiat.* 26 (1972), pp. 207–212.

141. ______. "Etiological Factors in Female Transsexualism: A First Approximation". *Arch. Sex. Behav.* 2 (1972), pp. 47–67.

142. ______. "Transsexualism and Transvestism", *Psychiatric Annals* 1 (1972), pp. 6–72.

143. ______. "The Impact of New Advances in Sex Research on Psychoanalytic Theory". *Am. J. Psychiat.* 130 (1973), pp. 241–251, 1207–1216.

144. ______. "The Male Transsexual as 'Experiment' ", *Int. J. Psycho-Anal.* 54 (1973), pp. 215-226.

145. ______. "Psychoanalysis and Physical Intervention in the Brain". In: ZUBIN J. e MONEY J. (ed.). *Contemporary Sexual Behavior: Critical Issues in the 1970s*, pp. 339–350.

146. ______. *Splitting: A Case of Female Masculinity.* New York, Quadrangle Books, 1973.

147. ______. *Sex and Gender,* vol. 2, New York, Jason Aronson, 1975.

148. ______. e NEWMAN, L. E. "The Bisexual Identity of Transsexuals: Two Case Examples". In: *Arch. Sex. Behav.* 1 (1971), pp. 17–28.

149. TOURNEY, G. e HATFIELD, L. "Androgen Metabolism in Schizophrenics, Homosexuals, and Normal Controls". In: *Biol. Psychiat.* 6 (1973), pp. 23–36.

150. VANGGAARD, T. *Phallós: A Symbol and Its History in the Male World,* New York, International Universities Press, 1972.

151. WALINDER, J., *Transsexualism: A Study of Forty-three Cases.* Göteborg, Scandinavian University Books, 1967.

152. WERMER, H. e LEVING, S. "Masturbation Fantasies". In: *Psychoanal. Study Child* 22 (1967). New York, International Universities Press, pp. 315–328.

153. WHITE, R. B. "The Mother-Conflict in Schreber's Psychosis". In: *Int. J. Psycho-Anal.* 42 (1961), pp. 55–73.

154. WILLIAMS, A. H. "The Psychopathology and Treatment of Sexual Murderers". In: ROSEN, I. (ed.). *The Pathology and Treatment of Sexual Deviation: A Methodological Approach.* New York, Oxford University Press, 1964, pp. 351–377.

155. WINNICOTT, D. W. (1960). "Ego Distortion in Terms of True or False Self". In: *The Maturational Processes and the Facilitating Environment: Studies in the Theory of Emotional Development.* New York, International Universities Press, 1972. → ["Distorção do Ego em Termos de Falso e Verdadeiro *Self*". In: *O ambiente e os processos de maturação: estudos sobre a teoria do desenvolvimento emocional.* Porto Alegre, Artes Médicas, 1983. Trad.: Irineo Constantino Schuch Ortiz].

Índice Geral

A

B

C

E

G

H

I

M

N

O

P

Q

R

S

T

V

W

SÉRIE SEXO

1. *Tudo que eu pensei mas não falei na noite passada*, Anna P.
2. *A Vênus de quinze anos (Flossie)*, [Swinburne]
3. *O outro lado da moeda (Teleny)*, [Oscar Wilde]
4. *Poesia vaginal — cem sonnettos sacanas*, Glauco Mattoso
5. *A Vênus das peles*, Sacher-Masoch
6. *Perversão — a forma erótica do ódio*, Robert J. Stoller

COLEÇÃO HEDRA

1. *Iracema*, Alencar
2. *Don Juan*, Molière
3. *Contos indianos*, Mallarmé
4. *Auto da barca do Inferno*, Gil Vicente
5. *Poemas completos de Alberto Caeiro*, Pessoa
6. *Triunfos*, Petrarca
7. *A cidade e as serras*, Eça
8. *O retrato de Dorian Gray*, Wilde
9. *A história trágica do Doutor Fausto*, Marlowe
10. *Os sofrimentos do jovem Werther*, Goethe
11. *Dos novos sistemas na arte*, Maliévitch
12. *Mensagem*, Pessoa
13. *Metamorfoses*, Ovídio
14. *Micromegas e outros contos*, Voltaire
15. *O sobrinho de Rameau*, Diderot
16. *Carta sobre a tolerância*, Locke
17. *Discursos ímpios*, Sade
18. *O príncipe*, Maquiavel
19. *Dao De Jing*, Lao Zi
20. *O fim do ciúme e outros contos*, Proust
21. *Pequenos poemas em prosa*, Baudelaire
22. *Fé e saber*, Hegel
23. *Joana d'Arc*, Michelet
24. *Livro dos mandamentos: 248 preceitos positivos*, Maimônides
25. *O indivíduo, a sociedade e o Estado, e outros ensaios*, Emma Goldman
26. *Eu acuso!*, Zola | *O processo do capitão Dreyfus*, Rui Barbosa
27. *Apologia de Galileu*, Campanella
28. *Sobre verdade e mentira*, Nietzsche
29. *O princípio anarquista e outros ensaios*, Kropotkin
30. *Os sovietes traídos pelos bolcheviques*, Rocker
31. *Poemas*, Byron
32. *Sonetos*, Shakespeare
33. *A vida é sonho*, Calderón
34. *Escritos revolucionários*, Malatesta
35. *Sagas*, Strindberg
36. *O mundo ou tratado da luz*, Descartes
37. *O Ateneu*, Raul Pompeia
38. *Fábula de Polifemo e Galateia e outros poemas*, Góngora
39. *A Vênus das peles*, Sacher-Masoch — edição de bolso
40. *Escritos sobre arte*, Baudelaire
41. *Cântico dos cânticos*, [Salomão]
42. *Americanismo e fordismo*, Gramsci
43. *O princípio do Estado e outros ensaios*, Bakunin

44. *O gato preto e outros contos*, Poe
45. *História da província Santa Cruz*, Gandavo
46. *Balada dos enforcados e outros poemas*, Villon
47. *Sátiras, fábulas, aforismos e profecias*, Da Vinci
48. *O cego e outros contos*, D.H. Lawrence
49. *Rashômon e outros contos*, Akutagawa
50. *História da anarquia (vol. 1)*, Max Nettlau
51. *Imitação de Cristo*, Tomás de Kempis
52. *O casamento do Céu e do Inferno*, Blake
53. *Cartas a favor da escravidão*, Alencar
54. *Utopia Brasil*, Darcy Ribeiro
55. *Flossie, a Vênus de quinze anos*, [Swinburne] — edição de bolso
56. *Teleny, ou o reverso da medalha*, [Oscar Wilde] — edição de bolso
57. *A filosofia na era trágica dos gregos*, Nietzsche
58. *No coração das trevas*, Conrad
59. *Viagem sentimental*, Sterne
60. *Arcana Cœlestia* e *Apocalipsis revelata*, Swedenborg
61. *Saga dos Volsungos*, Anônimo do séc. XIII
62. *Um anarquista e outros contos*, Conrad
63. *A monadologia e outros textos*, Leibniz
64. *Cultura estética e liberdade*, Schiller
65. *A pele do lobo e outras peças*, Artur Azevedo
66. *Poesia basca: das origens à Guerra Civil*
67. *Poesia catalã: das origens à Guerra Civil*
68. *Poesia espanhola: das origens à Guerra Civil*
69. *Poesia galega: das origens à Guerra Civil*
70. *O chamado de Cthulhu e outros contos*, H.P. Lovecraft
71. *O pequeno Zacarias, chamado Cinábrio*, E.T.A. Hoffmann
72. *Tratados da terra e gente do Brasil*, Fernão Cardim
73. *Entre camponeses*, Malatesta
74. *O Rabi de Bacherach*, Heine
75. *Bom Crioulo*, Adolfo Caminha
76. *Um gato indiscreto e outros contos*, Saki
77. *Viagem em volta do meu quarto*, Xavier de Maistre
78. *Hawthorne e seus musgos*, Melville
79. *A metamorfose*, Kafka
80. *Ode ao Vento Oeste e outros poemas*, Shelley
81. *Oração aos moços*, Rui Barbosa
82. *Feitiço de amor e outros contos*, Ludwig Tieck
83. *O corno de si próprio e outros contos*, Sade
84. *Investigação sobre o entendimento humano*, Hume
85. *Sobre os sonhos e outros diálogos*, Borges | Osvaldo Ferrari
86. *Sobre a filosofia e outros diálogos*, Borges | Osvaldo Ferrari
87. *Sobre a amizade e outros diálogos*, Borges | Osvaldo Ferrari
88. *A voz dos botequins e outros poemas*, Verlaine
89. *Gente de Hemsö*, Strindberg
90. *Senhorita Júlia e outras peças*, Strindberg
91. *Correspondência*, Goethe | Schiller
92. *Índice das coisas mais notáveis*, Vieira
93. *Tratado descritivo do Brasil em 1587*, Gabriel Soares de Sousa
94. *Poemas da cabana montanhesa*, Saigyō
95. *Autobiografia de uma pulga*, [Stanislas de Rhodes]
96. *A volta do parafuso*, Henry James
97. *Ode sobre a melancolia e outros poemas*, Keats
98. *Teatro de êxtase*, Pessoa
99. *Carmilla — A vampira de Karnstein*, Sheridan Le Fanu
100. *Pensamento político de Maquiavel*, Fichte
101. *Inferno*, Strindberg

102. *Contos clássicos de vampiro*, Byron, Stoker e outros
103. *O primeiro Hamlet*, Shakespeare
104. *Noites egípcias e outros contos*, Púchkin
105. *A carteira de meu tio*, Macedo
106. *O desertor*, Silva Alvarenga
107. *Jerusalém*, Blake
108. *As bacantes*, Eurípides
109. *Emília Galotti*, Lessing
110. *Contos húngaros*, Kosztolányi, Karinthy, Csáth e Krúdy
111. *A sombra de Innsmouth*, H.P. Lovecraft
112. *Viagem aos Estados Unidos*, Tocqueville
113. *Émile e Sophie ou os solitários*, Rousseau
114. *Manifesto comunista*, Marx e Engels
115. *A fábrica de robôs*, Karel Tchápek
116. *Sobre a filosofia e seu método — Parerga e paralipomena (v. II, t. I)*, Schopenhauer
117. *O novo Epicuro: as delícias do sexo*, Edward Sellon
118. *Revolução e liberdade: cartas de 1845 a 1875*, Bakunin
119. *Sobre a liberdade*, Mill
120. *A velha Izerguil e outros contos*, Górki
121. *Pequeno-burgueses*, Górki
122. *Um sussurro nas trevas*, H.P. Lovecraft
123. *Primeiro livro dos Amores*, Ovídio
124. *Educação e sociologia*, Durkheim
125. *Elixir do pajé — poemas de humor, sátira e escatologia*, Bernardo Guimarães
126. *A nostálgica e outros contos*, Papadiamántis
127. *Lisístrata*, Aristófanes
128. *A cruzada das crianças/ Vidas imaginárias*, Marcel Schwob
129. *O livro de Monelle*, Marcel Schwob
130. *A última folha e outros contos*, O. Henry
131. *Romanceiro cigano*, Lorca
132. *Sobre o riso e a loucura*, [Hipócrates]
133. *Hino a Afrodite e outros poemas*, Safo de Lesbos
134. *Anarquia pela educação*, Élisée Reclus
135. *Ernestine ou o nascimento do amor*, Stendhal
136. *A cor que caiu do espaço*, H.P. Lovecraft
137. *Odisseia*, Homero
138. *O estranho caso do Dr. Jekyll e Mr. Hyde*, Stevenson
139. *História da anarquia (vol. 2)*, Max Nettlau
140. *Eu*, Augusto dos Anjos
141. *Farsa de Inês Pereira*, Gil Vicente
142. *Sobre a ética — Parerga e paralipomena (v. II, t. II)*, Schopenhauer
143. *Contos de amor, de loucura e de morte*, Horacio Quiroga
144. *Memórias do subsolo*, Dostoiévski
145. *A arte da guerra*, Maquiavel
146. *O cortiço*, Aluísio Azevedo
147. *Elogio da loucura*, Erasmo de Rotterdam
148. *Oliver Twist*, Dickens
149. *O ladrão honesto e outros contos*, Dostoiévski
150. *Cadernos: Esperança do mundo*, Albert Camus
151. *Cadernos: A desmedida na medida*, Albert Camus
152. *Cadernos: A guerra começou...*, Albert Camus
153. *Escritos sobre literatura*, Sigmund Freud
154. *O destino do erudito*, Fichte
155. *Diários de Adão e Eva*, Mark Twain
156. *Universidade, cidade e cidadania*, Franklin Leopoldo e Silva

157. *Tudo que eu pensei mas não falei na noite passada*, Anna P.
158. *A Vênus de quinze anos (Flossie)*, [Swinburne]
159. *O outro lado da moeda (Teleny)*, [Oscar Wilde]
160. *A vida de H.P. Lovecraft*, S.T. Joshi
161. *Os melhores contos de H.P. Lovecraft*
162. *Obras escolhidas*, Mikhail Bakunin
163. *1964: do golpe à democracia*, Angela Alonso e Miriam Dolhnikoff (org.)
164. *Dicionário de mitologia nórdica*, Johnni Langer (org.)
165. *Poesia vaginal — Cem sonnettos sacanas*, Glauco Mattoso
166. *A Vênus das peles*, Sacher-Masoch
167. *Perversão — A forma erótica do ódio*, Robert J. Stoller

Dados Internacionais de Catalogação na Publicação – CIP

S875 Stoller, Robert J. (1924 – 1991).
Perversão: a forma erótica do ódio. / Robert J. Stoller. Tradução de Maria Lúcia Lopes da Silva. Apresentação de Flávio Carvalho Ferraz. – São Paulo: Hedra, 2015.

Título original: Perversion: the erotic form of hatred. 1975

ISBN 978-85-7715-344-2

1. Psiquiatria. 2. Teoria Psicanalítica. 3. Sexualidade. 4. Comportamento. 5. Modernidade. I. Título. II. A forma erótica do ódio. III. Silva, Maria Lúcia Lopes da, Tradutora. IV. Ferraz, Flávio Carvalho.

CDU 613.8
CDD 616

Adverte-se aos curiosos que se imprimiu este livro em nossas oficinas, em 8 de março de 2018, em tipologia Libertine, com diversos sofwares livres, entre eles, LuaLaTeX, git & ruby.
(v. 4a12db4)